학서 류이좌와 석호 류도성의 생애와 학문

2019년 9월 5일 초판 인쇄
2019년 9월 10일 초판 발행

엮은곳 _ 단국대학교 동양학연구원
펴낸이 _ 김수복
기 획 _ 김남필
제 작 _ 성두현
마케팅 _ 김민배
펴낸곳 _ 단국대학교출판부
등 록 _ 1968.2.27 : No. 제03-00095호
주 소 _ 경기도 용인시 수지구 죽전로 152
전 화 _ 031-8005-2405
팩 스 _ 031-8021-7154

값 20,000원

ISBN 978-89-7092-724-4 94810
ISBN 978-89-7092-374-1 (세 트)

학서 류이좌와 석호 류도성의 생애와 학문

동양학 학술총서 8

학서 류이좌와 석호 류도성의 생애와 학문

동양학연구원 편

단국대학교출판부

발간사

한국사에서 18, 19세기는 역사적 전환기였다. 18세기는 명 · 청 교체기의 전쟁 피해를 극복하고 주목할 만한 문화적 발전을 이룩한 '문예부흥'의 시대였고, 19세기는 막강한 무력을 앞세운 서양과 일본의 침략에 맞서서 국권을 지키기 위해 싸워야 했던 '서세동점'의 시대였다. 이러한 시기에 영남 지역에 거주했던 사족들은 자신들이 마주한 시대적 과제를 해결하기 위해 많은 노력을 기울였다.

안동시 풍천면 하회마을에 있는 화경당和敬堂, 北村家은 서애西厓 류성룡柳成龍의 후손 집안이다. 화경당이란 공간은 1797년 류사춘柳師春에 의해 조성되기 시작하여 1862년 류도성柳道性에 의해 완성되었고, 화경당이란 이름은 서애 종택의 충효당忠孝堂이란 이름과 짝을 이룬다. 본서는 화경당 출신으로 18, 19세기에 뚜렷한 활동을 보였던 학서鶴棲 류이좌柳台佐와 석호石湖 류도성柳道性의 생애와 학문을 다룬 논문들을 수록하였다.

류이좌1763~1837는 정조 대에 규장각 초계문신으로 발탁되어 국왕의 지도로 학문을 연마한 후 중앙과 지방에서 관리 생활을 하였고, 류도성1823~1906은 고종 대에 안동 사족들 사이에 발생한 갈등을 조정하고 일본의 침략을 막아내기 위해 다양한 활동을 하였다. 본서는 서애 후손인 두 사람의 생애와 학문을 집중적으로 검토함으로써 같은 시기 영남 사족의 활동을 전반적으로 조망하는 계기를 마련하고자 한다.

본서에는 총 6편의 논문이 수록되어 있다. 먼저 총설에 해당하는 김학수의 글은 화경당의 연원과 가풍을 검토하여, 화경당 출신의 인물들이 세신世臣 의식을 가지고, 서애학을 수호하며, 남명학에 대해서도 포용적 자세를 보였음을 밝혔다.

다음 3편의 논문은 류이좌의 생애와 활동을 정리하였다. 권오영은 류이좌의 생애를 살펴보고, 그가 정조와 같은 경세학적 주자학의 학문 성향을 가진 학자라고 평가하였다. 심경호는 류이좌가 정조 대에 초계문신으로 있으면서 국왕에게 갱화賡和하거나 응제應製한 시문을 분석하였으며, 이 과정에서 그의 문집인 『학서집』에 수록되지 않는 많은 자료들을 발굴하였다. 김문식은 류이좌가 초계문신으로 있으면서 정조 대의 국가 행사에 참여하고, 규장각에서 주관하는 서적 편찬에 참여하며, 주자학과 퇴계의 학문을 존중하고 여러 경세 방안을 건의하였음을 밝혔다.

마지막 2편의 논문은 류도성의 생애와 활동을 정리하였다. 허권수는 류도성의 생애를 소개하고, 그가 수신과 학문에 집중하는 선비이면서 국가와 민족을 걱정하는 우환의식을 가졌다고 평가하였다. 이영춘은 류도성 가문의 사회관계망을 분석한 후, 그가 조선말 영남에서 발생한 병호시비屛虎是非를 조정하고 을미의병 운동에 신중한 입장을 보였음을 밝혔다.

단국대학교 동양학연구원에서는 2007년부터 연구원에서 이뤄진 공동연구의 결과물을 '동양학 학술총서' 시리즈로 간행해 왔다. 본 시리즈는 지금까지 개화기에서 일제강점기까지 한국문화전통의 지속과 변용 양상을 검토한 연구서를 출간하여 왔으며, 이번에는 18, 19세기 영남 사족의 다양한 활동을 보여주는 연구서를 출간하게 되었다.

본서에 수록된 논문들은 2019년 3월 14일(목)에 단국대학교 동양학연구원과 성균관대학교 대동문화연구원이 공동으로 주최한 학술회의에서 전공 학자들이 발표한 것을 수정 보완한 것이다. 학술회의에서 귀한 옥고를 발표하고 본서를 출간하도록 허락해 주신 필자 선생님과 공동 주최자인 대동문화연구원 안대회 원장님께 감사를 드린다. 또한 학서의 곤손昆孫이자 석호의 현손으로 이번 학술대회를 적극적으로 후원해 주신 류택하柳澤夏 선생님과 연구팀을 조직해 주신 허권수 선생님께도 감사의 인사를 드린다.

2019년 8월

단국대학교 동양학연구원장 김문식

차례

풍산류씨 화경당의 가풍과 사회문화적 지향

김 학 수(한국학중앙연구원 교수)

Ⅰ. 머리말

'화경당和敬堂'이라는 공간의 출범 시점은 류사춘柳師春의 활동기인 1797년이고, 그것이 사대부 주거로서의 공간적 완성을 이룬 것은 증손 류도성柳道性의 활동기인 1862년이다. 충효당忠孝堂이 류성룡이 사망한지 약 90년이 지난 17세기 후반에 명호를 얻은 것처럼 화경당 또한 창건자 류사춘柳師春이 사망한 뒤에 붙여진 이름이다. '당호堂號' 제정의 시점에 기준할 때 화경당의 역사는 200년으로 설정할 수 있고, 류종혜柳從惠 대로 거슬러 올라가는 '하회정거河回定居' 600년사에 비추어 볼 때 화경당이 점유했던 역사적 시간은 결코 길지 않다.

그럼에도 화경당이 충효당忠孝堂, 겸암정사謙庵精舍, 옥연정사玉淵精舍와 함께 하회를 상징하는 역사문화적 '장소[空間]'로 인식되는 까닭은 어디에 있는가? 그 에너지는 공간 속에 투영된 인간의 역할과 결부되어 있었고, 종족공동체 내지 학문공동체에 대한 애호와 관심은 그런 에너지의 활동성을 팽창시키는 촉매였다.

류성룡의 70년 생평의 궤적은 '충효忠孝' 두 글자에 응집되어 사회문화적 자산으로 유전되었고, 1696년 경 증손 류의하柳宜河가 종가의 명호를 '충효당忠孝堂'으로 명명했을 때 '서애유훈西厓遺訓'은 하회라는 공간에 뿌리를 내렸다. 이로부터 약 두 주갑周甲이 지난 1816년 무렵 류이좌는 아버지의 분가 제택第宅을 증수增修하고 '화경和敬'이란 편액을 걸었다. 서애학의 요체인 '충효'를 향한 강렬한 계승의식을 '화경'이란 글자에 담아낸 것이다. 이로써 하회에는 사실상 두 좌座의 충효에까지 매질을 하거나 큰 소리로 꾸짖는 법이 없었다. 어려 科業에 종사하였으나 뜻을 이루지 못하고 조훈祖訓을 승습하 拙約 · 안빈安貧의 삶을 살았으며, 1810년 아들 류이좌가 시종 之臣의 반열에 오름으로써 첨지중추부사의 직첩이 내려졌다. 순조14 임종 때 자손들에게 내린 유계는 흡사 '서애충효정신'의 적 재현처럼 읽힌다.

忠孝는 본디 우리 집에서 대대로 지켜온 가르침이다. 옛 사람들은 효를 말할 때 반드시 '진충盡忠 · 진효盡孝하라' 하였으니, 극진함을 는 진盡 자에 유의해라. 거관居官이든 처가處家든 성력誠力을 다하는 을 쓰고, 또한 모든 일은 화경和敬함에 근본을 두어야 할 것이다.[3]

맥과 인척적 기반 : 회퇴혈맥晦退血脈을 아우른 화려한 혼반

손에서 증손 대에 이르는 혼반은 19세기 영남의 사대부 사회 지했던 화경당의 좌표를 가늠하기에 부족함이 없다. 화경당 은 진성이씨 퇴계가문退溪家門, 李滉, 여강이씨 회재가문晦齋家門, 성주정씨 약포가문藥圃家門, 鄭琢, 안동권씨 충재가문沖齋家門, 權 최씨 인재가문訒齋家門, 崔晛, 의성김씨 운천가문雲川家門, 金涌, 아

『鶴棲集』卷19, 〈先考僉樞府君家狀 後贈吏曹參判〉"方其疾革之時 遺戒不肖曰 是吾家世守之訓 而古人言忠言孝 必曰盡忠盡孝 盡字有意 居官處家 務要盡其誠 以和敬爲主"

당이 상화相和하며 서애학 본산으로서의 공간적 위상을 한층 제고할 수 있었던 것이다.

이 점에서 화경당은 호사豪奢하고 안락한 주거와는 그 결을 달리하며 충효로 빚고 졸성으로 다듬은 서애가학의 양대 표상으로서의 위상에 걸맞는 역할을 충실히 수행하게 된다. 류사춘柳師春→류이좌柳台佐→류희목柳希睦:養 · 기목祈睦:生→류도성柳道性 등은 이곳 화경당에서 서애가학의 계승이라는 종적 질서 못지 않게 시대사조를 반영하는 횡적 수렴을 위해 부심했다. 공부에 있어서는 '경학經學'의 중시, '세신의식世臣意識'에 바탕한 적극적 경세관, 남명학파로까지 확장되었던 포용적이면서도 유연했던 교유론, 도회문화都會文化의 수용을 통한 세련되고 냉철한 '현실의식'은 동시대의 여느 집안들과는 차별되는 특별한 삶의 결로 자리매김하기에 손색이 없다.

II. 화경당의 연원과 가풍

1. 가계와 가풍 : 화경和敬을 지향했던 하상명가河上名家

화경당의 가계는 풍산류씨 서애종가의 종통과 대부분 겹친다.[1] 화

[1] 류성룡에서 '道' 자 항렬까지의 대수가 11대인데, 이 가운데 류성룡부터 柳澐(柳師春의 부친)까지 7대가 서애종가와 계대가 겹친다.

경당의 창건자 류사춘은 류성룡의 6세손 풍창군 류운柳澐의 차자였고, 종가로부터 분가할 때 건립한 것이 화경당이었다. 1902년 류응목柳膺睦이 편찬한 『풍산류씨가학연원록豊山柳氏家學淵源錄』 〈가학연원세계도家學淵源世系圖〉에는 10세에 걸쳐 총 19명이 인물이 도식되어 있

풍산류씨 가학연원세계도 밑줄은 화경당의 직계

柳贇 1520-1591 · 柳仲郢 1515-1573 · 柳景深 1516-1571 · 柳仲淹 1538-1571

柳雲龍 1539-1601 · 柳成龍 1542-1607

柳 袗 1582-16350

柳元之 1598-1678

柳世哲 1627-1681 · 柳宜河 1616-1698 · 柳世鳴 1636-1690

柳後章 1650-1706

柳聖曾 · 柳聖和 1668-1748

柳澐 1701-1786 · 柳漟 1730-1806

柳宗春 1720-1795 · 柳尋春 1762-1834

柳台佐 1763-1837

주신씨 만오가문晩悟家門, 申達道, 인동장씨 여헌가문旅軒家門, 張顯光, 순천김씨 동리가문東籬家門, 金允安, 풍산김씨 학호가문鶴湖家門, 金奉祖, 진주정씨 우복가문愚伏家門, 鄭經世, 평산윤씨平山尹氏[4] 등 영남 일원의 명가는 물론 진양강씨 강연가문姜綖家門, 연안이씨 근곡가문芹谷家門, 李觀徵 등 근기남인 계열까지 광범위하게 걸쳐 있었다. 퇴계 · 회재가문은 별론을 요하지 않고, 약포가문은 퇴계 · 남명연원, 인재 · 운천가문은 학봉연원, 만오가문은 학봉 · 여헌연원, 동리 · 학호 · 우복가문은 서애연원이라는 점에서 서애 · 학봉 · 여헌학통 등 영남학파의 제 문파를 망라하고 있다. 근기계의 근곡가문은 근곡 이관징李觀徵의 아들 이옥李沃이 병산서원 원장을 지낸 바 있고,[5] 그 아들 이만부李萬敷는 류성룡의 증손서가 되어 상주로 낙향하는 등 서애가와의 친연성이 컸다.

이처럼 화경당은 영남 및 근기의 제 명가와 통가通家의 의誼를 맺으면서도 가장 선호했던 대상은 퇴계가문예안 및 회재가문경주이었다.

---

[4] 류이좌의 처가(再娶)인 평산윤씨는 크게 드러난 집안은 아니지만 조선후기 영남학파에서 상당한 위치를 점하고 있었던 것으로 파악된다. 처부 尹相麟은 통덕랑의 품계를 지니고 있었고, 처외조부 申觀模는 의성지역의 명벌 아주신씨 悔堂(申元祿)家門 출신이었다. 그는 大山門人으로 蔡濟恭 · 鄭宗魯와도 가까웠던 18세기 의성의 명유 申體仁과 교유가 깊었고, 1792년 영남유생들이 사도세자의 신원과 壬午義理의 천명을 주장한 이른바 '李㙖萬人疏'에 柳師春과 함께 연명한 인연도 있다.(『承政院日記』〈正祖 16年 閏4月 27日(乙未)〉

[5] 이옥 뿐만 아니라 그 아우 李浹도 1718년 병산서원 원장을 수행하는 과정에서 서원 운영상의 개선 및 보완책을 제안한 바 있는데, 〈屛山書院記事〉가 그것이다.(『古文書集成』 20-屛山書院篇-, 〈屛山書院記事〉 '李浹後識')

화경당과 진성이씨 退溪家門 · 여강이씨 晦齋家門과의 혼맥

眞城李氏 退溪家門	· 柳台佐 배위 초취 · 柳希睦 배위 초취 · 柳敎睦 배위 · 柳道昌 배위 · 柳道熙 배위 · 柳奭佐 사위 李彙老 · 柳喆祚 사위 李彙在 · 柳道性 사위 李中烈 · 柳道熙 자부
驪江李氏 晦齋家門	· 柳進明 배위 초취 · 柳道弼 배위 · 柳敎睦 사위 李熙久 · 柳道性 사위 李英久 · 柳道昌 자부

제 명가와 퇴계 · 회재가문의 차별성을 객관적 기준에서 입론하자면 문묘 종사 여부이다. 즉, 퇴계 · 회재가는 문묘종사 유현을 배출한 '선정가先正家'로서 여느 명가들보다 사회적 위상이 높았음은 부인할 수 없는 사실이며, 화경당 사람들은 이들과의 연혼 및 중혼을 통해 자신들의 가격을 더욱 고양시킬 수 있었던 것이다.

Ⅲ. 화경당의 사회적 지향과 문화적 성격

1. 도회문화都會文化의 수용과 세신의식世臣意識

1) 외가 연안이씨 : 도회문화 수용의 채널

류이좌의 외가 연안이씨는 근기남인 계통의 사환가였다. 이 가계는 16세기 초반 이후 파주에 재지적 기반을 두고 있었고, 선조 연간부터 명관을 배출하며 경화사족京華士族으로 성장했다. 특히 두 차례 남인정권이 수립된 숙종 연간에는 정권의 핵심부에 위치하며 막강한 영향력을 행사했다.

숙종 초기 남인정권 주요 가문

<table>
<tr><th>순번</th><th>성관</th><th>가계</th><th>순번</th><th>성관</th><th>가계</th></tr>
<tr><td>1</td><td>驪州李氏</td><td>友仁・尙毅</td><td rowspan="2">14</td><td rowspan="2">南陽洪氏</td><td>可臣</td></tr>
<tr><td>2</td><td>延安李氏</td><td>澍・光庭・昌庭</td><td>迪</td></tr>
<tr><td>3</td><td>安東權氏</td><td>常</td><td>15</td><td>豐山洪氏</td><td>履祥</td></tr>
<tr><td rowspan="2">4</td><td rowspan="2">廣州李氏</td><td>浚慶</td><td>16</td><td>坡平尹氏</td><td>國馨</td></tr>
<tr><td>德馨</td><td>17</td><td>昌寧成氏</td><td>釴</td></tr>
<tr><td rowspan="5">5</td><td rowspan="5">全州李氏</td><td>元翼</td><td>18</td><td>高靈申氏</td><td>涌</td></tr>
<tr><td>誠中・養中</td><td>19</td><td>杞溪兪氏</td><td>大楨</td></tr>
<tr><td>陽元</td><td>20</td><td>陽川許氏</td><td>喬・穆</td></tr>
<tr><td>睟光</td><td>21</td><td>羽溪李氏</td><td>慶恒</td></tr>
<tr><td>廷臣</td><td>22</td><td>南原尹氏</td><td>孝全・鑴</td></tr>
<tr><td>6</td><td>泗川睦氏</td><td>詹</td><td>23</td><td>韓山李氏</td><td>之菡・山海</td></tr>
</table>

순번	성관	가계	순번	성관	가계
7	驪興閔氏	應協·應恢	24	海州鄭氏	孝俊
8	羅州丁氏	應斗·胤禧·胤福	25	韓山李氏	德泂
9	文化柳氏	欽·馨遠	26	漢陽趙氏	絅
10	同福吳氏	億齡·百齡	27	海南尹氏	善道
11	晉州柳氏	榮門	28	安東權氏	諰
		珩	29	原州金氏	斗南
12	晉州姜氏	士安·雲祥	30	靑松沈氏	喜壽

연안이씨 가계도 : 류사춘 처가

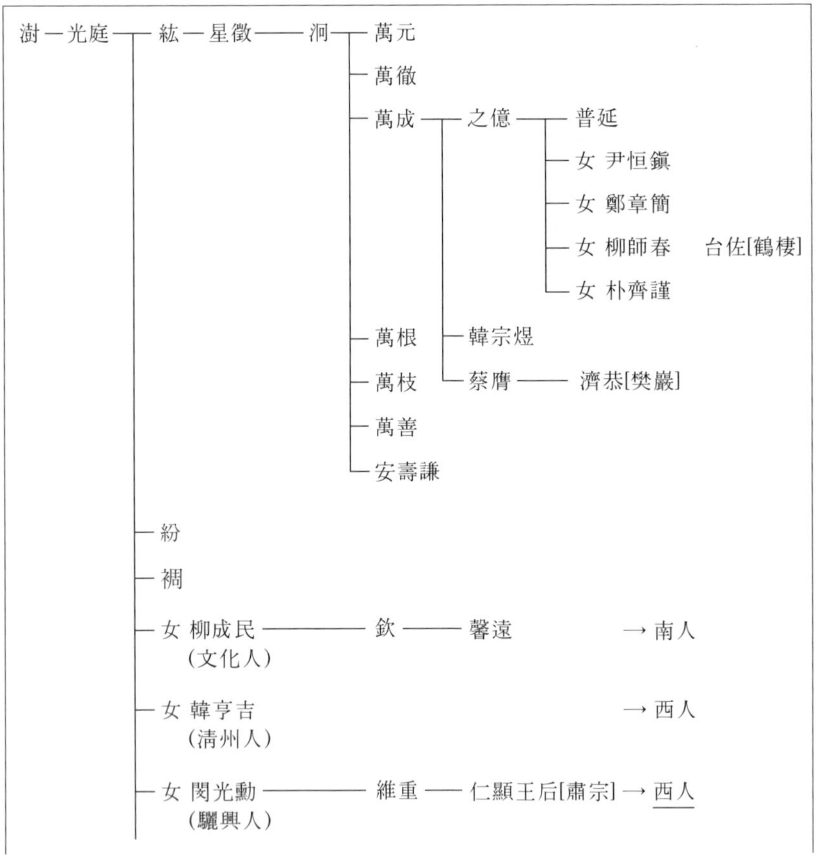

─ 女 朴粹行 (密陽人)	
─ 女 朴文彬 (密陽人)	
─ 女 洪宇遠 (南陽人)	→ 南人
─ 女 李益培 (全州人)	
└ 女 朴諴長 (高靈人)	

류이좌의 외가는 연안이씨 해고가문으로 일컬어지는데, 이 가문이 사림사회의 주류로 편입되는 데 결정적인 영향을 미친 사람은 이 지역의 6대조 이주李澍, 1534-1584와 5대조 이광정李光庭, 1552-1629이었다. 어려서 참판 남세건南世健, 1484-1552의 문하에서 수학하여 학문의 방향을 배웠고, 아버지 이경종의 홍산 임소에 따라가서는 인근의 선비 홍우성洪友成으로부터 시서詩書 및 『맹자』를 수학하여 학문을 더욱 심화시켰다. 중종~명종조의 전형적인 관료였던 남세건은 학식과 문장이 뛰어나 『중종실록』 및 『인종실록』의 편찬에 참여했고, 1550년명종5에는 성균관의 대사성이 되어 일국의 교육을 주재키도 했던 인물이다.[6] 사은에 대한 보답이었을까. 후일 이주는 남세건의 손자 남근南瑾을[7] 사위로 맞음으로써 양가 사이에는 학연과 혈연에 바탕한 굳건한 세

6 『明宗實錄』卷10, 〈明宗 5年 3月 28日(壬辰)〉.

7 南瑾은 참판을 지내고 명필로 잘 알려진 南應雲의 아들이고, 소북의 영수 南以恭의 숙부이다. 인조반정 이후 이 가계는 남인을 표방하게 되는데, 남인계 黨論書인『桐巢漫錄』의 저자 南夏正은 남근의 종5세손이다.

의가 형성되었다.

한편 이주는 25세 되던 1558년명종 13 진사시에 입격하여 성균관에서 유학하면서 두각을 드러내기 시작했다. 이런 가운데 1565년명종 20 성균관 유생들이 보우의 죄를 청하는 상소를 추진하면서,[8] 이주의 소본을 채택함으로써 그의 성가는 더욱 높아지게 되었다.[9] 이후 이주는 1573년선조 6 천거로 의금부도사가 되었다가 동년 알성문과에 합격하여 문신의 반열에 올랐고, 1576년선조 9에는 문과 중시에도 합격하여 문명을 크게 떨쳤다.

정치적으로는 동인을 표방했던 그는 1583년 사간원 정언 재직시 동료들과 함께 이이의 국정 농단을 탄핵하다[10] 도리어 예조 및 형조의 정랑으로 좌천되었고, 이 해 겨울에는 가산군수에 보임되었다가 이듬해인 1584년 7월 임지에서 사망했다. 이처럼 이주는 탁월한 학식과 문장, 사림의 신망에 비해 정치적으로는 크게 현달하지 못했지만 학자·관료로서의 모범적인 행덕은 그의 자손들이 정치·학문적으로 성장을 구가하는 바탕이 되었다. 아울러 51세라는 그리 길지 않은 행년行年 속에서도 당대의 명사들과 두루 교유하였는데, 서천부원군 정곤수鄭崑壽, 판서 이증李增, 평성부원군 신점申點, 문양군 유희림柳希霖, 영의정 전양군 유영경柳永慶, 대사간 송응개宋應漑, 목사 송응

[8] 『明宗實錄』 卷31, 〈明宗 20年 4月 25日(辛卯)〉.

[9] 鄭經世, 『愚伏集』 卷17, 〈贈議政府領議政李公神道碑銘幷序〉 "乙丑 文定大妃信妖僧普雨言 設無遮會于檜巖寺 經月乃罷 未幾而文定上昇 中外哄然 皆以爲病由齊素 欲磔普雨肉 於是太學生上章討罪 是時太學生名能文者甚衆 而首用公疏 聲聞益彰徹 一時名人皆慕與之交"

[10] 『宣祖實錄』 卷17, 〈宣祖 16年 9月 1日(己卯)〉.

형宋應泂, 영의정 박순朴淳, 해평부원군 윤두수尹斗壽, 월정 윤근수尹根壽, 우의정 심희수沈喜壽, 참봉 이지남李至男 등이 그와 친교가 깊었던 인사들이다.[11] 그리고 후일 인조반정의 원훈이 되는 연평부원군 이귀李貴는 그가 직접 양육, 교도한 인물이기도 했다.[12]

이주는 학문에 대한 뜻이 독실하고, 예법으로 스스로를 지켜나갔으며, 언행에 있어 일체의 흐트러짐을 용납치 않는 단중한 인격의 소유자였다. 자제들을 교육할 때는 법도가 있었고, 특히『소학』을 강조했다. 아울러 그는 수심收心, 양성養性, 행기行己, 칙궁飭躬의 요목 47조를 가려 뽑아 자신의 언행을 성찰하는 바탕으로 삼았다. 이른바 '분봉자성요결盆峯自省要訣'이자 '분봉가훈盆峯家訓'이라 할 수 있는 이것은 '위엄은 무겁게 하고威欲其重', '덕은 두텁게 하고德欲其厚', '마음은 안정되게 하고心欲其定', '뜻은 견고하게 하고志欲其堅', '말은 충실하게 하고言欲其忠', '용모는 공손하게 하고貌欲其恭', '생각은 자세하게 하고慮欲其審', '사고는 신중하게 하라思欲其愼' 등 8조 39항으로 구성되어 있다.[13] 이를 통해서, 그가 일상 생활 속에서 자신의 몸과 마음을 얼마나 치열하게 단속했는가를 잘 알 수 있다.

이런 토대 위에서 이주의 두 아들 광정光庭, 1552-1629, 海皐과 창정昌庭, 1573-1625, 華陰 모두 문과에 합격함으로서 문호가 크게 신장되었는데,

---

[11] 『尊敬錄』「延安李氏家言」〈李澍〉.

[12] 『尊敬錄』「延安李氏家言」〈李澍〉. "延平府院君默齋李貴 余吾李氏同出延安 而於公爲姨從妹子也 生二歲而孤竇 且失學無依 公哀憐之 率來養于家 敎之以書 遂得成立"

[13] 주된 내용은 기일에는 외출하지 말 것, 국기 및 가기의 임박 여부를 따져 잔치 참여를 고려할 것, 조문을 갈 때 집안의 제사 유무를 고려할 것, 실천할 수 있는 것만 약속할 것, 힘든 일은 남보다 먼저하고 쉬운 일은 남보다 뒤에 할 것, 다른 사람의 집을 방문할 때는 손님의 유무를 반드시 물을 것 등이다.

장자 광정이 바로 류이좌의 외7대조이다. 이광정은 선조~인조조에 활동한 엘리트문신으로 임란 당시 국난 극복에 기여한 공으로 호성공신에 녹훈되었다. 이후 예조 및 이조의 판서를 거쳐 인조반정 이후에도 현달을 구가하여 공조·형조의 판서를 지냈으며, 1627년 정묘호란 때는 인조를 호종한 공을 세우기도 했다.

이광정의 정치적 현달은 해고가문이 문벌의 토대를 착실히 다지는 바탕이 되었으며, 여기에 남인·서인을 아울렀던 혼맥은 정치적 안전판과 같은 역할을 했다. 이광정은 3남 8녀를 두었는데, 사위 중에는 명가의 자제들이 많았다. 장녀서 류성민柳成民은 반계 류형원柳馨遠의 조부였고, 3녀서 민광훈閔光勳은 숙종비 인현왕후의 조부였으며, 6녀서 홍우원洪宇遠은 조경趙絅·허목許穆·윤선도尹善道와 함께 남인4선생南人四先生으로 일컬어진 남인의 명사였다. 이광정이 남인을 표방했음에도 서인계에서 택서한 것은 당내혼이 일반화되지 않았던 당시의 세태를 반영하는 것이겠지만 결과적으로 이 혼맥은 연안이씨가 숙종조 두 차례 환국[己巳·甲戌換局]의 소용돌이 속에서도 화란을 완화시킬 수 있는 버팀목이 되었다. 나아가 류이좌의 외조 이지억李之億이 영조의 신임을 받으며 정치적 위상을 공고히 할 수 있었던 것도 이 혼맥과 무관치 않아 보인다.

아래 이현일 관련 기사는 연안이씨와 여흥민씨 민광훈가와의 연계상을 단적으로 보여주고 있어 주목된다. 이현일은 1694년숙종 20 갑술환국甲戌換局 이후 인현왕후를 폄박했다는 이유로 명의죄인名義罪人으로 낙인되어 극형을 당할 처지에 몰렸다.[14] 아래 인용문은 이광정의 종증손인 이옥李沃이 민광훈閔光勳의 손자인 민진후閔鎭厚·진원鎭遠 형제와 교통하며 이현일의 치죄 방침을 알려주는 내용이다. 남인[연안이씨]과 서인[여흥민씨]이라는 정치적 구분 방식으로는 설명하기 어려운 대목이 아닐 수 없지만, 이것이 그 시대의 실상인 것 또한 부인 할 수 없다.

> 참판 이옥과 그 아들 만부가 서로 연이어 왔다. 만부는 유학에 뜻을 두고 일찍부터 대인李玄逸을 종유한 사람이다. 이태李台, 李沃가 말하기를, '좌상朴世采은 옥사에 있어 지론이 매우 사나운데, 유독 대야大爺:李玄逸의 일에 있어서만큼은 다소 느슨한 면이 있으니 염려할 것이 없다'고 했다. 또 말하기를, '민가閔家의 자제閔鎭厚·鎭遠 형제 등의 뜻도 또한 그렇다'고 했다. 대개 이태와 민가는 척연이 있어 서로 왕래를 하는데, 과연 소문대로라면 얼마나 다행이겠는가.[15]

류사춘이 어떤 배경과 경로를 통해 해고가문의 사위[이지억의 사위]가 되었는지는 자세하게 파악할 수 없다. 추론하자면, '영남남인'과 '근기남인' 명가 사이의 통혼, 이옥李沃·이협李浹 형제의 병산서원 원장 수행을 통한 양가 사이의 신뢰 기반의 구축, 상주로 이거한 류진柳袗의 아들 류천지柳千之가 이만부를 택서擇壻하는 과정에서 마련된 혼로의 개통 등을 사유로 들 수 있지만 적실한 설명이 될 수는 없

---

[14] 김학수, 「葛庵 李玄逸 硏究-經世論과 學統關係를 중심으로」, 한국학중앙연구원 한국학대학원 석사학위논문, 1996.

[15] 李栽, 『蒼狗客日』〈甲戌 6月 10日〉(1694).

을 것 같다.

류이좌가 찬술한 '선고가장先考家狀'에 따르면, 류사춘은 이미 청년기에 서울에서 유학했음을 알 수 있다. 그의 청년기 서울 생활이 혼인 전인지 후인지는 자세하지 않지만 만약 전자라면 그는 류소 이래의 경거 전통이 류사춘 대까지 지속되었음을 뜻하고, '경거京居'가 곧 '경혼京婚'의 주된 계기가 되었을 가능성도 배제할 수 없다.

이지억 딸과의 혼인은 연안이씨 해고가문을 중심으로 구축되어 있었던 근기남인계 인맥의 획득 및 활용 과정으로 이해할 수 있다. 이지억의 부친 이만성의 직계에 한정할 경우에도 류사춘 처가의 척연은 화려했다.

이만성은 인조 때 대제학을 지낸 평강채씨 채유후蔡裕後의 손자 채제윤蔡悌胤의 딸을 아내로 맞았다. 채유후는 종현손 채제공의 정치적 자산이란 점에서 남인사회에서는 매우 중요한 위치를 점했다. 이만성의 두 사위는 한종욱과 채응일蔡膺一이다. 한종욱은 진사에 그쳤지만 이산해의 7세손 이수일李秀逸을 사위로 맞았는데, 이수일은 채성윤의 외손자였다. 둘째 사위 채응일은 채성윤의 아들이었으므로 이수일과 채성윤은 연안이씨에 기준하면 3촌의 척분, 평강채씨에 기준하면 4촌의 척분을 지니고 있었다. 무엇보다 채응일의 아들이 정조조 남인의 영수 채제공이었다는 점에서 연안이씨 이만성가가 구축하고 있었던 혼맥은 근기남인의 핵심부를 망라하고 있었다.

이만성의 아들 이지억은 안동권씨 권시權諰 가문 등과 통혼하는 한편 네 명의 사위 가운데 둘을 영남에서 맞았는데, 3녀서가 곧 류사춘이다. 이와 같은 혼맥 구조에 따르면, 채제공蔡濟恭, 1720-1799과 류이좌1763-1837는 5촌의 척분을 지니게 된다. 물론 두 사람은 43년이란 연령의 격차가 있고, 동조한 기간 또한 1794년[류이좌 등과]부터 1799년[채제공 사망]까지 5년에 지나지 않는다. 그럼에도 류이좌가 등과 이후 중앙의 요직에 등용되어 경연관으로 활동하며 근신그룹에 포함될 수 있었던 것은 채제공의 영향력[餘勢]과 무관치 않아 보인다.

이지억李之億의 사위

1女壻	尹恒鎭 : 坡平人
2女壻	鄭章簡 : 淸州人 _예천 _鄭 琢 후손
3女壻	柳師春 : 豐山人 _안동 _柳成龍 후손
4女壻	朴齊瑾 : 潘南人

퇴계·남명문인으로 선조 때 좌의정을 지낸 정탁鄭琢의 6세손인 정장간鄭章簡은 퇴계문인 김부륜의 7세손 김시찬金是瓚, 창설재 권두경權斗經의 현손 권의도權宜度, 이황의 10세손 이휘설李彙卨을 사위로 맞음으로써 연안이씨를 매개로 하는 근기·영남 사이의 척연도 보다 확대·강화되었다.

연안이씨 이만성가의 혼맥 : 근기·영남권

1	平康蔡氏 蔡裕後·振後 가문 _京/湖西
2	韓山李氏 李山海 가문 _禮山
3	豐山柳氏 柳成龍 가문 _安東
4	安東權氏 權 諰 가문 _公州
5	淸州鄭氏 鄭 琢 가문 _醴川

6	光山金氏 金富倫 가문	_禮安
7	安東權氏 權 橃 가문	_安東
8	眞城李氏 李 滉 가문	_禮安

류이좌는 외가를 매개로 서울 출입이 빈번했고, 등과 이전에 이미 문사가 섬부하여 화문이 자자했다. 이 무렵 채제공은 류이좌의 자질과 역량을 시험해 본 다음 세간의 '명성이 헛되지 않았다名不虛'는 찬사를 통해 심허心許의 뜻을 드러냈다.[16] 이 일화는 비록 단편적이지만 양인의 관계성이 고도로 농축된 기사로 읽힌다. 1818년 채제공의 신변소를 기획·추진하고[17] 1824년 류상조 등 제인과 협모하여 채제공의 문집『번암집樊巖集』을 안동 봉정사鳳停寺에서 간행한 것은[18] 의리를 부식하고 청의淸議을 주창했던 남인 영수에 대한 공적 현양인 동시에 인친이자 정치적 후원자에 대한 사적 사은에 다름 아니었다.

2) 세신의식世臣意識 : 사환전통의 양측적 계승

충과 효는 서애집안의 가학 또는 가법의 중요한 원칙으로 정착되어 갔음은 전술한 바와 같다. 충이 국가[왕조]라는 큰 공동체에 대한 마음의 기울임이라면 효는 부모[가정]에 대한 자직子職의 올곧은 실천이다. 국가적 위난이 있을 때 충은 수명授命이라는 극단적 양상으

---

[16] 柳台佐,『鶴棲集』卷20, 附錄〈行狀〉(李彙載撰). "弱冠遊場屋操筆 立就通敏 警拔輒居上游 華聞藹蔚 嘗以近戚拜樊巖蔡文肅公於洛下 文肅試其所存 喜曰 名不虛矣"

[17] 柳台佐,『鶴棲集』卷3,〈請樊巖蔡文肅公伸理疏 戊寅代士林作〉. ; 卷4,〈答疏廳會中戊寅〉.

[18] 柳台佐,『鶴棲集』卷20, 附錄〈行狀〉(李彙載撰). "甲申夏 刊樊巖集 樊翁力扶義理 主張淸議公倡 戊寅 疏伸理誣枉 又壽傳其文 藏板鳳停寺"

로 표출되기도 하지만 보편적 상황에서는 투철한 관료의식으로 순화된다.

류성룡 대에 절정에 달했던 서애가의 적극적 현실참여 의지는 시대적 변화 속에서 약화된 것은 부인할 수 없다.[19] '학學'의 심화와 '행行'의 약화로 설명될 수 있는 이런 현상은 서애가 뿐만 아니라 17세기 이후 정치적 참여가 크게 제한되었던 영남남인의 전반적 동향이기도 했다.

그럼에도 서애가는 관직 진출을 통한 경세관의 실천에 상대적인 적극성을 보였고, 그런 추세를 구체화 한 인물이 류상조柳相祚와 류이좌柳台佐였다. 그렇다면 이들로 하여금 현실참여의 의지를 불태우게 한 동력은 무엇일까? 그것은 '세신의식'의 틀에서 해명할 수 있을 것 같다.

류중영⇒류성룡을 통해 형성된 세신으로서의 공인의식을 서애가풍의 핵심요소로 적용시키는데 교량적 역할을 한 인물은 류진柳袗이었다. 그가 일찍이 세신론에 바탕하여 사소한 관직조차도 마다하지 않음으로써 이황으로부터 극찬을 받은 성수침成守琛의 출처론을 모범으로 삼고,[20] 충과 효를 모두 보전하지 못한 초나라의 오원伍員:伍子胥에 대해서는 극론을 가하며 경계로 삼은[21] 배경도 여기에 있었다. 이런 맥락에서 그는 기회가 있을 때마다 세신론을 강조하며 가법을

---

[19] 류성룡의 장자 柳裀의 경우 성리학을 비롯하여 天文·地理·陰陽·卜筮·醫藥·山水에도 해박했으며, 특히 諸葛亮과 范仲淹을 모범으로 삼았을만큼 경세에 대한 포부가 컸지만 28세로 단명함으로써 뜻을 이루지 못했다.(柳袗,『修巖集』卷3,〈伯仲兩兄遺事〉)

[20] 柳袗,『修巖集』卷2,〈答金以志 丙辰〉.

[21] 柳袗,『修巖集』「年譜」卷2,〈言行錄〉.

정립해 나갔던 것인데, 조카 류원지가 기록한 류진의 '언행록'에는 세신의식의 일단이 잘 표현되어 있다.

> 일찍이 나에게 '나는 세신世臣이므로 산림으로 자처하여 어영부영하게 지낼 수는 없다. 너희들도 모름지기 이 뜻을 알아야 할 것이다.[22]

이런 맥락에서 충효당→화경당으로 이어지는 서애가의 핵심 자손들은 사환에 대해 매우 적극적인 태도를 보이게 된다. 류성룡의 '충효忠孝'에 '졸성拙誠'을 더해 서애가학을 '충효졸성지학忠孝拙誠之學'으로 정착시켰던 류원지조차도 진안현감의 직임을 수행한 것은 그 단적인 근거가 된다.

여기에 더해 전형적인 사환가였던 외가[연안이씨] 또한 류이좌의 관료적 진출 및 성장에 큰 영향을 미쳤을 것으로 파악된다. 그렇다면 류이좌에게 외가 연안이씨는 어떤 대상으로 기억되고, 또 기록되었을까? 여기서는 류이좌가 찬술한 어머니 연안이씨묘지명先妣墓誌銘과 외조 이지억의 가장外祖家狀을 통해 살펴보기로 한다.

류이좌에게 어머니 연안이씨는 효부·자모에 지식과 교양을 더한 여사女士로 기억되고 있다.[23] 좀 더 구체적으로 표현하면, 서울의 사환명가에서 태어나 빈약貧約한 안동의 선비가에 출가하여 부덕으로써 가정을 이끌고 예법과 교양으로써 자녀를 교육하여 문호를 창성하게 만든 그런 존재였다. 묘지명이라는 문자의 성격, 찬술자가 아들

---

22 柳袗,『修巖集』「年譜」卷2,〈言行錄〉.

23 柳台佐,『鶴棲集』卷16,〈先妣贈貞夫人李氏墓誌〉.

이라는 한계를 감안하더라도 이씨 부인이 부덕을 갖춘 현숙한 사람이었음을 쉽게 짐작할 수 있다.

외조 이지억에 대한 류이좌의 체험적 기억은 그리 강렬하지 않다. 이들 조손이 공유했던 역사적 시간은 7년에 지나지 않았기 때문이다. 하지만 요절한 장자 보연普延 외에 친자가 없었던 이지억에게 외손의 의미는 컸고, 어려서부터 자질이 특출했던 류이좌에 대한 애호는 각별했다. 이런 맥락에서 류이좌는 자손을 대표하여 이지억의 가장家狀을 찬술하게 된 것이다.

체험적 기억의 흐릿함에 비해 문견 또는 학습에 바탕한 경모의식은 강렬했다. '외조가장外祖家狀'의 대부분을 '가정문견家庭聞見'과 관료로 활동하는 과정에서 취득한 『승정원일기』 기사에 바탕하여 찬술한 이유도 여기에 있다. 류이좌는 이지억을 순효純孝·충신忠信한 사람으로 기억하고, 또 묘사한다.

> 병신년1716 이후 윤유인尹孺人·판서공·참판공의 상을 당하여 시묘하며 여막에 거처함에 밤낮으로 피눈물을 흘리며 복을 마쳤다.[24]

> 부군은 임금의 은혜에 감격하여 충적忠赤에 더욱 힘을 쏟았다. 임금을 어버이처럼 친애해야 한다는 뜻의 '애군여부愛君如父' 넉 자를 일생토록 가슴에 새길 요부要符로 삼았다.[25]

---

[24] 柳台佐, 『鶴棲集』 卷19, 〈外王考禮曹判書府君醒軒李公家狀〉 "丙申以後荐遭尹夫人判書公參判公憂 侍墓居廬 晝夜泣血以終制"

[25] 柳台佐, 『鶴棲集』 卷19, 〈外王考禮曹判書府君醒軒李公家狀〉 "府君感激恩造 益勵忠赤 以愛君如父四字 爲一生銘肺之要符"

위 인용문에 따르면, 연안이씨 이지억가의 가도家道는 충과 효 두 글자로 귀결된다. 이것은 자신의 본가 서애가[忠孝堂]의 가풍과도 절묘한 조화를 이룬다. 이 대목에서 아버지 류사춘의 분가 주택 '만수당萬壽堂'을 '화경당和敬堂'으로 개액改額한 이유도 더욱 선명해진다.

그렇다면 이지억의 '충효', 특히 '충'은 자손만의 칭송의 범주를 넘어 객관적 덕목으로서의 가치를 지니고 있는가? 아래 『영조실록』의 기사는 이와 관련된 의문을 상당 부분 해소시켜주고 있다.

> '군은君恩에 감격하여 단충丹忠을 바친 사실은 내가 평소에 알고 있는 바이다. 슬픔과 안타까움을 어떻게 견딜 수 있겠는가? 제문을 지어 내려서 성복날에 예관을 보내어 치제致祭하고, 이지억의 아들이 없다니 입후立後를 명하여 예사禮斜를 즉시 작성하여 주라.'고 했다 하였다.[26]

적어도 영조는 이지억을 자신에게 단충을 바친 충신으로 인식하고 있음이 분명했다. 영조와 이지억 사이의 군신제우君臣際遇는 정조와 류이좌와의 관계로 재연될 조짐이 없지 않았지만 정조의 급서로 인해 그 가능성은 함몰되고 말았다.

짐작컨대, 영조는 이지억을 선외가先外家 사람으로 바라보고 있었을 가능성이 있다. 즉, 숙종의 계비 인현왕후仁顯王后가 민광훈의 손녀이고, 민광훈은 이지억의 5대조 이광정의 사위였기 때문이다.

류이좌에게 외가 연안이씨는 도회문화를 접할 수 있는 거점이자

[26] 『英祖實錄』〈英祖 46年 8月 16日(己丑)〉. "前判書李之億卒 訃聞 上教曰 : 感君恩許丹忠素所知矣 曷勝愴惜 祭文製下 成服日遣禮官致祭 之億無子 命立後 禮斜卽爲成給"

근기남인계 명사들과 교유할 수 있는 사교의 매개였다. 여기에 충효를 중시했던 가도家道는 하회 본가의 가풍과 접목되어 세신의식으로 결정結晶되었는데, 류이좌의 관료적 역동성의 원천도 여기서 찾을 수 있다.

다시 논점을 본가로 돌리면, 아래 표에서 나타나는 바와 같이 서애 가문은 찰방·현감 등 비록 고관은 아니지만 종통상의 인물들은 사환을 지속했음을 알 수 있다. 더구나 류성룡의 호성공신 군호인 풍원부원군豐原府院君을 승습하여 풍창군豐昌君에 봉해짐으로써 문호 신장의 새로운 전기를 맞았다.

충효당 및 화경당 인사들의 환력

柳 袽	· 長水道察訪	
柳元之	· 鎭安縣監	
柳宜河	· 翊衛司翊贊	
柳後常	· 童蒙教官	
柳聖和	· 山陰縣監	
柳 澐	· 黃澗縣監/豊昌君	_이상 忠孝堂
柳師春	· 吏參(贈)	_이하 和敬堂
柳台佐	· 禮曹參判	
柳希睦	· 通德郎	
柳道性	· 慶尙道都事	
柳德榮	· 通德郎	

그의 아들 및 손자 대에서 정경의 반열에 오른 다수의 명관이 배출

된 것도 이런 맥락에서 파악할 필요가 있다. 특히 동갑1763년생이었던 류상조2월21일생와 류이좌12월4일생가 각기 병조판서와 예조참판을 역임한 것은 경세가로서의 류성룡의 자취를 계승하는 것인 동시에 세신의식에 바탕한 공적 책무의 수행 과정으로 해석할 수 있다.

2. 서애학西厓學 수호의 적극성 : 「우복연보愚伏年譜」 수정론을 중심으로

서애학의 수호라는 측면에서 화경당의 역할과 관련하여 주목할 사안은 「우복연보」의 개정론이다. 류성룡과 정경세 사이의 사승관계 및 칭호 여부를 두고 발생한 이 논쟁은 전후 80년 동안 진행되었으며, 이 과정에서 종전까지 세의가 돈독했던 서애가[和敬堂]와 우복가의 사이에는 팽팽한 긴장감이 감돌았다. 더구나 1차 논쟁의 당사자였던 류이좌柳台佐와 정상진鄭象晉, 정경세 7세 종손은 사돈간이었다.

「우복연보」의 편찬자는 정경세의 사위이자 문인이었던 송준길이었다. 송준길宋浚吉은 김장생의 문인으로 전형적인 서인 기호학파 계열의 학자였지만 혼인을 계기로 우복문하도 출입하였다. 『우복집愚伏集』의 편찬 및 간행도 사실상 그의 주도하에 이루어졌으며, 「우복연보」의 편찬 또한 '사문師門' 현양론의 일환에서 진행된 것이었다.

「우복연보」는 송준길의 편저였던만큼 1682년에 간행된 『동춘당집同春堂集』에 포함되었고, 호서지역을 중심으로 유포되지만 이로부터 약 100년 동안 「우복연보」에 대한 논란은 제기되지 않았다.

1789년 정조는 외선조 정경세의 「우복연보」를 친람코자 했고, 이에 정종로鄭宗魯는 가장본 '동춘소찬同春所撰' 연보를 손수 정사하여 봉진했다. 정조의 정경세에 대한 관심과 「우복연보」 친람親覽은 우복현양론의 기폭제가 되어 1801년에는 『우복별집』 간행을 위한 수계소가 설치되어 간역을 본격 추진하기에 이르렀다.[27] 그 결과 1821년에는 판각에 이를만큼 진척을 보였지만 류성룡측의 이의 제기로 인해 난맥상을 수반하게 된다. 그 빌미가 된 것은 류성룡에 대한 칭호와 사사師事 기록의 불충분성과 모호성이었다. 아래는 송준길이 편찬한 「우복연보」의 '경진조'1580이다.

> 경진년1580. 선생 18세. 묘지에, '서애 류문충공이 상주목사로 재직하며 여러 선비들에게 학문을 장려하자 공이 공경스럽게 제자의 예를 올리고 학업을 가르쳐주기를 청하였다. 이로부터 학문에 젖어 충분한 가르침을 입음에 학업이 일취월장하였다'고 했다.[28]

언뜻 보기에 사실 관계에 착오가 없고, 문자예법에도 결함이 없는 것처럼 보일 수 있지만 세밀하게 들여다 보면 논란의 요소가 곳곳에 있다. 우선 송준길은 정경세의 서애문하 입문 사실을 '경진조'1580의

27 '愚伏別集' 개간 전말에 대해서는 한국학중앙연구원, 『鄭經世 史料精選』, 한중연 출판부, 2015, 〈愚伏先祖別集改刊時文蹟〉 참조.

28 鄭經世, 『愚伏集』 別集 卷9, 「年譜」 〈庚辰〉 "墓誌云 西厓柳文忠公知州事 勸課多士 公賓賓然執禮請益 自是涵而飫之 月有所益云" : 別集 卷9, 〈愚伏墓誌〉(이준찬) "庚辰 柳文忠公知州事 勸課多士 學政日新 公賓賓然執禮請益 先生異之 告之以爲學之序 自是涵而飫之 月有所益"

본문으로 구성하지 않고 세주로 처리하였으며, 그마저도 이준李埈이 찬한 '우복묘지愚伏墓誌'를 인용하는 방식을 취하고 있다. 또한 류성룡을 '서애선생西厓先生'이라 하지 않고 '류문충공柳文忠公'이라 한 것도 류성룡측에서는 수용하기 어려운 대목이었다.

이와 관련하여 송준길은 자신이 지은 '우복행장愚伏行狀'에서 정경세의 서애문하 입문 과정을 다음과 같이 서술했다.

> 서애西厓 류문충공柳文忠公이 상주 목사가 되었을 때 선생鄭經世이 집지하여 가르침을 청하자 문충공이 한번 보고는 기이하게 여겨 학문하는 방법을 가르쳐 주었다. 이에 선생은 그 가르침을 공경스럽게 받아들여 마음 속에 담아두고 평생토록 잊지 않았다.[29]

정경세를 '선생先生'으로 칭했음에 반면 류성룡은 '公'으로 호칭하고 있다. 호칭에 엄격했던 사림의 문자 관행, 류성룡과 정경세의 사제관계의 친밀성을 고려할 때 위와 같은 호칭 방식은 분명히 사림사회의 상궤常軌를 벗어난다.

더욱이 그는 행장 말미에서 정경세의 학통을 서술한 대목에서는 '퇴도退陶를 사숙私淑하고 고정考亭, 朱子을 소본으로 삼아 상상하고 흠모하여 준칙으로 삼았다'[30]고 하여 주자⇒이황⇒정경세로 이어지는 학통을 제시하며 류성룡을 사실상 배제시켰던 것이다. 이것은 정경

---

[29] 宋浚吉, 『同春堂集』 卷19, 〈愚伏鄭先生行狀〉 "西厓柳文忠公知州事 先生執贄請益 文忠一見異之 告以爲學之方 先生敬受而藏之心 終身不敢忘"

[30] 宋浚吉, 『同春堂集』 卷19, 〈愚伏鄭先生行狀〉 "私淑於退陶 遡本於考亭 想象歆慕 以爲準則"

세가 류성룡의 문인임은 인정하면서도 '적통설嫡傳說' 또는 '도통설道統說'은 부정했음을 의미하는 것으로 영남지역 서애 · 우복계의 학통 인식과는 큰 차이가 있었다.[31]

이처럼 송준길이 정경세의 학통을 서술함에 있어 '서애적전론西厓嫡傳論'을 거부 또는 부정하고 '퇴계사숙설退溪私淑說'을 고집했던 것은 자신과의 관련성 때문이었다. 송준길은 학통인식에 있어 김장생 못지 않게 정경세에 대해서도 강한 계승의식을 갖고 있었는데, 송시열이 '우복시장愚伏諡狀'에서 송준길의 '우복적전론愚伏嫡傳論'을 거론한 것도[32] 그러한 인식을 대변하는 것이다.

이런 상황에서 풍산류씨 측에서 「우복연보」의 개정을 촉구함으

[31] 鄭經世,『愚伏集』附錄에 실린 각종 輓祭類에 따르면, 정경세의 학통은 크게 '서애적전론'과 '퇴계사숙론'으로 구별되는데, 전자는 이황⇒류성룡⇒정경세로 이어지는 학통 설정으로서 남인측의 일반적 인식임에 비해 후자는 류성룡을 배제시키는 논리로서 양송을 비롯한 서인계에서 공감하던 인식이었다. 예컨대, 남인계에서는 '載贄登席于彼厓門'(李潤雨), '退陶大成 金聲玉振 誰能繼往 惟我西厓'(道南書院儒生), '從事厓門 得聞直方'(陶山書院), '天挺陶山 斯文峻極 一言授受 繼有西厓 求道盈門 一代英才 有拔其萃 曰惟先生'(金應祖), '早遊厓門 學有淵源'(李一圭), '心傳五賢 道紹西厓'(黃德柔), '泝源伊洛 追軌陶厓'(申楫), '西厓門下誰傳鉢'(鄭蘊), '學傳道脈西厓重'(全克恒) 등 서애적전론을 주창한 반면 서인계에서는 '陶山遺躅考亭心 幾歲林泉玩索深'(趙翼), '文純門下世多賢 師友淵源自有傳'(金墪) 등 주자와 이황과의 관계만 강조했을 뿐 류성룡에 대한 언급은 보이지 않는다. 특히, 주목되는 것은 '服膺考亭'(仁祖), '淑諸退陶 忠於紫陽'(正祖), '一洗諸儒陋 正脈陶山紹'(金世濂), '直泝考亭承道統 晩生東國冠儒林'(蔡裕後) 등 인조와 정조는 물론 김세렴이나 채유후와 같이 근기남인에 속하는 인물들도 주자 및 이황과의 관계를 더 중시했다는 점인데, 이는 정경세의 학통에 대한 당대인의 인식이 경향에 따라 큰 차이가 있었음을 말해 준다. 물론『우복집』간행에 미친 송준길의 영향을 고려할 때, 상당수의 輓祭類가 송준길의 取擇을 거쳐 수록되었음은 재론의 여지가 없지만, 이를 감안하더라도 '西厓嫡傳論'은 영남지역 서애 · 우복계열에서 주창되었을 뿐 서인 기호학파는 물론 근기남인계열에서조차 크게 공감을 얻지는 못했다.

[32] 宋時烈,『宋子大全』卷205,〈愚伏鄭公諡狀〉"旣又從贊善宋公遊 知其有深衣之托"

로써 양측의 갈등이 표면화 되었다. 류성룡측에서는 류상조·류심춘·류이좌·류이춘 등 다수의 인사들이 자신들의 입장 관철에 부심하였는데, 그 중에서도 가장 중심에 있었던 인물이 화경당의 주인 류이좌였다.

1821년 당시 김해부사에 재직하던 류이좌는 「우복연보」 수정의 필요성을 피력하는 내용의 서간을 정경세의 7세손 정상진에게 보냈다. 일종의 선전포고와 같은 이 서간의 파장은 컸다.

> 7월 6일. 김해부사 류이좌가 종형鄭象晉에게 보낸 편지를 보았는데, 말하는 의도가 연보에 관한 일을 망치려 하는 듯 했다. 이는 부사가 총명하고 일을 잘 알지만 어찌 400리 떨어진 곳에 있으면서 책자의 한 글자, 반 줄도 보지 않고서 그저 유유히 전하는 이야기만 듣고 우리 집안의 선조에 관한 막중한 일을 신중히 살피지 않고 일필휘지로 결단하는가? 참으로 알 수 없다.[33]

이런 과정을 거치면서 류성룡측[하회]와 정경세측[우산]은 공수체제를 구축하며 장기전에 돌입하게 된다. 물론 중간에 별집 가운데 연보만 빼고 간행하자는 '연보궐각론年譜闕刻論'이 일종의 조정론으로 대두되었지만 정경세측에서는 세가지 이유를 들어 이를 거부했는데, '삼불가론三不可論'이 그것이다.

> 첫째, 우복연보는 직접 가르침을 받은 사람이 기록한 책이라는 점

[33] 한국학중앙연구원, 『鄭經世 史料精選』, 한중연 출판부, 2015, 313쪽, 〈愚伏先祖別集改刊時文蹟〉 '日記'(鄭象順撰).

둘째, 누대에 걸쳐 소중하게 보관한 책이라는 점

셋째, 선조께서 을람한 책이라는 점[34]

즉, 정경세측에서는 친자문인기실론'親炙門人記實論', '누대봉장론累代奉藏論', '정조어람론正祖御覽論'에 입각하여 '연보궐각론'을 정면으로 거부하는 가운데 『우복별집』을 인쇄하여 반질의 의지를 보이게 된다. 1823년 신간된 『우복별집』을 비로소 열람하게 된 류이좌는 신중론을 피력하면서도 이전보다는 완화된 입장을 보임으로써 사태 해결의 실마리가 잡히는 듯 하였지만 1825년 개정론을 재론함으로써 논쟁은 원점으로 돌아가고 만다.

정경세측의 주장에 따르면, 냉각 국면 속에서도 도남서원 등을 통한 조정론은 지속되었던 것 같고, 그 결과 1829년에는 류성룡측의 용인 속에 『우복별집』을 향중 및 도내에 배포하는 단계로까지 진전되었다고 한다.

> 기축년1829 봄, 억일이 하상에서 돌아왔다. 별집의 일에 대한 하상河上의 여러 사람들의 의견이 제법 바뀌어 배포할 수 있다고 했다. 그러므로 고을 각처 및 도내의 여러 곳에 편의대로 배포했다.[35]

하지만 이는 정경세측의 주장일 뿐 류이좌의 입장은 사뭇 달랐다.

---

[34] 한국학중앙연구원, 『鄭經世 史料精選』, 한중연 출판부, 2015, 317쪽, 〈愚伏先祖別集改刊時文蹟〉 '附門內聯札'(制庵公所作).

[35] 한국학중앙연구원, 『鄭經世 史料精選』, 한중연 출판부, 2015, 321쪽, 〈愚伏先祖別集改刊時文蹟〉 '日記'(鄭象順撰).

그는 하회에 『우복별집』이 반질되고 20여 일이 지난 1829년 7월 23일 정상진에게 일종의 항의 서한을 보냈다. '범례凡例' 문구의 추가를 통한 미봉책은 수용할 수 없다는 뜻이었다.

> 저희 쪽에서 말씀드린 '표시한다標識' 운운한 내용은 애당초 범례에 넣은 말을 가리킨 것이 아닙니다. 만약 범례에 표시한다고 여기고 저희 쪽의 소견과 일치한다고 하시면 심복하기 어렵습니다.[36]

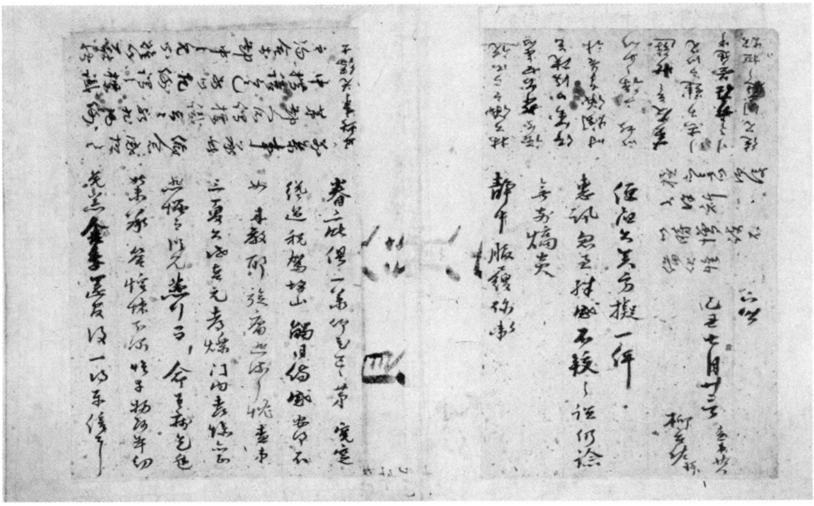

愚伏先祖別集開刊時文蹟 '柳台佐書簡'(1829.07.23.)

이에 대한 정경세측의 대응은 자세하지 않지만 앞의 서간을 보낸 지 채 두 달이 되지 않은 동년 9월 12일 류이좌는 정상진에게 두 번째 서간을 보냈다.

[36] 한국학중앙연구원, 『鄭經世 史料精選』, 한중연 출판부, 2015, 327쪽, 〈愚伏先祖別集改刊時文蹟〉 '柳台佐書簡'(1829.07.23)

저 쪽 집에서 간행한 책은 이미 살펴보았으니, 범례에 운운한 말은 삭제하고 단지 연보에 작자作者, 宋浚吉를 표시하고 그 글을 그대로 새기는 것이 범례에 말을 넣은 것보다 나을 것입니다. 향후의 일은 이렇게 헤아려 처리하는 것이 어떠한지 모르겠습니다. 저의 문중으로 온 책들도 돌려드릴 수 밖에 없는데, 이는 사론이 동의하기 어렵기 때문입니다.[37]

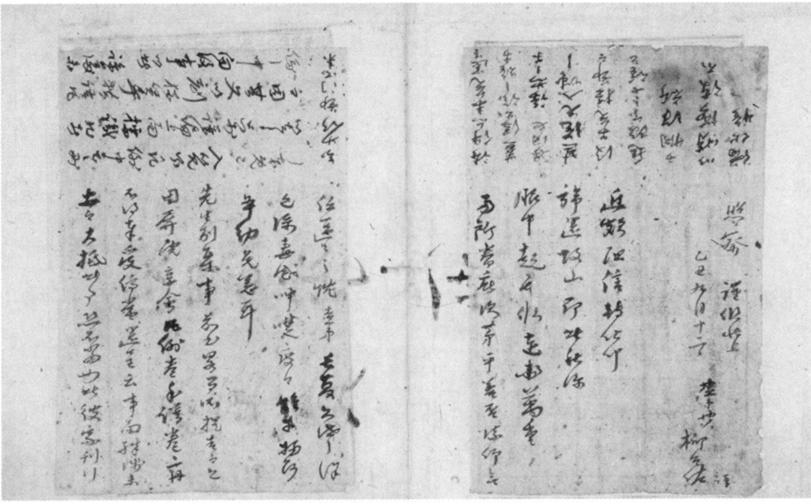

愚伏先祖別集開刊時文蹟 '柳台佐書簡'(1829.09.12.)

범례의 문구 조정을 통한 미봉적 조처를 취할 바엔 차라리 「우복연보」 저자인 '송준길宋浚吉'의 실명을 표기하고 그대로 간행하는 것이 낫다는 것이 류이좌의 주장이었다. 이런 맥락에서 당초 하회로 반질된 4질의 『우복별집』을 전량 회송하였는데, 이는 상주 향내와 도내 일부에 『우복별집』이 반질되었지만 하회만큼은 그것을 받아들일 수

[37] 한국학중앙연구원, 『鄭經世 史料精選』, 한중연 출판부, 2015, 329쪽, 〈愚伏先祖別集改刊時文蹟〉 '柳台佐書簡'(1829.09.12)

없다는 입장을 분명히 한 것이다.

1834년 8월 10일 정상진에게 보낸 편지에서 「우복연보」 교정을 담당할 인사들의 실명이 거론되고 있는 것으로 보아[38] 류이좌를 비롯한 하회측의 강경론이 정경세측의 신축적 대응을 이끌어냈던 것 같다. 그러나 개정작업은 탄력적으로 추진되지 못했고, 1837년 류이좌의 사망으로 인해 류성룡측의 동력 또한 크게 약화됨으로써 성사되지 못했다.

이후 우산측에서는 류성룡측의 별다른 견제없이 1844년에는 『우복별집』을 중간하는 등 우복현양론도 궤도에 오르는 듯 했다. 그러나 류이좌의 사망은 개정론의 일시적 중단에 지나지 않았고, 언제든지 재점화 할 수 있는 불씨를 안고 있었는데, 그 불씨를 새롭게 지핀 사람이 손자 류도성柳道性이었다.

순조 연간의 개정론이 '류이좌-정상진'의 협상체계로 진행되었다면 류도성 대의 논의 대상은 정상진의 현손 정의묵鄭宜默, 1847-1906이었다. 류도성이 개정론을 재점화하던 1898년 당시 정의묵은 안동부사로 재직하고 있었던 바, 논의 과정의 신속성이 담보되었다.

류이좌의 대의 개정론에 구체성이 결여된 측면이 있었다면 류도성은 보완할 문구 및 글자 수까지 제시할 만큼 주장이 단호하고 명백하다.

---

38 한국학중앙연구원, 『鄭經世 史料精選』, 한중연 출판부, 2015, 331쪽, 〈愚伏先祖別集改刊時文蹟〉 '柳台佐書簡'(1834.08.10.)에 따르면, 당초 개정작업의 적임으로는 '서곽'이라는 인물과 류심춘 등이 고려되었으나 이들은 개정에 착수하지도 못하고 사망했고, 그 대안으로 모색된 사람은 '백하옹(黃'磻老)'과 '仲素(鄭象履, 鄭象晉의 再從弟)'였다.

우복 선생의 연보에 관한 일은 '서애 류선생의 문하에서 제자의 예를 갖추고 수업을 청하였다[執贄請業于西厓柳先生門]'라는 말을 연조의 아래에 쓰고, 그 아래에 '이번에 보충했다[今補]'라고 쓴다면 귀문의 여러 의견은 과연 이의가 없겠습니까? 귀문의 제 의견이 하나로 모아지는 날이 곧 우리 집안의 의견이 하나로 모아지는 날이라는 것을 분명히 알 수 있습니다. 이것은 귀문에 달린 일이지 우리 집안에 달린 일이 아닙니다.[39]

「우복연보」 '경진조'에 '서애 류선생의 문하에서 제자의 예를 갖추고 수업을 청하였다[執贄請業于西厓柳先生門]'라는 11자를 추가하라는 것이 주장의 골자였다. 류도성의 단도직입적인 요청에 우산측은 하루만에 회신을 보내왔는데, 반은 수용하고 반은 거부하는 내용이었다.

지난번 편지에는 11자를 고치겠다고 했는데, 이번 편지에는 5자만 고치고 '집지執贄' 두 자, '별호別號' 두 자 , '문門' 한 자를 빼겠다고 하셨습니다. 소략한 중에도 소략하니, 이렇게 급하게 해서는 안됩니다. 반드시 앞 편지에서 써서 보여드린 11자대로 개간한 뒤에야 배포해주시는 책을 받을 지를 논의할 수 있을 것입니다. [40]

---

[39] 한국학중앙연구원, 『鄭經世 史料精選』, 한중연 출판부, 2015, 333쪽, 〈愚伏先祖別集改刊時文蹟〉 '柳道性書簡'(1898.03.05)

[40] 한국학중앙연구원, 『鄭經世 史料精選』, 한중연 출판부, 2015, 333쪽, 〈愚伏先祖別集改刊時文蹟〉 '柳道性書簡'(1898.03.06)

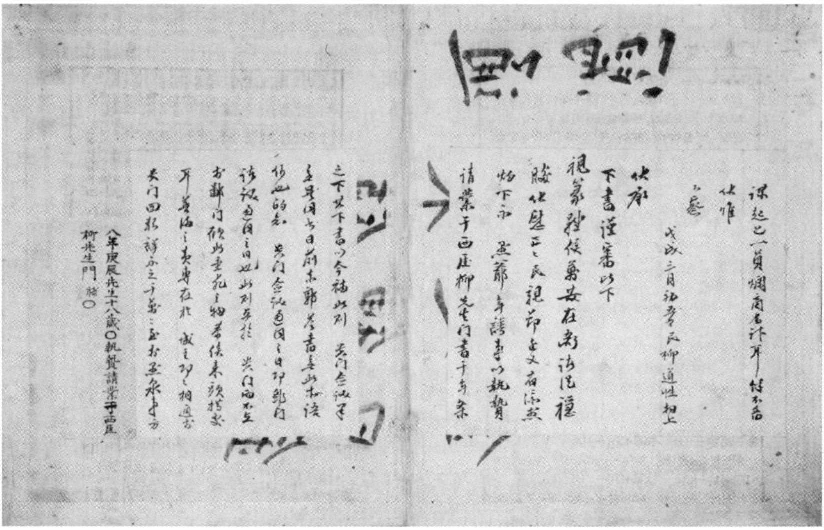

愚伏先祖別集開刊時文蹟 '柳道性書簡'(1898.03.06.)

즉, 정경세측에서 개정을 수용하면서도 사제관계를 설명하는 가장 정중한 표기인 '집지執贄', '서애西厓'라는 별호, 문하를 뜻하는 '문門' 자에 거부 반응을 보인 것에 대해 류도성은 재론의 여지를 남기지 않고 있다. 하지만 그의 단호한 주장에도 불구하고 「愚伏年譜」의 개정에 하회측의 입장이 완벽하게 반영되지는 못했다. 그런 정황은 이듬해인 1899년에 발간된 『우복별집』 중간본을 통해 분명하게 확인할 수 있다.

우산측에서 최종적으로 추보 판각한 것은 '서애 류선생을 뵙고 학문하는 순서를 배웠다謁西厓柳先生受爲學之序'였다. 글자 수는 11자로 맞추되, 내용은 송준길이 인용했던 '우복묘지李埈所撰'와 하회측의 요청을 절충한 측면이 컸다.

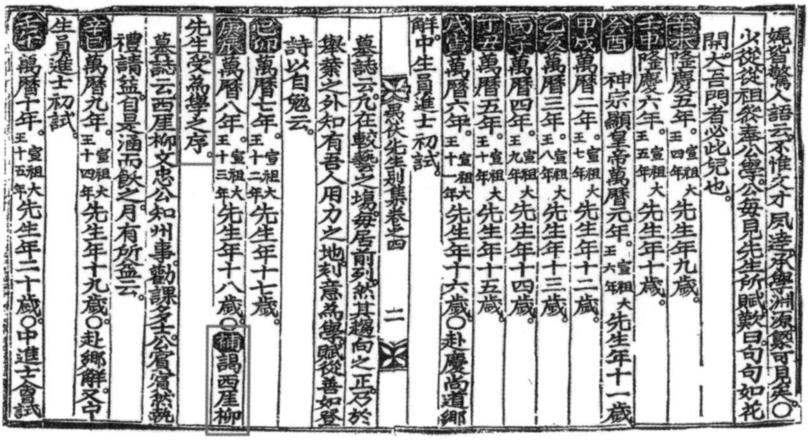

娓娓驚人語云不惟文才夙達承與淵源繫可見矣○
少從從祖參奉公學公每見先生所賦歎曰句句如花
開大吾門者必此兒也。
辛未 隆慶五年。宣祖大王四年 先生年九歲。
壬申 隆慶六年。宣祖大王五年 先生年十歲。
癸酉 神宗顯皇帝萬曆元年。宣祖大王六年 先生年十一歲
甲戌 萬曆二年。宣祖大王七年 先生年十二歲。
乙亥 萬曆三年。宣祖大王八年 先生年十三歲。
丙子 萬曆四年。宣祖大王九年 先生年十四歲。
丁丑 萬曆五年。宣祖大王十年 先生年十五歲。
戊寅 萬曆六年。宣祖大王十一年 先生年十六歲○赴慶尙道鄉
解中生員進士初試。
愚伏先生別集卷之四 二
墓誌云允在較藝之場每居前列然其趨向之正乃於
舉業之外知有吾人用力之地刻意爲學賦從善如登
詩以自勉云。
己卯 萬曆七年。宣祖大王十二年 先生年十七歲。
庚辰 萬曆八年。宣祖大王十三年 先生年十八歲○補謁西厓柳
先生受爲學之序。
墓誌云西厓柳文忠公知州事勸課多士公嘗禀於執
禮請益自是涵而飫之月有所益云。
辛巳 萬曆九年。宣祖大王十四年 先生年十九歲○赴鄉解又中
生員進士初試。
壬午 萬曆十年。宣祖大王十五年 先生年二十歲○中進士會試

愚伏別集(己亥本,1899)에 수록된 愚伏年譜 '庚辰條'

류성룡측에서는, 비록 자신들의 요청이 전적으로 수용되지는 않았지만 「우복연보」의 개정을 이끌어낸 사실 그 자체에 의미를 두었다. 전후 80년간 지속된 개정론은 류성룡의 학자적 위상을 수호하기 위한 긴박하면서도 지리한 역정이었고, 그 중심에 류이좌-도성 조손이 존재하고 있었다.

3. 타자에 대한 포용성 : 남명연원과의 교유를 통한 길항의 완화

류이좌와 강우 남명학파권 사림들과의 교유는 김해부사를 수행하는 과정에서 활성화되었다. 류이좌가 김해부사에 재직한 것은 1820년 2월부터 1822년 4월까지 2년 2개월이었다. 이 기간 동안 그는 지방관[公] 또는 학자[私] 자격으로 김해를 비롯하여 진주 · 합천 등 강우지역 남명계 인사들과의 교유를 확대했고, 이 과정에서 문자 교류도 활성화 되었다. 김해가 조식의 처향이자 중년기 독서강학처로서 진주 · 합천[삼가]와 더불어 남명학의 3대 거점의 하나라는 점도 교유망의 강화 및 확대에 일정한 영향을 미쳤을 것으로 짐작된다.

류이좌가 찬술한 남명학파권 문자

1	許景胤墓碣銘[禮賓寺直長竹庵許公墓碣銘]
2	李潚墓碣銘[陝川郡守葛村李公墓碣銘]
3	李道孜行狀[復齋李公行狀]
4	李命培行狀[茅溪李公行狀]
5	趙輝晉墓碣銘[東窩趙公墓碣銘]
6	金斗南奉安文[德灘金公里社奉安文]
7	新山書院講堂重修記
8	感慕錄跋文[柳晚隱感慕錄跋]

위 표에 거론된 허경윤許景胤은 1608년 임진왜란으로 소실된 신산서원新山書院 중건의 주역이고,[41] 이숙李潚은 1602년 덕천서원 원장으로서 서원 중건을 주관했던 남명문인 이정李瀞의 아우이며,[42] 이도자李道孜는 한강문하의 핵심 문인으로 정구를 통해 경의학을 수용한 대표적인 남명연원이다.[43] 합천 출신의 김두남金斗南은 임란 때 곽재

[41] 김경수 편, 『신산서원지』, 『덕천서원지』 · 『용암서원지』 · 『신산서원지』 편찬위원회, 2017, 228쪽 〈신산서원〉.

[42] 김학수, 「덕천서원-경의학을 지향한 조선의 학술문화공간」, 『남명학』 20, 남명학연구원, 2015.

[43] 김학수, 「조선중기 寒岡學派의 등장과 전개 -門人錄을 중심으로-」, 『한국학논집』 40, 계

우 의진에 참여했고,[44] 남명문인 이광우李光友, 내암문인 이흘李屹과도 학문 · 사회적 교유가 깊었다. 특히 같은 합천 출신으로 조식의 '연보', '언행록' 및 사우록인 '산해사우연원록'을 편찬하는 등 조식의 열성추종론자였던 박인과는 사돈간이었다. 조휘진趙輝晉은 남명문인 조종도趙宗道의 7세손으로 덕천서원 원장을 지냈음은 물론 '원임록院任錄'의 수정 등 원중院中 문자의 정비에도 심혈을 기울이는 등 '남명현양론'에 특별한 관심을 보였다. 또한 그는 인품이 관후하고 학문이 깊었으며, 경향을 망라하는 교유망을 형성함으로써 강우 사림사회에서 신망이 높았다. 류이좌가 그에게 '남도주인南道主人'이란[45] 칭호를 부여함에 주저하지 않았던 이유도 여기에 있다. 특히 그는 두 차례에 걸쳐 덕천서원 원장을 지냈고, 1796년에는 서원 중건의 대역사를 완수한 채제공과도[46] 교계가 돈독했다. 1769년의 송별서[送趙文然輝晉歸德川序]는[47] 양인의 교계를 단적으로 드러내주는 장면이다. 조휘진이 채제공을 방문한 곳은 죽산竹山 선영이었고, 10년만의 재상봉이었다. 이곳에서 조휘진의 덕산 우거 소식을 접한 채제공은 구감에 젖었고, 이별을 고하고 덕산으로 떠나는 고우를 향한 격려

명대학교 한국학연구원, 2010.

[44] 김두남의 행장은 정경세의 6세손 정종로가 찬술했다.(鄭宗魯, 『立齋集』 卷46, 〈孝子贈宗簿寺主簿德灘金公行狀〉)

[45] 柳台佐, 『鶴棲集』 卷15, 〈東窩趙公墓碣銘〉 "日與賓朋徜徉山水佳處 最喜延接 不以貴賤親疎而有間 蹄轍塡街 屨舃盈門 推誠款洽 信宿忘倦 由是遠近賢不肖 無不悅服 擧皆歸心風流人豪 南道主人之稱 果有以也"

[46] 채제공이 처음 德川書院 원장에 임명된 것은 1785년(정조9) 2월이었고, 1796년(정조20) 6월에는 영의정의 직함으로 재임명되었다. 이후 채제공은 사망하던 1799년까지 원장직을 다시 수행하게 되었으며, 이 과정에서 서원 중수의 대역사를 마무리하게 된다.

[47] 蔡濟恭, 『樊巖集』 卷33, 〈送趙文然輝晉歸德川序〉.

와 당부의 뜻을 담은 것이 바로 이 글이었다. 어린 시절 단성현감에 재직하던 아버지를 근친했던 시절의 기억, 입덕문入德門·세심정洗心亭·취성정醉醒亭으로 압축되는 덕산의 인문정경, 덕천산 은어銀魚와 무성한 회백檜栢의 지조와 기상 등에 대한 정회를 종횡으로 담아 엮은 이 글을 통해 그가 전하고자 했던 메시지는 '덕산주인론德山主人論'이었다.

이런 정황을 고려할 때 정조연간 덕천유림의 실질적 구심점은 조휘진이었고, 이들에 대한 강력한 외원으로 존재했던 것이 채제공이라 할 수 있다. 즉 류이좌가 강좌사림을 대표하는 채제공의 메신저였다면 강우지역에서 그런 역할을 한 인물이 곧 조휘진이었다. 조휘진의 묘갈명을 찬술한 것도 '채제공-조휘진'의 관계성과 무관하지 않아 보이는데, 그런 정황은 류이좌가 그의 묘갈명 첫 머리에서 채제공이 지은 송별서[送趙文然輝晉歸德川序]를 인용 언급한 것에서도 확인할 수 있다.

남명연원과의 교유에 있어 가장 주목할 만한 장면은 신산서원 중건 지원과 '강당중수기講堂重修記'의 찬술이다. 신산서원은 1588년 조식의 초기 강학처인 산해정 터에 건립되었고, 1608년 중건되던 이듬해에 '신산新山'으로 사액되었는데 덕산[德山:德川]·회산[晦山:龍巖] 서원과 함께 '삼산三山' 서원으로 일컬어지는 남명학의 거점이다. 정인홍鄭仁弘·문경호文景虎·조임도趙任道·한몽삼韓夢參 등 남명학파의 쟁쟁한 인사들이 원장을 지냈고, 1867년에는 성호학의 적전으로 김해부사에 재직하던 성재 허전許傳이 원장으로서 강학을 주관한 바도 있다.

류이좌의 신산서원 중건론은 수령칠사의 하나인 '흥학興學'의 일환에서 모색되었다. 이를 위해 그는 양사재養士齋를 이건하고[48], 삼충三忠·물봉勿峰·예암서원禮巖書院에 학자學資를 지원하는[49] 한편 신산서원을 중건하여 일향의 교육기반을 정비하는데 부심했다.

여기서 주목할 것은 류이좌의 공사관념公私觀念이다. 그는 김해부사라는 공인적 시각에서 자신의 치하治下를 바라볼 뿐 여기에 사적 혐원 또는 집단적[학파적] 괴리를 개입시키지 않는다. 부임 직후 신산서원을 참배하고 조식을 '대현大賢'으로 예칭한 것은 그 단적인 근거가 된다.

> 내가 예전에 외람되이 이 고을을 다스리면서 서쪽 성곽의 납릉納陵을 알현하고 인하여 신산서원에 나아가 선생의 사당에 절하고는 서원의 선비들과 동행하여 우러러 대현의 향기가 남아 있는 자리를 돌아보았으니 우매한 나의 소망은 안문雁門의 처벌을 다시 받기를 바랄 뿐만이 아니었다. 다만 그 당실堂室과 재사齋舍는 연대가 오래되어 퇴락했으니 계획을 세워 수리하는 일은 실로 당시 수령의 책임인데도 양사재養士齋를 향교 곁으로 이건하고는 재력이 모자라 능히 사업을 추진하지 못했고 병으로 인해 관직에 물러나서는 돌아와서도 송사가 남아 있었다.[50]

---

48 柳台佐,『鶴棲集』卷10,〈金海養士齋移建記〉.

49 柳台佐,『鶴棲集』卷10,〈諭金海三忠勿峯禮巖三院儒生帖〉.

50 柳台佐,『鶴棲集』卷10,〈新山書院講堂重修記〉"余於昔年 忝守是邦 謁西郭納陵 仍詣新山拜先生廟 招攜院中多士 緬仰周旋於大賢遺馥之地 懵陋之幸 不啻復鴈門之踦也 第其堂室齋寮 年久荒頽 綱紀修葺 實維當日官守者之責 而移建養士齋於校宮之傍 力有所詘 未克敦事 因病解官 歸有餘訟"

이 자리에서 그는 서원의 퇴락상을 목격하고 중수의 필요성을 절감하게 된다. 이것은 관료로서의 책무의식, 대현에 대한 경모의식이 복합적으로 작용한 결과였다. 물론 이 구상은 재정상의 어려움으로 인해 완수하지 못했지만 그의 의도는 중건론의 강력한 동력이 되기에 충분했고, 원유들의 열정을 바탕으로 1830년에는 중수를 완료하게 된다. 중수작업의 마무리 단계에 노이문盧以文 등 원유들이 류이좌를 찾아와 '중수기'를 요청한 배경도 이런 맥락에서 이해할 필요가 있다.

> 10년 뒤 서원 유생 노이문盧以文이 고을 사림의 뜻으로 나를 찾아와 부탁하여 말하기를 '신산서원의 강당講堂이 무너진 것을 고을 사람들이 모두 마음과 힘을 합쳐 이제 겨우 중수했습니다. 집채와 서까래가 굉장하여 산천의 경색이 달라졌으니 원컨대 한 마디 말을 내려 기문을 지어주십시오'라고 하였다. … 중수한 공역은 유생 송윤증宋允增·송석순宋錫洵·허학·노병연盧秉淵이 그 일을 주관했고 돈과 곡식을 맡아서 장인과 음식을 중감한 이는 조중진曺重振이니 모두 한 고을에 명망 있는 사람들이다.[51]

종전까지 조식을 대현으로만 언급했던 류이좌의 남명인식은 '강당중수기'에서는 보다 구체화된다.

> 남명의 가르침에 말하기를 '학문은 지경持敬보다 요긴한 것이 없으므로 주일主一 공부에 치중하여 언제나 깨어 있고 신심神心을 수렴해야 한다. 학문은 과욕寡欲보다 우선한 것이 없으므로 극기克己에 힘을 쏟아 찌꺼기

---

[51] 柳台佐,『鶴棲集』卷10,〈新山書院講堂重修記〉.

를 씻어내고 천리天理를 함양해야 한다.'31고 하였다. … 이제 우리 여러 군자들이 참으로 지경과 과욕에 매진하면서 그저 헛되이 지냄을 경계하고 부지런히 나아감에 뜻을 둔다면 이 서원의 강당에 올라 선생의 도를 강론하는 것이 여기에서 벗어나지 않을 것이다.[52]

그가 파악했던 남명학의 요체는 지경持敬, 주일主一, 성성惺惺, 수렴신심收斂神心, 과욕寡欲, 극기克己, 함양천리涵養天理였고, 그 중에서도 지경과욕持敬寡欲을 더욱 강조하고 있다. 이처럼 그는 조식을 정확하게 이해하고 있었고, 그 이해를 바탕으로 지역 사자士子들을 경계·인도하고 있었던 것이다. 그리고 이것은 퇴계학과 남명학의 간극 완화 과정으로도 해석할 수 있을만큼 주목할 만한 것이었다.

김해부사 재임시에 드러난 남명학파에 대한 친연적 행보는 개인적 관계로까지 확대되었는데, 그 바탕에는 경종조부터 활성화 된 남명학파와 서애·여헌계의 연대의식이 작동하고 있었다. 양측 연대론의 일단은 덕천서원 원장 초빙 양상에서 찾아 볼 수 있다. 퇴계학파권에서 최초로 덕천서원 원장을 지낸 인물은 1721년에서 1724년까지 원장을 수행한 이만부였고, 그는 1721년경종1 10월 25일과 1724년경종4 8월 두 차례 심원하는 기회를 갖기도 했다. 전술한 바와 같이 이만부는 류천지의 사위로 류성룡에게는 외증손서가 되는 인물이라는 점에서 시사하는 바가 크다. 이만부에 의해 교통된 관계성은 신명구申命耉, 1735: 旅軒淵源·장지학張址學, 1771: 旅軒後孫·정종로鄭宗魯, 1808: 愚伏後孫 등의 원장직 수행으로 이어졌다. 신명구는 여헌문인 신우덕申

---

[52] 柳台佐,『鶴棲集』卷10,〈新山書院講堂重修記〉.

祐德의 후손이고, 장지학은 장현광의 5세손이며, 정종로는 정경세鄭經世의 6세손이다.

특히 정종로는 덕천 원장을 수행하는 과정에서 남명학파권 인사들과의 학문적 교류를 확대하며 자신의 학문적 영향력을 신장할 수 있었는데, 단성면丹城面 정태리丁台里 출신의 유학자 유의삼은 강우지역의 대표적 정종로문인이었다.[53] 정태리의 진주류씨들은 전형적인 남명연원으로 인조반정 이후에는 겸재 하홍도와 사승을 맺으면서 굳건한 사회학문적 위상을 유지했다.

유의삼은 입재문하에서 수학하는 동안 스승 정종로로부터 큰 신임을 받았다.[54] 그는 거처할 때는 항상 꿇어 앉아 방일放逸한 마음을 차단했고, 공부에 있어서는 치심을 근본으로 하여 만사에 통달함으로써 대기의 자질을 보였다. 휴대하는 목패에는 '경은 일심의 주재이고敬爲一心之主宰, 성은 만사의 근저誠爲萬事之根柢'라는 글자를 써넣을 만큼 성경의 공부에 철저했다. 만년에는 학도들을 교육하는 한편으로 저술에 힘써 『성현찬규록聖賢贊閨錄』·『이언개론邇言槪論』·『자경요결自警要訣』·『추체록追體錄』 등의 저작을 남겼으며, 상주 출신의 명유

[53] 鄭宗魯와 柳宜三의 사제관계와 학문적 문답은 국사편찬위원회에 소장된 「愚山書帖」을 통해 자세하게 살펴볼 수 있다. 「愚山書帖」은 柳宜三(1776-1822)이 자신의 스승 鄭宗魯(1738-1816)로부터 받은 서간 및 시문을 모아 꾸민 서첩이다. 서첩의 후반부에 남한조 · 유식 · 정업 · 류이좌 등의 필찰을 첨부했음에도 「愚山書帖」이라 표제한 것은 이들과의 교유관계의 동인이 정종로에 있었음을 말해준다.

[54] 柳潛, 『澤齋集』 「丹邱姓苑」 〈柳宜三〉 "爲學 動以聖賢自律 本乎治心 達于萬事 井井有倫 身長七尺 居必跪坐 肩背疏直 若植木 嘗書木佩 曰敬爲一心之主宰 誠爲萬事之根柢 晩居漢上 以接學徒 所著有聖賢贊閨錄 邇言槪論自警要訣追體錄等書 數十卷 皆成己成物之具 而終不見用 名儒南漢朝鄭墣等 皆以公輔許之 年四十七卒"

남한조南漢朝로부터 '공보公輔의 재국'이란 찬사를 듣기도 했다.

남명학파권 강우사림들에게 정종로와 류이좌는 동일시 될 수 있는 속성을 지닌다. 여기에는 류성룡의 수문이 정경세이고, 류이좌와 정종로가 각기 하회가학과 우산가학의 계승자라는 점이 작용한다.[55] 이런 맥락에서 류의삼은 아버지 유기룡柳沂龍의 행의와 학문을[56] 기록한 저술 『감모록』의 서문 및 발문을 각기 정종로와 류이좌에게 청했고, 「우산서첩愚山書帖」에는 『감모록』 정종로의 '서문'과 류이좌의 '발문'이 실려 있다.

이에 따르면, 정종로가 서문을 지은 것은 1807년 정월이고,[57] 류이좌가 발문을 찬한 것은 1821년 이후이다. 서문과 발문에 시기적 격차가 발생한 것은 편찬의 지연이라는 물리적 조건보다는 '정종로-류이좌' 체계의 서발 형태를 선호한 데 따른 결과가 아닐까 싶다.

류의삼이 발문을 청탁한 것은 류이좌의 김해부사 부임 초반인 듯하고, 탈고한 것은 1821년 겨울이었다. 이런 정황은 「우산서첩愚山書帖」에 수록된 류이좌의 서간을 통해 알 수 있다.

---

55 류이좌의 차자 류기목은 정종로의 손서였고, 후일 화경당의 주인 류도성은 정종로에게 외증손서가 된다. 이처럼 양가는 학연 · 척연의 중첩적인 관계를 통해 세의가 돈독했지만 우복연보 개정을 두고 한때 팽팽한 긴장 관계에 놓이기도 했다. 이에 대해서는 후술하기로 한다.

56 류기룡은 호가 晩隱인데, 세상의 영달을 구하지 않고 九龍山에 은거하여 학문에만 진력한 독실한 선비였다. 무엇보다 그는 조정의 득실이나 사람의 장단점을 입에 올리는 법이 없었고, 집안이 가난했지만 안빈자족하며 학문에 힘씀으로써 아들 유의삼에게 선비의 자세와 지향해야 할 바를 실천으로서 보여주었다. 이런 훈육으로 인해 유의삼은 후일 일향이 주목하는 학자로 성장할 수 있었다.

57 정종로는 『感慕錄』을 李象靖의 아들 李埦이 지은 『痛慕錄』에 견주어 효심에 바탕한 추모의 정신을 특서했다.

부탁하신 문자는 참으로 저와 같이 부족한 사람이 손을 댈 것이 아닌 듯 하여 두 번씩이나 기대를 저버리다 이제야 대략 몇 줄 적어 보내니 살펴보시기 바라며 남의 눈에 띄지 않게 해주신다면 다행이겠습니다.[58]

류이좌는 몇 차례의 사양 끝에 '발문'을 찬술했고, 말미에 기재된 간지簡紙 30첩, 신력新曆 1건, 대구大口 1마리 등의 예물에서 문자 청탁에 따른 당시 예법의 실상이 잘 드러난다.

이 글에서 류이좌는 류기룡을 독행군자로 칭송하는 한편 자손에게는 의방義方을, 종족에게는 돈목敦睦을 가르친 가사佳士로 평가하고 있다. 아울러 아버지의 유사遺事·유훈遺訓을 채록한 이 책은 진주류씨 집안의 보장寶藏을 넘어 세교世教에도 보탬이 되는 노작으로 평가했다.[59]

이상에서 살펴본 바와 같이 류이좌는 김해부사 재임을 통해 남명학파권 인사들과도 돈독한 관계를 맺고 있었음을 확인할 수 있고, 이것은 류중영→류진으로 이어지는 남명학에 대한 포용적 자세의 착실한 계승 양상으로 규정할 수 있다.

---

58 「愚山書帖」〈柳台佐書簡〉(1821).

59 이글은 柳台佐,『鶴棲集』卷10에 〈柳晩隱感慕錄跋〉이란 제목으로 실려 있다.

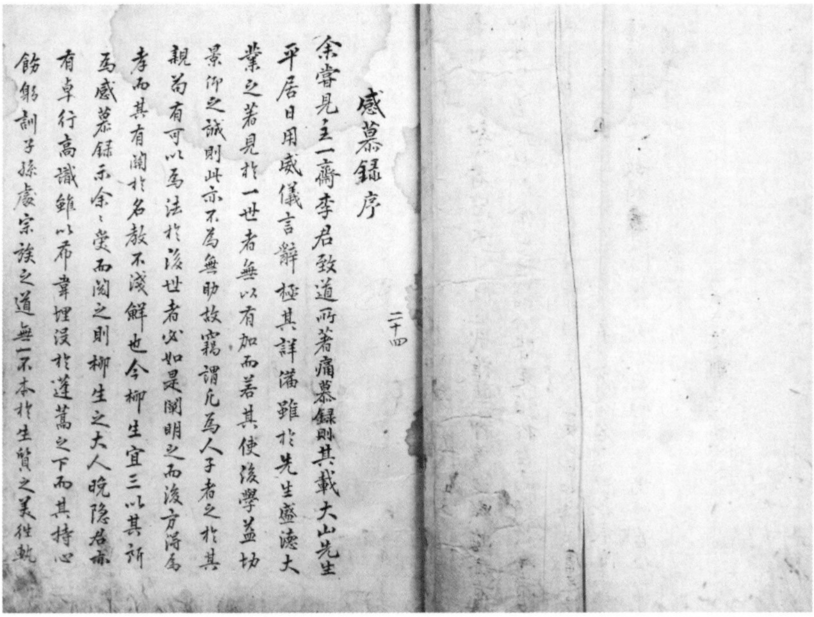

우산서첩 : 정종로의 '감모록서문'(전반부)

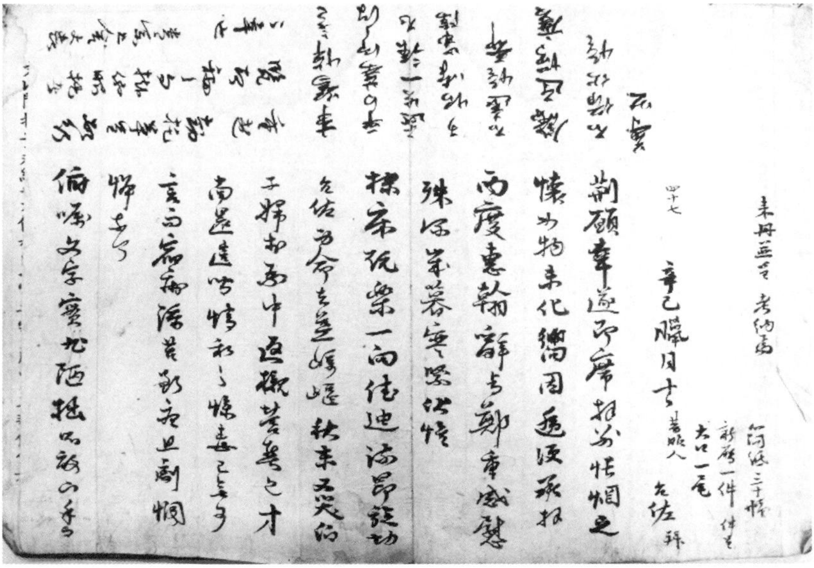

우산서첩 : 류이좌서간(1821.12.10)

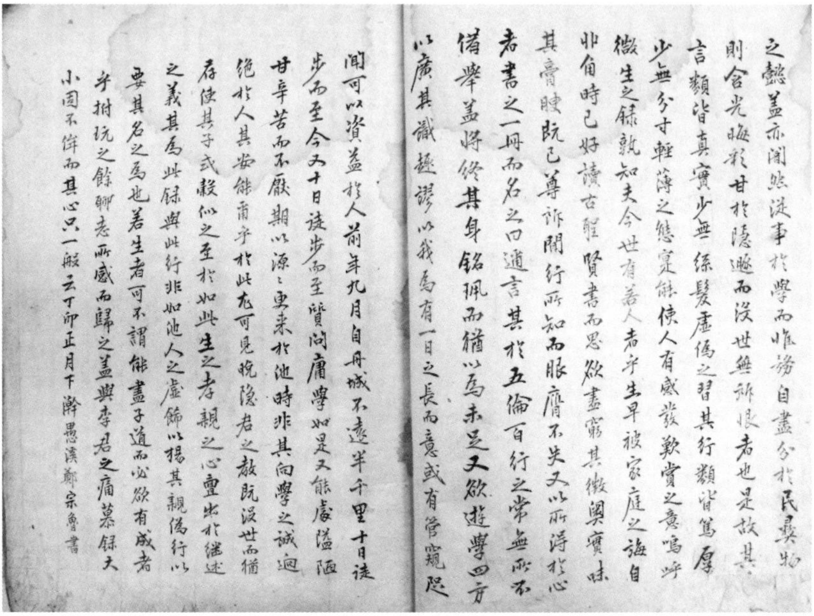

之懿蓋亦闇然從事於學而惟務自盡分於民彝物
則含光晦彩甘於隱遯而沒世無所恨者也是故其
言類皆眞實少無絲髮虛僞之習其行類皆篤厚
少無分寸輕薄之態寔能使人有感發歎賞之意嗚呼
微生之錄孰知夫今世有若人者乎生早被家庭之誨自
非角時已好讀古聖賢書而思欲盡窮其微奧實味
其膏腴旣已尊所聞行所知而服膺不失又以所得於心
者書之一冊而名之曰遺言其於五倫百行之常無所不
備擧蓋將終其身銘佩而猶以爲未足又欲遊學四方
以廣其識趣謬以我爲有一日之長而意或有管窺恖
聞可以資益於人前年九月自丹城不遠半千里十日徒
步而至今又十日徒步而至質問庸學如是又能處隘陋
甘辛苦而不厭期以源源來於此時非其向學之誠迥
絶於人其安能爾乎於此尤可見晩隱君之敎旣沒世而猶
存使其子式穀似之至於如此生之孝親之心豈出於繼述
之義其爲此錄與此行非如他人之虛飾以揚其親僞行以
要其名之爲也若生者可不謂能盡子道而必欲有成者
乎撫玩之餘聊志所感而歸之蓋與李君之痛慕錄大
小固不侔而其心只一般云丁卯正月下澣愚溪鄭宗魯書

우산서첩 : 정종로의 '감모록서문'(후반부)

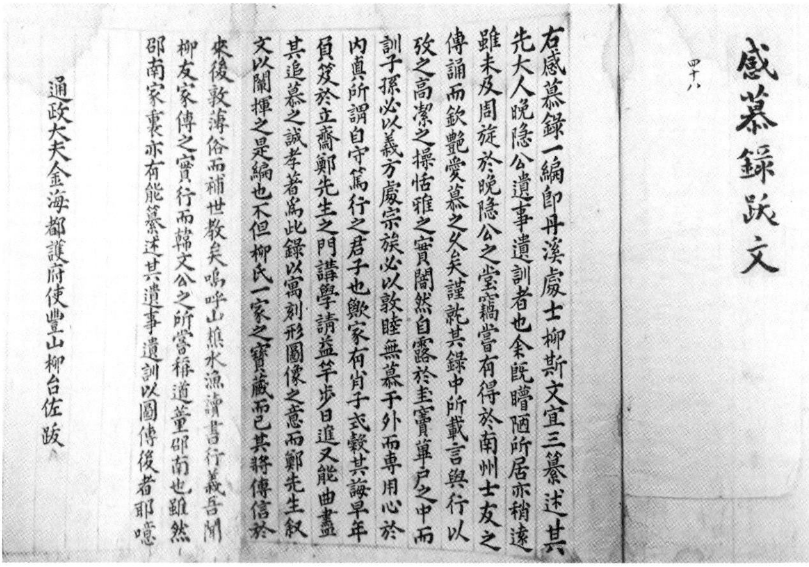

感慕錄跋文

四十八

右感慕錄一編卽丹溪處士柳斯文宜三纂述其
先大人晩隱公遺事遺訓者也余旣矇陋所居亦稍遠
雖未及周旋於晩隱公之堂竊嘗有得於南州士友之
傳誦而欽艶愛慕之久矣謹就其錄中所載言與行以
攷之高潔之操恬雅之實闇然自露於圭竇蓽户之中而
訓子孫必以義方處宗族必以敦睦無慕乎外而專用心於
內眞所謂自守篤行之君子也歟家有肖子式穀其誨早年
負笈於立齋鄭先生之門講學請益竿步日進又能曲盡
其追慕之誠孝著爲此錄以寓刻形圖像之意而鄭先生叙
文以闡揮之是編也不但柳氏一家之寶藏而已其將傳信於
來後敦薄俗而補世教矣嗚呼山樵水漁讀書行義吾聞
柳友家傳之實行而韓文公之所嘗稱道董邵南也雖然
邵南家衰亦有能纂述其遺事遺訓以圖傳後者耶噫
通政大夫金海都護府使豐山柳台佐跋

우산서첩 : 류이좌의 '감모록발문'

4. '류문주인의식柳門主人意識'의 표명 : 방친추양론傍親推揚論을 중심으로

류씨가학은 활발한 가내家內 논쟁을 통해 학문적 견해 또는 주장을 정립해 갔다. 류원지와 류세명의 '구방심도논변求放心圖論辨', 류빈柳贇의 '역도易圖' 대한 류세명의 이의疑義 제기, 류원지의 '권옹역학도설倦翁易學圖說'에 대한 류후장의 질의 · 논변, 류세명과 류후장 사이의 주자 '적심설赤心說' 등에 대한 논변 등이 그 좋은 예가 된다. 이런 과정을 통해 류씨가학은 정제된 학문으로써 자가의 학문적 수월성을 드러내는 가운데 하나의 학문공동체적 성격을 띠게 되었다. 물론 '가학연원세계도'에 등장하는 인물 중에는 유빈과 같이 예안 출신도 있고, 류경심柳景深 · 류중엄柳仲淹과 같이 같은 안동이라도 하회가 아닌 지역의 거주자도 있었으며, 류진柳袗과 같이 하회 출신으로 상주로 이거한 인물도 있었고, 하회 출신이라도 화경당에게는 방조가 되는 류세명柳世鳴 등 그 성격이 다양했지만 풍산류씨들에게 이들은 종족성에 바탕한 학문공동체였고, 그런 인식은 계승의식 및 추양론에서 분명하게 읽을 수 있다.

방친추양론의 주요 대상

柳景深	안동
柳仲淹	예안(西村)
柳　袗	상주
柳世鳴	하회(겸암후손)
柳　漥	하회(삼종조)
柳宗春	하회(백부)

화경당가 사람들 중에서도 '류씨가학'의 포괄적 전승과 촉진을 위한 '방친추양론'에 애착을 보인 것은 류이좌였으며, 주된 방향은 원향론院享論, 묘우건립론, 묘도墓道 문자 찬술 및 문집간행론文集刊行論 등으로 요약할 수 있다. 이런 사안에 류이좌의 역할이 컸던 것은 당시 그가 지니고 있었던 학문 · 정치적 위상 때문이었음은 재론의 여지가 없으며, 그의 '하회주인河回主人' 의식은 아래 인용문에서도 분명하게 드러난다.

> 영남문적[嶺南文蹟 : 嶺南人物考]은 이미 책자로 꾸며져 임금께 보고되었는데, 총 15권이며, 수록된 인물은 800여 명입니다. 우리 집안에서는 모두 16분이 입록되었으며, '서애사적西厓事蹟'은 상세하게 수록하라는 특별 명령이 있어 제가 기록한 것이 15장이고, 그 외의 것이 혹 1-2장 또는 3-4장이 되는데, 소략함을 면치 못할 듯하여 안타까울 따름입니다.[60]

방친 추양에 있어 가장 공을 들인 대상은 류중엄柳仲淹과 류세명柳世鳴인데, 모두 '풍산류씨가학연원도'에 등장하는 인물들이다. 먼저 류중엄의 경우 문집[巴山遺稿] 간행과 원향론을 중심으로 추양사업이 진행되었다. 당초 『파산유고巴山遺稿』는 류이좌의 백부 류종춘柳宗春이 류중엄의 예안 서촌西村의 본가로 가서 유문을 수습 · 편차했고, 류규 등의 치밀한 교정을 거침으로써 간행의 단초가 마련되었지만 물력의 부족으로 간행에 이르지는 못했다.[61] 그러던 중 1834년 『서애

[60] 柳台佐,『鶴棲集』卷4, 〈與江皐族叔〉.

[61] 柳台佐,『鶴棲集』卷10, 〈巴山先生遺稿跋〉"我伯考畏齋府君始頗收拾於宣城故家 而長編短牘 百不存一 只以師門贈遺往復之詩札 隨得隨附 僅成逸稿一册 臨齋月梧柳下諸公 前

집』 중간을 계기로 출판 기반이 갖춰지면서 속간續刊할 수 있었다. 간역은 류상조柳相祚의 주관과 류치목柳致睦과 류희춘柳羲春, 류중엄 본손의 협조 속에 완수되었으며,[62] 그 경위를 서술하는 발문 찬술은 류이좌의 몫이 되었다.

류이좌는 발문에서 류중엄을 순정純靜, 아결雅潔한 자품으로 류중영·경심·운룡·성룡과 동당同堂에서 학업을 연마한 학인, 퇴계문하에 올라 지학의 독실함으로 사문師門으로부터 지극한 장려를 입은 계문의 애제자로 평가하는 한편 단명하여 학자로서의 대업을 이루지 못해 남치리南致利와 함께 '공문안자'로 일컬어지는 대목에서는 비감을 감추지 않는다.[63] 무엇보다 류이좌는 이 발문에서 류중엄을 칭송하면서도 류운룡·성룡을 끌어들이고, 그것을 통해 류씨가학 및 류중엄의 격을 함께 높이고 있다.

> 퇴계문하에서 입실入室의 경지에 이른 이로 우리 집안에만 세 분이 계신다. 겸암 조부께 문경文敬이란 아름다운 시호가 내리고, 서애 조부의 문집이 중간된 것이 이 해인데, 마침 이 해에 선생 유고까지 아울러 세상에 유행하게 되었으니 이 일은 우연이 아닌 것이다.[64]

後參校 猶未及鋟梓 一門諸族慨然合謀 鳩貲蓄力 以圖傳後"

62 柳台佐,『鶴棲集』卷10, 〈巴山先生遺稿跋〉"甲午秋 西厓集重刊之役告成 咸以爲先生稿巾衍之藏 不得不續而成之 以卒先志 遂敦議訖功於旬日之內 經紀主事者 前判書相祚 幹其役者 參議致睦 本孫羲春甫也"

63 柳台佐,『鶴棲集』卷10, 〈巴山先生遺稿跋〉"夫以先生淳靜雅潔之資 同堂征邁 於立巖龜村謙菴西厓諸先祖 負笈請益於陶山李先生門下 志學之篤實 獎詡之隆重 殆與賁老幷稱 而不幸早世 大業未究 家緒零替 文獻蕩佚 嘉言善行 華藻令咳 無所傳信於百世之下 斯文之歎惜極矣"

64 柳台佐,『鶴棲集』卷10, 〈巴山先生遺稿跋〉"溪堂入室 家有三賢 而謙祖文敬之美諡 厓祖

한편 류이좌는 류중엄의 원향을 아울러 추진했는데, 이는 류중엄을 사회적 기림의 대상으로 삼아 학자적 격을 신장시키기 위한 노력이었다. 이를 위해 그는 원우의 새로운 건립보다는 기존 원우로의 추향追享을 모색했고, 그 대상은 이현보李賢輔를 제향하는 예안의 분강서원汾江書院이었다. 남치리의 제향처 주계서원周溪書院 원장에게 보낸 협조 요청 서간에는 그의 구상이 잘 나타나 있다. 주계 원장에게 협조를 구한 것은 남치리와 류중엄이 '공문안자孔門顏子'에 비견되는 계문의 애제자라는 공감대가 깔려 있었다.

> 파산巴山 종선조를 분강서원汾江書院에 제향하려는 논의는 이미 60년 전에 일어났는데, 이는 종선조가 도산의 고제로서 비지賁趾, 南致利 선생의 명성에 견줄만한 공문안자孔門顏子의 칭송이 있고, 또 종선조는 농암聾巖의 손서로 연원의 유래가 있는데다 분강은 도산과 지척의 거리이기 때문입니다. 항상 본손의 논의가 모아지지 못한 탓에 지금까지 시일을 끌다 요사이 선성宣城의 공론이 모아지고 본손 또한 수긍하여 따르겠다는 뜻이 있습니다. 이번 도산서원 회합 때 오셔서 얼굴을 마주하고 논의할 수 있기를 간절히 바랍니다.[65]

이에 따르면, 류이좌는 60년 전에 발론되었으나 본손 내부의 논의가 귀일되지 않아 시일을 끌어오던 류중엄의 '분강추배汾江追配'를 재론하고 있다. 도산서원 회합에서 이 논의가 의제議題로 대두된 것에서 상당한 진전이 있었을 것으로 짐작되지만 류중엄의 분강서원 추

遺集之重新 適在是歲 而先生逸稿幷行於世 事非偶然"

[65] 柳台佐,『鶴棲集』卷4,〈與周溪山長〉.

배는 성사되지 못했다. 그럼에도 류이좌가 추진했던 추배론은 방조까지도 추양의 대상으로 인식하고 있었음을 분명하게 말해주고 있고, 이것은 '풍산류씨 학문공동체의식'의 발현으로 해석하기에 부족함이 없다. 류이좌의 방조 추양론은 류세철·세명 형제를 통해 꾸준히 이어진다. 그는 류세철·세명 형제의 묘갈명을 찬술하여 일가의 문헌을 정비하는 한편 '류씨가학[河回家學]'에서 높은 위상을 점했던 류세명의 추양에 더욱 집중한다.

류세명은 류운룡의 손자 류원리柳元履의 아들로 16세 때 재종조 류원지의 문하에서 수학하여 퇴계학과 서애가학의 정수를 배웠다. 그는 근본을 중시하는 류원지의 학풍에 따라 본원공부에 열중했고,[66] 성리학에 깊이 침잠하여[67] 학자로서의 영역을 구축할 수 있었던 것이다. 특히 그는 격치格致와 성경誠敬 그리고 조존操存의 공부에 더욱 공을 들임으로써 학문이 순정하고 행의가 독실한 학자로 평가되었다.[68] 류이좌가 '우헌묘갈명寓軒墓碣銘'에서 그를 도산심학陶山心學에 바탕을 둔 서애가학의 우뚝한 계승자로 언명한 배경도 여기에 있는 것이다.[69]

바로 이런 맥락에서 그는 1813~1815년에 걸쳐 류세명의 별묘·묘갈 건립, 문집 간행을 순차적으로 추진했고,[70] 『우헌집寓軒集』은

---

66 柳世鳴,『寓軒集』卷8, 附錄〈家狀〉.

67 柳世鳴,『寓軒集』卷8, 附錄〈墓碣銘〉(柳台佐撰).

68 柳世鳴,『寓軒集』卷8, 附錄〈家狀〉.

69 柳世鳴,『寓軒集』卷8, 附錄〈墓碣銘〉(柳台佐撰).

70 柳台佐,『鶴棲集』卷4,〈答江皐族叔癸酉〉"碑石已至運致 磨役方始 而近來書手實未易從便求之則安斯文愿金進士鼎壽似好矣";〈答江皐族叔乙酉〉"寓軒集校正 幸至勘定 其中數條存拔之有商量者 亦得歸一 刊本已爲修正寫出矣 狀草亦蒙構惠 謹當正書入梓 此

1833년에 간행되었다. 당초 류세명의 사당은 하회 인근의 산촌山村에 건립되었으나 관리 소홀로 인해 크게 퇴락하자 하회에 별묘를 건립하자는 논의가 대두된 것이다.[71] 이를 위해 류이좌는 '별묘입의別廟立議'를 통해 부지 마련과 건립 재정 충당을 주관했고, 그 결과 하회 화수당花樹堂 서남쪽에 터를 잡아 건립할 수 있었다. [72]류이좌는 이곳에 터를 잡은 이유를 '당유공존堂儒共尊'으로 설명하고 있다.[73] 여기서의 당堂은 '집안사람[私]', 유儒는 '유림[公]'을 지칭한 것으로 보인다. 즉 류이좌는 이 별묘를 사적 추모를 넘어 유림사회 전반의 기림처로 모색하고 있었던 것인데, 그 사유는 류세명의 학문과 덕업이 백대의 모범이 된다는 데 있었다.[74] 여기에 약간의 추론을 더하자면, 류이좌는 '우헌별묘寓軒別廟' 건립을 통해 류세명을 불천위화不遷位化 하는데 본의가 있었던 것 같다. 사회적 존경을 받는 '어진이[賢]'가 양산되는 마을, 바로 그것이 류이좌가 희구하며 구상했던 19세기 하회마을의 모습이었을 수도 있다.

이외에도 류이좌는 류세철 · 류세장의 묘갈명 및 류규 · 류종춘의 행장을 찬술하는 등 방친추양론을 지속적으로 추진했다. 특히 삼

役實吾門大事 倘蒙御者一番賜枉 則不無數處稟質者 今念晦間另圖一行 如何如何"

71 柳台佐, 『鶴棲集』 卷10, 〈寓軒先生別廟立議〉 "一間祠廟 僻在山村 將未免傾頹 香火之不時 風雨之不蔽"

72 柳台佐, 『鶴棲集』 卷10, 〈寓軒先生別廟立議〉 "今春歲謁之日 門內遠近老少 無不藎然感慨 立廟河上 移奉行祀之論 同然一辭 而物貲難辦 占地又不便 廼出儒租錢五十緡 添以公私如干貲 合爲百餘金"

73 柳台佐, 『鶴棲集』 卷10, 〈寓軒先生別廟立議〉 "相基於花樹堂西南 以寓堂儒共尊之意"

74 柳台佐, 『鶴棲集』 卷10, 〈寓軒先生別廟立議〉 "從先祖寓軒先生 學問德業之盛 光前啓後 允爲百代之模範"

종조 류규에 대한 경모심은 더욱 특별하였는데, 정홍경鄭鴻慶이 찬한 '임여재묘지명'은 그가 청문한 것이었다.[75] 또한 헌종 연간에 발간된 『임여재집臨汝齋集』도 1776년 그의 초고를 바탕으로[76] 이희발李羲發, 1768~1849이 재교하여 간행한 것이다.

IV. 맺음말

하회를 관통하는 정신 및 학술문화적 자산은 류성룡의 '충효'와 류원지의 '졸성'이다. 특히 류성룡의 '충효'는 종가의 당호로 제정되었다는 점에서 서애가학의 핵심적 요소로 규정할 수 있고, 그런 가치와 중요성은 1797년에 건립된 '화경당'을 통해 거듭 확인되었다. 이 점에서 하회에는 두 좌의 충효당이 존재했던 셈이고, 19세기 이후 풍산류씨 서애가문을 대표하는 세력으로 부각되었던 것이 류사춘→류이좌→류희목→류도성으로 이어지는 화경당가 사람들이었다.

화경당의 창건자는 류사춘이지만 그 존재와 역할을 확장시킨 인물

75 柳台佐,『鶴棲集』卷4, 〈與鄭參判鴻慶〉"三從大父臨汝齋公經學文章 樊巖相公曾已薦進台執事亦必關聽矣 其文稿尙在巾衍 墓道未遑竪石 士林之所共慨歎 近自門內綿力經紀欲就秉筆家請文 而顧念吾知舊中星斗之望 台執事恐不得辭也 玆令公曾孫進璜再拜門下以請碣銘 幸望細覽遺稿家狀後 遠賜一言之重 無孤千里之行如何"

76 柳台佐,『鶴棲集』卷2, 〈丙申九月 校臨汝齋稿 李雲谷又文 羲發 來會 余與尙書從兄・高城弟・大諫姪・士慶・聞瑞・而鎭・敎睦 同往玉淵 泛舟沿洄 又文呼四韻二首 忘拙續貂〉.

은 아들 류이좌였다. 그는 백부 류종춘에게서 서애가학의 요체를 체득했고, 서울에 기반을 둔 외가 연안이씨를 통해 도회문화를 수용하며 식견을 넓혔다. 특히 충효론에 바탕하여 현실참여 의지가 강했던 친외 양계의 가풍은 그가 관료로 입신하는 중요한 계기로 작용했다. 특히 외가로 5촌의 척분을 지닌 채제공과의 관계는 관료적 성장에 커다란 영향을 미쳤다. 후일 류이좌가 채제공의 신변과『번암집樊巖集』의 간행에 적극성을 보인 것도 이런 맥락에서 이해할 필요가 있다.

한편 류이좌는 타자, 특히 남명연원에 대한 포용적 입장을 견지함으로써 퇴계학과 남명학 사이의 길항과 간극을 완화하는데 일조하였다. 김해부사 재임시에 보여준 남명연원과의 교유, 그것에 바탕한 각종 문자의 찬술은 그 단적인 사례라 할 수 있었다. 특히 '신산서원강당중수기新山書院講堂重修記'의 찬술은 류성룡과 정인홍 사이의 정적관계의 반전反轉으로 평가할 수 있을 만큼 역사의 진전성을 보여주는 장면으로 남았다.

이른바 '제2충효당'이라 할 수 있는 화경당가 인사들의 류성룡에 대한 계승의식은 강렬했다. 정경세의 '우복연보' 수정론에 나타난 류이좌 · 류도성의 입장과 역할은 '효'와 '가문의식'이 융합되어 나타난 하나의 현상이었고, 화경당이 당시 하회마을 풍산류씨를 사실상 대변하고 있었음을 잘 보여주고 있었다. 류중엄 · 류세명 · 류규 등의 현양에 초점이 있었던 방친추양론傍親推揚論은 이런 인식과 역할의 확장 양상에 다름 아니었던 것이다.

일부 연구자 중에는 하회마을 풍산류씨를 '학문'보다는 '사환'에 무게를 두고 바라보는 경향이 있지만 필자는 그것을 근거 없는 편견으로 규정한다. 하회의 풍산류씨들은 '충효졸성'으로 집약되는 가학을 상전하며 명가의 전통을 유지하였는데, 이른바 서애가학의 대미를 장식한 인물이 곧 류이좌였다. 류이좌는 경학을 강조했던 서애가학의 정수를 체득하여 『대학』에 깊은 이해를 갖고 있었으며, 이를 바탕으로 문과를 통해 문신의 반열에 올라 '경세관'을 구현할 수 있는 지위를 획득했다는 점에서 '학'과 '행'을 겸한 인물로 평가할 수 있다. '경세'를 지향하는 배움[학]을 활학活學이라고 할 때, 류이좌의 행적은 여기에 근접하는 모습으로 형상화되고 있으며, 그것은 또 치자 계급으로서의 본무에 충실했던 삶으로 해석할 수 있다. 어떤 측면에서 화경당은 웅대한 규모를 지닌 호사스런 주택으로 보일 여지가 없지 않지만 그곳에서 생장했던 인물들의 국가사회적 역할은 집의 규모에 비추어 보더라도 조금의 손색이 없다.

참고문헌

1. 원전 및 자료집

『明宗實錄』

『宣祖實錄』

『英祖實錄』

『承政院日記』

柳成龍, 『西厓集』 및 『西厓全書』

洪汝河, 『木齋集』

柳台佐, 『鶴棲集』

鄭經世, 『愚伏集』

『尊敬錄』

李栽, 『蒼狗客日』

柳袗, 『修巖集』

鄭宗魯, 『立齋集』

蔡濟恭, 『樊巖集』

柳潛, 『澤齋集』

「愚山書帖」

柳世鳴, 『寓軒集』

宋浚吉, 『同春堂集』

宋時烈, 『宋子大全』

『古文書集成』20-屛山書院篇-

한국학중앙연구원, 『鄭經世 史料精選』, 한중연 출판부, 2015.

김경수 편, 『신산서원지』, 『덕천서원지』·『용암서원지』·『신산서원지』 편찬 위원회, 2017.

2. 논저

이성무 · 이태진 · 정만조 · 이헌창, 『서애 류성룡의 학술과 경륜』, 태학사, 2007.

김학수, 「덕천서원-경의학을 지향한 조선의 학술문화공간」, 『남명학』 20, 남명학연구원, 2015.

김학수, 「17세기 서애 류성룡가의 학풍과 그 계승양상」, 『퇴계학과 유고문화』 55, 경북대 퇴계연구소, 2014.

김학수, 「조선중기 寒岡學派의 등장과 전개 -門人錄을 중심으로-」, 『한국학논집』 40, 계명대학교 한국학연구원, 2010.

류이좌의 생애와 학문성향

권 오 영(한국학중앙연구원 교수)

Ⅰ. 머리말

고려 말에 사족士族으로 성장한 안동 하회의 풍산류씨豐山柳氏는 조선 전기에는 안동지역의 유망한 사족으로 차츰 발전해 나갔다. 이 가문은 16세기에 류중영柳仲郢 · 류운룡柳雲龍 · 류성룡柳成龍 삼부자를 거치면서 영남학파의 중심에 서는 유망한 가문이 되었다.[1] 특히 임진왜란이라는 국난을 극복한 명재상 류성룡으로 인해 하회와 풍산류씨는 전국적으로 널리 알려졌다. 풍산류씨는 조선 말기까지 학문과 벼슬이 이어져 영남에서 손꼽히는 명가名家로 칭송을 받아왔다. 류중영 이후 이 문중은 17명의 문과급제자를 배출하였고, 생원진사 입격자는 47명에 이르렀다.[2]

류이좌柳台佐, 1763~1837는 류성룡 이후 충효忠孝 두 글자를 전승해온 8세世의 문헌가文獻家에서 태어나 가학을 잘 지키고 몸소 실천을 하였다. 그는 류성룡의 충효와 류원지柳元之의 졸성拙誠을 수용하여 지켰다. 그는 어려서부터 독서를 오로지하여 한번 보면 바로 기억을 했다고 한다. 그는 경학과 주자학에 정통했고 우리나라 역사의 전고典故에도 밝았다. 그는 옛날 경전 중에서 다른 사람이 이해하기 어려운 곳도 사색하고 연구하여 터득하지 않음이 없었다. 그는 학자이자 관료로서 정조와 군신君臣간이면서 사생師生간으로 학문 토론을 하였

1 안병걸, 「풍산류씨 가문의 학문 전통과 가학 계승」, 『국학연구』 35, 한국국학진흥원, 2018, 182-183쪽 참조.

2 안병걸, 위의 논문, 183쪽.

다. 이희재李彙載는 류이좌의 행장에서 "시문은 정절精切하고 간당簡當하여 오로지 리승理勝을 주로 했다."[3]라고 평했다.

이 글에서는 먼저 류성룡 이후 면면히 이어져 온 류이좌의 가학 전통을 살펴보고, 이어 그의 생애와 환력宦歷을 살펴보고자 한다. 다음으로 『대학』과 『중용』, 주자서朱子書 등에 대해 그와 정조正祖 사이에 이루어진 학문토론의 내용을 주로 검토하여 그의 학문성향을 밝혀 보고자 한다.

II. 가학전통

류성룡의 학맥은 주희朱熹와 이황李滉의 심학心學의 전통을 이어 정경세鄭經世에게 전해졌다. 정경세는 상주尙州 출신이고 류성룡의 셋째 아들 류진柳袗이 상주에서 살았기 때문에 상주를 중심으로 안동 · 의성 · 영양英陽 등으로 그 학맥이 전해지고 있었다. 그런가 하면 안동 하회를 중심으로 형성된 학맥은 철저히 가학의 형식을 띠고 전수되었다.[4]

류성룡의 첫째 아들 류여柳袽는 장수도찰방을 지냈고, 사헌부장령

[3] 『鶴棲文集』 권20, 附錄, 行狀[李彙載].

[4] 권오영, 『조선 후기 유림의 사상과 활동』, 돌베개, 2003, 「병론의 학문 연원」, 312~315쪽; 『근대이행기의 유림』, 돌베개, 2012, 「풍산유씨의 학맥과 벼슬」, 582-595쪽 참조.

에 추증이 되었다. 그는 깊은 학식과 돈독한 행실이 있었다. 그리고 셋째 아들 류진은 학행學行이 뛰어나 가전家傳의 지결旨訣을 얻었다고 하였다.

류원지柳元之, 拙齋, 鎭安縣監는 류성룡의 장손으로 계부季父 류진에게 나아가 학업을 익혔는데, 주자학을 깊이 연구하여 천인이기天人理氣의 오묘함과 인의성정仁義性情의 뜻을 깊이 탐구하여 앞사람이 아직 밝히지 못한 것을 많이 밝혀 후학에게 알려 주었다고 한다. 그는 이황 이후 의리성명義理性命의 설을 잘 정리하였다는 평을 받았다.

류원지는 1657년孝宗 8 아들과 손자에게 할아버지 류성룡으로부터 전해온 유훈을 말하였다.[5] 그는 "우리 집은 다른 물건이 없고 오직 충효와 청백淸白이다. 비록 어리석어 미치지 못하더라도 항상 골수에 새겨두어라. 너희들이 부지런히 이것을 생각하여야 모름지기 나의 마음 깊은 곳을 알 것이다. 털끝만큼이라도 만일에 스스로를 속인다면 신명神明이 나의 곁에서 보고 있느니라."라고 하였다.

또한 류원지는 '졸성拙誠' 두 글자를 매우 강조하면서 "절拙하면 분수에 편안하고 만족할 줄 알게 되어 지교智巧와 기변機變의 사사로움에 들어가지 않게 되고, 성誠하면 자연스럽고 실제를 힘쓰게 되어 외식外飾을 힘쓰거나 스스로 속이는 병에 들어가지 않게 된다."라고 하였다.[6]

류의하柳宜河, 愚訥齋, 翊衛司翊贊, 贈司僕寺正는 류원지의 맏아들로서 류성

---

[5] 『拙齋文集』 권7, 書, 寄兒兼示孫兒 丁酉.

[6] 『拙齋文集』 권2, 詩, 示兒輩; 『鶴棲文集』 권10, 跋, 敬題族姪彛好所粧先祖拙齋先生九首詩小屛後.

룡이 충효 외에 다른 사업을 가르칠 것이 없다는 말에 의하여 '충효당忠孝堂' 세 글자의 현판을 걸었다. 충효당은 풍산류씨들에게는 매우 의미있는 집이다. 이곳은 책을 읽고 벗을 대접하고 자제들을 가르치는 장소이다. 바로 류성룡이 제시한 충효의 가르침을 이 당호에서 표방하고 있기 때문이다.

19세기에 안동의 풍산류씨의 학문과 벼슬을 대표하는 인물은 류상조柳相祚와 류이좌柳台佐, 그리고 류심춘柳尋春이었다. 특히 류상조와 류이좌는 종형제간으로 같은 집안에서[同室] 1763년영조 39 같은 해에 태어나 나이도 같고[同齒], 학업을 같이 익혔고[同業], 또 1794년정조 18 같은 해에 문과에 합격하여[同年] 조정에서 같이 벼슬살이를 하면서[同朝] 때로 출처出處를 같이 하지는 못하기도 했으나 75년 동안 대개 한 가지 일도, 한마디 말도 같지 않음이 없었다[同心]고 했다.[7]

류이좌柳台佐, 예조참판는 류사춘柳師春의 아들이다. 그는 이지억李之億, 예조판서의 외손자이고 이세택李世澤, 대사헌의 손서였다. 그는 7세 때 백부인 류종춘柳宗春에게 나아가 공부하기 시작하였는데, 류종춘은 류성룡 이후 집안에서 전해온 가학과 가법을 서술하여 류이좌와 류상조에게 전수하였다.

> 문충공文忠公, 柳成龍의 도학道學과 충훈忠勳은 부인과 어린이도 외운다. 그런데 입암공立巖公, 柳仲郢이 만약 임진왜란을 당했다면 또한 문충文忠의 사업을 이루었을 것이다. 찰방공察訪公, 柳袽은 총명함이 남보다 빼어나 책에 통하지 않음이 없었고 더욱이 성리性理의 학學에 깊었다. 일찍이 '홀로

---

[7] 『鶴棲文集』 권20, 附錄, 祭文[堂姪進翼].

다님에 그림자에 부끄러움이 없고[獨行不愧影], 홀로 잠을 잠에 이불에도 부끄러움이 없다[獨枕不愧衾]'라는 두 구절을 써서 스스로 경계를 했다. 졸재공拙齋公, 柳元之은 문충·수암修巖, 柳袗의 교도를 받은 외에 우복愚伏 정선생鄭先生, 鄭經世의 사훈師訓을 받들어 진지眞知와 실천으로 요점을 삼았고, 또 졸성拙誠 두 글자로 깊이 마음에 맞음이 있었다. 일찍이 말하기를 졸拙하면 분수에 편안하고 만족할 줄 알아서, 지모智謀의 교묘함과 임기응변의 사사로움에 들어가지 않으며, 성誠하면 진眞에 맡기고 실實을 힘써서, 밖으로 달아나고 스스로 속이는 병에 흘러들어가지 않는다. 더욱이 경敬 한 글자에 힘을 써서 비록 홀로 있어 방사放肆할 수 있는 상황이라도 계근戒謹하고 공구恐懼하여 권도權度가 어긋나지 않았다. 중략 우눌재공愚訥齋公, 柳宜河은 식식食息과 동정動靜이 전훈典訓에서 떠나지 않았다. 처심處心과 지기持己가 엄격하게 정해진 법도가 있었다. 책상 위에 항상 주자서朱子書가 놓여 있었고 글 읽는 소리가 멈추지 않았다. 비록 병으로 누웠더라도 가묘家廟를 향하여 발을 펴지 않았다. 교관공敎官公, 柳後常은 지조志操가 굳고 확실했고 처사處事에 구차하지 않았고, 입으로는 다른 사람의 착하고 그른 것을 말하지 않았다. 항상 여러 아들에게 경계하여 말하기를 '다른 사람의 불선不善을 말하면 마땅히 후환後患에 어떠하겠는가.' 라고 했다. 송라松羅의 우관郵館에 우눌재공을 뵈러갈 때 말이 절자 걸어갔고 역驛의 말을 빌려 타지 않았다. 할아버지 서호공西湖公, 柳聖和은 인자하고 은혜롭고 따뜻하고 어질며, 겸손하고 겸손함으로 스스로를 길렀다. 날마다 책을 대하여 외우고 읽기를 그치지 않았다. 매번 마을을 출입할 때 사묘祠廟와 부형父兄이 있는 곳이라 하여 말을 타지 않았다. 장자長者와 존자尊者가 있는 마을이나 여러 사람이 모인 곳을 지날 때는 반드시 말에서 내렸다. 풍산대로의 북쪽 언덕에 삼귀정三龜亭이 있는데 큰길에서의 거리가 5리였다. 멀리서 바라보아 정자 위에 사람이 있으면 또한 말에서 내렸다. 문충공 이하의 기일忌日에는 7일 재계齋戒 3일 치재致齋를 했고 직접 제수祭需를 살피고 제기祭器를 씻기도 했다. 원근의 벗의 부음訃音이 이르면 소식素食을 하지 않음이 없었다. 관직 생활은 지극히 청렴하였다. 신해년1791에 크게 흉년이 들어 산음현감山陰縣監에서 교체되어 돌아갈 때 봉급쌀 삼백 곡斛을 중기重記에 적어 인계하여 주었다. 가묘家廟의 자리도 가져오는 것을 허락하지 않았다. 선고부군先考府君, 柳澐은 독서를 좋아하고 교훈을 삼갔다. 이미 종사宗祀를 받듦에 더욱 공경과 삼감을 다하였다. 제수와 어육魚肉과 과품果品을 반드시 기일에 앞서 구매하여 하나의 창고에 따로 넣어 두고 제삿날에는 반드시 일찍 일어나 관복冠服을 입고 직접 제수를 장만하여 이바지하였다. 머리와 꼬리가 있는 것과 껍질과 씨가 있는 따위는 반드시 봉지로 싸서 두고 아이들이나 개와 쥐의 더럽히는 바가 되지 않게 했다. 내자시內資寺의 관원이 되어 만들어 공상供上하는 것을 감독했고 관복을 벗지 않았다. 선부膳夫와 액례掖隸들이 훔치는 것을 통렬히 금했고 삼가 봉지로 싸서 갈무리하는 것을 가제家祭때와 같이 했다. 중략 황간현黃澗縣을 맡았을 때 청렴하고 근신했고 속속들이 자세하게 일을 잘 처리하여 모든 폐단이 다 사라졌다. 더욱 홍농興農과 권농勸農에 힘을 썼다. 이것이 모두 우리 집안의 가학과 가법의 전수이다.[8]

---

[8] 『鶴棲文集』 권19, 家狀, 伯父贈吏曹判書豐恩君行義禁府都事畏齋府郡家狀. "文忠公道學忠勳, 婦孺所誦, 而立巖公若當壬亂, 亦做文忠公事業. 察訪公穎悟絶人, 於書無不通, 尤邃性理之學, 嘗書獨行不愧影, 獨寢不愧衾兩句以自警. 拙齋公幼被文忠修巖教導外, 奉愚伏鄭先生師訓, 以眞知實踐爲要, 又以拙誠二字, 深有會焉, 嘗曰拙則安分知足, 不入於智巧機變之私, 誠則任眞務實, 不流於騖外自欺之病, 尤用力於敬之一字, 雖在幽獨得肆之地, 戒謹恐懼, 權度不差 (중략) 愚訥齋公食息動靜, 不離典訓. 處心持己, 斬斬有定法. 案上常置朱書, 咿唔不輟. 雖病臥不向家廟展足. 教官公志操堅確, 處事不苟, 口未嘗臧否人物, 常戒諸子, 曰言人之不善, 當如後患何? 省愚訥齋公于松羅郵館, 馬蹇或步而不借驛騎. 王考西湖公慈惠溫良, 謙謙自牧, 日對方策, 誦讀不輟. 每出入閭里, 以祠廟父兄所在, 不敢騎, 過長者尊者之閭衆人之會, 必下馬. 豐山大路北岸, 有三龜亭相距五里, 而望見亭上有人則亦下馬. 文忠公以下忌日, 七戒三齋, 親自省滌. 遠近朋友之訃至, 未嘗不食素. 居

류이좌는 1831년순조 31 자기가 거처하는 청사廳事의 당堂 이름을 화경당和敬堂이라 하였다. 본래 류이좌의 아버지 류사춘이 1797년정조 21 수십 간의 집을 짓고 '만수당萬壽堂'이라 하였는데 그 뒤 류이좌가 집을 증축하여 '화경당和敬堂'이라 이름을 붙이었다. '화경和敬'이란 말은 류사춘이 작고할 때 류이좌에게 훈계하기를 "매사에 충효를 다하고 매사에 반드시 화경和敬을 지니라."라고 한데서 따온 것이었다. 류이좌는「화경당기和敬堂記」에서 "충효忠孝의 편액은 우리 종가에 이미 걸려 있는 것인데, 화경和敬 또한 충효상에 있어서 같은 도리이다. 화和로써 어버이를 섬기면 효孝이고, 경敬으로써 임금을 섬기면 충忠이다."라고 하였다.[9] 류이좌는 풍산류씨 집안에서 대대로 전해온 가르침인 충효의 실천 방법으로 화和와 경敬을 제시하고 있다.[10]

또한 류이좌는 20대초에 삼종조인 류규柳逵의 선릉宣陵, 成宗의 陵 직소職所에서『심경』과『근사록近思錄』, 주자서朱子書 등의 강의를 받으며 주자학을 공부하였다. 류규는 "수암修巖, 柳袗 · 졸재拙齋, 柳元之 · 우헌寓軒, 柳世鳴 · 주일재主一齋, 柳後章가 발휘하고 우눌愚訥, 柳宜河 · 만사晩思, 柳世禎 · 회당悔堂, 柳世哲 · 서호西湖, 柳聖和의 이어 감이여! 모두 선대에

官至淸. 辛亥大饑, 遞山陰歸, 俸米三百斛, 都付重記, 家廟茵席, 亦不許齎來. 先考府君好讀書謹教訓, 旣承宗祀, 益致敬愼, 祭需魚肉果品, 必先期求貿, 別置一庫, 祭日必早起冠服, 親執供辦. 頭尾之餘皮核之屬, 亦必封置, 不爲兒曹狗鼠所褻汚. 爲內資官, 監造供上, 不解冠服. 痛禁膳夫掖隷輩偸竊, 謹藏封餘如家祭時 (중략) 知黃澗縣, 廉謹綜覈, 百弊俱去, 尤用力於勸農興學. 此皆吾家家學與家法之傳受也."

[9]『鶴棲文集』권20, 記, 和敬堂記.

[10] 河回의 北村 和敬堂 경내에는 '須愼窩'라는 집이 있다. 이 이름은 류성룡이 1607년 2월 12일에 지은 시 "勉爾子孫須愼旃, 忠孝之外無事業"에서 '須愼' 두 글자를 따온 것이다.

아름다움을 이었고 후손에게 넉넉함을 드리워주지 않음이 없도다." 라고 하여 위와 같은 가학의 전수의식을 제시하였다. 또한 류규는 "근세에 우리 가문에 주일主一, 柳後章 · 서호西湖, 柳聖和 두 공이 연원이 있는 가학을 잘 공경스럽게 이었는데, 나류규와 외재畏齋, 柳宗春가 일찍이 귀로 듣고 눈으로 보아서 서로 힘썼던 것이다."라고 하였다. 류이좌도 풍산류씨의 가학 전통에 대해 "애厓, 柳成龍 · 졸拙, 柳元之 두 할아버지가 도학道學으로 그 빗장을 열었고 우눌愚訥, 柳宜河 · 서호西湖, 柳聖和 · 나옹懶翁, 柳澐이 그 터전을 베풀어 닦았고 부군府君, 柳宗春의 실덕實德과 실행實行이 오로지 가법家法으로 가학을 삼았다."라고 하였다.[11]

조선 후기 특히 17세기에 풍산류씨들은 영남유림의 명가로 활동하면서 서인세력과 정치적으로 대적하고 있었으므로 그뒤 벼슬길에 나아간다는 것은 어려웠다. 류운룡柳雲龍의 증손인 류세철柳世哲은 1666년현종 7 영남 유림을 대표하여 상소를 올려, 기해년1659년 효종의 국상國喪 때 입어야 했던 자의대비慈懿大妃의 복제服制에 대해 당시 서인이 주장했던 기년설朞年說을 반박하여 서인에 대한 정치적 반대의 입장을 분명히 하였다. 그뒤 수차례의 환국換局을 거치면서 1694년 갑술환국 이후에는 풍산류씨를 비롯한 영남의 인사가 중앙정계의 높은 관직에 진출한다는 것은 더욱 어려워졌다. 그런데 1776년 정조가 집권하면서 정치상황은 다소 달라져 갔다.

1792년壬子, 정조 16의 영남만인소는 비록 영남 유생들의 주장이 바로 받아들여지지는 않았지만, 정조의 "염념천휘念念闡揮"라는 표현에

---

[11] 『鶴棲文集』 권19, 家狀, 伯父贈吏曹判書豐恩君行義禁府都事畏齋府君家狀.

서 보듯 영남 남인들에 대한 그의 정치적 지지를 읽을 수 있었다. 이러한 정치적 상황 속에서 풍산류씨들도 정치적 소외에서 벗어나 새로 일어나는 계기가 주어지고 있었다. 바로 1794년 정조 18 류상조가 문과에 합격하여 전적典籍과 병조좌랑에 임명되었던 것이다. 그리고 류이좌도 문과에 급제하여 예문관 검열이 되었다. 이때 국왕 정조는 직접 제문을 지어 승지를 보내어 류성룡의 가묘家廟에 제사를 올리게 하였다. 정조는 류성룡의 두 후손인 류이좌와 류상조가 과거에 나란히 합격해 류성룡의 음덕을 입었으며 예문관검열과 병조좌랑에 임명되었음을 언급하였다.[12]

정조는 류성룡에 대해 "서애 류성룡은 젊어서 퇴계에게서 수학하였다. 임진왜란을 만나 전장의 급보가 빈번히 날아들고 공문서가 산처럼 쌓였는데 한편으로 답을 하고 한편으로 사람을 접하는 것이 모두 시의적절하였다.", "이처럼 재능을 갖추고 이처럼 문장력을 지닌 사람은 가히 시대마다 있는 인물이 아니라고 하겠다. 나는 이렇게 생각한다. 그의 하자를 찾아내려는 다소의 의논이 있더라도 그것은 치우친 마음에서 나온 것이다. 저 헐뜯는 사람들을 돌아가신 상신相臣이 처한 시대에 처하게 하고 돌아가신 상신이 맡았던 일을 행하게 한다면 그런 무리는 백 명이 있다 하더라도 어찌 감히 고 상신의 만

---

[12] 『弘齋全書』 권23, 祭文, 文忠公柳成龍致祭文 甲寅. "煌煌彝鼎, 太常則有. 銘以紀之, 曰文忠柳. 與彼石鼓, 暨厥麟閣. 休美齊匹, 百代不泐. 宣廟中興, 卿食其當. 奔奏禦侮, 在西一方. 以籌以turn, 盡乃心力. 龍馭載返, 鯨波永息. 功垂晉乘, 名重趙呂. 咸誦西崖, 農夫紅女. 世世錄後, 襲爵佩紱. 近閱遺集, 筵燭屢跋. 最犁然者, 城壕方略. 是時兩孫, 金榜聯擢. 喬木之蔭, 翰圈騎郎. 維星有箕, 若接精光. 鹽梅舟楫, 輒起曠想. 馳命嶠南, 予酌卿饗."

분의 일이라도 감당하겠는가."[13]라고 했다.

이러한 정조의 류성룡에 대한 새로운 평가로 풍산류씨 가문은 중흥의 시기를 맞이하였다. 이에 류종춘은 자손들에게 "너희들은 장차 무엇으로 성은聖恩에 보답할 것이며, 또 장차 무엇으로 우리 조상을 더럽히지 않겠는가."라고 하고는 집안의 가르침과 선배의 출처를 거론하여 더욱더 힘쓰라고 하였다.

> 충효忠孝는 우리 집의 세업世業이고 졸성拙誠은 우리 집의 가학이니 잃을 수 없다. 충효는 본래 두 가지 이치가 없고 졸성은 어느 곳이든 마땅하지 않음이 없다. 진실로 잘 힘써 생각하고 힘써 행하는 것, 이것이 조정에 있어서나 집에 처할 때의 네 글자 부符이다.[14]

류종춘은 1794년 75세 때 위와 같이 자손들에게 부탁하고, 이듬해 2월 28일 충효당에서 작고하였다. 그런가하면 류이좌의 아버지 류사춘도 작고하기 전에 류이좌에게 유계遺戒하기를 "충효는 본디 우리 집이 대대로 지켜온 가르침인데 옛 사람이 충을 말하고 효를 말할 때 반드시 진충진효盡忠盡孝라고 하니 진盡 자에 뜻이 있다. 벼슬살이 할 때나 집에 처할 때 그 정성과 힘을 다하도록 하고 또 모름지기 화경和敬으로 주를 삼아라."라고 당부하였다.[15] 이와 같이 류종춘 · 류

---

13 『弘齋全書』 권171, 日得錄 11, 人物 1.

14 『鶴棲文集』 권19, 家狀. 伯父贈吏曹判書豐恩君行義禁府都事畏齋府君家狀. "忠孝是吾家世業, 拙誠是吾家家學, 不可失也. 忠孝本無二致, 拙誠無處不當, 苟能力念力行, 是迺立朝處家四字符也." 柳進翰은 忠孝와 拙誠 대신에 忠孝와 謙恭을 풍산류씨가의 근본과 기초라고 말하고 있다.(『鶴棲文集』 권20, 부록, 祭文[堂姪 進翰])

15 『鶴棲文集』 권19, 家狀. 伯父贈吏曹判書豐恩君行義禁府都事畏齋府君家狀.

사춘의 가학전통은 류상조 · 류이좌를 통하여 그뒤 풍산류씨 후손들에게 잘 전수되었다. 특히 류이좌의 손자인 류도성은 주희-⋯이황-류성룡으로 이어지는 주자학의 경敬의 전통을 이어받고 아울러 류성룡의 충효忠孝, 류원지의 졸성拙誠, 그리고 증조부 류사춘과 조부 류이좌의 화경和敬의 가학전통을 잘 계승하여 나갔다.[16]

III. 생애와 관력[17]

류이좌는 1763년영조 39 12월 4일에 아버지 류사춘1741~1814. 첨지중추부사, 증이조참판과 어머니 연안이씨1737~1815. 판서 李之億의 딸 사이에서 외가인 한성부 남부의 나동羅洞에서 태어났다. 그는 돌이 되지 않아 이미 말을 알아들어 외조부인 이지억이 머리를 쓰다듬으면서 "류가柳家의 천리구千里駒이다. 서애西厓 어른에게 후손이 있구려."라고 했다.

류이좌의 본관은 풍산豐山이다. 자는 사현士鉉이고 호는 학서鶴棲로 만년에는 농아聾啞라고 했다. 이름은 처음에 조祚자 항렬을 따라 태조台祚로 지었다가 꿈의 징조徵兆로 인해 '台佐태좌로 고쳤다.[18] 그러다

[16] 『石湖文集』 권7, 附錄, 墓碣銘 幷序.

[17] 이하 서술은 柳台佐의 行狀(李彙載), 家狀(柳祈睦), 墓誌銘(柳相祚) 및 『承政院日記』에 나오는 류이좌의 관력 기사와 한국고전번역원 사이트 『학서집』 解題(元周容, 2012) 등을 참조하였다.

[18] 『古文書集成』 20-屛山書院篇-, 屛山書院通讀會案, 儒生; 『承政院日記』 정조 18년 3월 10

가 언젠가 정조가 류태좌를 만난 자리에서 '별 태'台자를 '나 이台'자로 읽으면서, "경卿은 나를 도와 달라."라고 하여 '이좌'라고 부르게 되었다고 전한다.[19]

류이좌의 부인은 진성이씨로 통덕랑 이귀록李龜祿의 딸이고 대사헌 이세택李世澤의 손녀이다. 계취繼娶는 평산윤씨로 사인士人 윤상린尹相鱗의 딸이다.

류이좌는 어려서부터 천성이 학문을 즐겨하였다. 그의 어머니 연안이씨는 어질고 유식하여 어린 아들을 품속에 안고서 경전의 글자와 구절을 가르쳐주었다. 또한 어머니는 아들에게 고금의 인물의 가언嘉言과 선행善行을 얘기해주기도 했다.[20] 그런가하면 아버지 류사춘은 자식의 공부과정을 매우 엄격하게 하고 근태를 점검하여 각고의 면려를 하게 했다. 류이좌는 1769년영조 45 7세에 백부 류종춘의 문하에 나아가 류종춘의 아들인 류상조와 함께 공부하였다.[21] 백부의 문하에서 문의文義가 일찍 통달하자 백부가 기이하게 여겨 좌우에서 떠나지 않게 하였다. 그는 각고의 노력을 하여 배운 것을 반복하여 외웠다. 류종춘은 선대부터 집안에 전해온 심학心學의 요점을 열거하여 아침저녁으로 류이좌에게 얘기해주면서 큰 기대와 희망을 걸었다.

류이좌는 약관의 나이에는 과거시험장에서 이름을 날렸다. 일찍

일(정유) "教柳台佐曰, 爾之行列, 何其不同耶? 台佐曰, 仍夢兆而改名矣."

[19] 『承政院日記』에는 1783년 11월 17일부터 1792년 5월 7일까지의 기사에 柳台祚로 쓰다가 1794년 2월 21일 기사부터 柳台佐로 쓰고 있다. '태좌'를 '이좌'로 발음하는 것은 후손들이 오늘날까지 그런 말이 전해 오고 있다고 말하며 '이좌'로 읽고 있다. 또한 필자는 1996년 10월 11일에 李家源 선생으로부터도 같은 말씀을 들었다.

[20] 『鶴棲文集』 권16, 墓誌銘, 先妣贈貞夫人李氏墓誌.

[21] 『鶴棲文集』 권20, 附錄, 祭文[堂兄相祚].

이 그는 외조부 이지억의 생질인 채제공蔡濟恭, 류이좌의 어머니와 내외종간의 문하에 나아가 변려문騈儷文을 지어 보이자 체제공은 "이름이 난 것이 허虛가 아니구나." 라고 하고 그 문재文才를 인정하였다. 아울러 체제공은 류이좌에게 "가학을 더욱 힘써 정진하여 선조의 업을 떨어뜨리지 않는 것이 가하다."라고 했다.

류이좌는 삼종조인 류규의 문하에 나아가 경사經史의 구두句讀를 배웠고[22] 과체科體를 공부하였다. 류규는 일찍이 류이좌에게 말하기를 "독서는 격물格物 중의 한 가지 일이다. 요점은 순서를 따라서 점점 나아가 익숙히 읽고 정밀하게 생각을 하여 글자는 그 훈訓을 구하고 구절은 그 뜻을 찾아서 앞에서 터득하지 못했으면 뒤에서 감히 구하지 말며, 여기에서 통하지 못했으면 저기에 감히 뜻을 두지 말아서, 먼저 모름지기 익숙하게 복습하고 음미하여 그 말이 모두 내 입에서 나온 것처럼 하고 이어서 정밀하게 생각하여 그 뜻이 모두 내 마음에서 나온 것처럼 하여야 한다."라고 했다.[23]

1791년정조 15에 류규는 류이좌에게 선릉宣陵 직소直所의 재실齋室이 조용하다고 하면서 와서 독서를 하라고 했다. 이에 류이좌는 류규의 근무지에 가서『심경』과『근사록』및 주자서朱子書 등을 배웠다. 이 당시에 류규는 류이좌에게 명예를 가까이하지 말고 정좌靜坐하여 미발未發 전의 기상氣象을 터득하라는 가르침을 주었다.

일찍이 선릉 재실에서 한가하고 고요할 때에 이좌台佐에게 말하기를

[22]『鶴棲文集』권12, 祭文, 祭三從大父臨汝齋公文.

[23]『鶴棲文集』권17, 行狀, 三從大父臨汝齋公行狀.

'옛날에 연평延平 이선생李先生, 이름은 侗이 나예장羅豫章, 이름은 從彦, 자는 仲素을 좇아서 공부를 했는데 강송講誦을 한 나머지에 종일 위좌危坐를 하여 희로애락喜怒哀樂의 미발전未發前의 기상을 증험하게 하여 이른바 중中을 구하게 했다. 이와 같이 한 것이 대개 오래되어 천하의 대본大本이 진실로 여기에 있다는 것을 알게 되었다. 대개 천하의 리理가 여기에 말미암아 나오지 않음이 없으니 이미 근본을 터득했으면 무릇 여기에서 나온 것은 비록 품절品節이 만 가지로 다르더라도 해섭該攝하고 통관通貫하지 않음이 없고 각각 조리가 있어 하나도 그 속마음을 얻지 아니함이 없다. 이로 말미암아 조존操存이 더욱 견고해지고 함양涵養이 이미 익숙해지면 두루 응하고 모서리까지 마땅하여 발發함에 반드시 절도에 맞을 것이다. 이것이 연평씨가 예장으로부터 전수받은 것이고 퇴계退溪, 李滉와 서애西厓 · 학봉鶴峯, 金誠一의 연원이 나온 곳이다. 너는 기억을 하라.'라고 하였다.[24]

류이좌는 류규가 이동李侗이 정좌靜坐를 통해 미발기상未發氣象을 보라고 한 가르침을 깊이 새겼다. 그래서 그는 희로애락의 미발未發전에는 다만 본체本體를 함양할 뿐이라는 생각을 했다.

한편 1792년정조 16에 영남 유생들은 이우李堣를 소수疏首로 하여 류규 · 이세윤李世胤 · 김한동金翰東 등 1만 57명[25]이 사도세자의 원통함을 신원하고 사도세자의 죽음을 주도한 노론 정치세력을 공격하는

[24] 『鶴棲文集』 권17, 行狀, 三從大父臨汝齋公行狀. "嘗於宣齋閒靜之時, 語台佐, 曰昔延平李先生從羅豫章學, 講誦之餘, 危坐終日, 以驗夫喜怒哀樂未發前氣象, 而求所謂中. 若是者蓋久之, 而知天下之大本, 眞在乎是也. 蓋天下之理, 無不由是而出, 旣得其本則凡出於此者, 雖品節萬殊, 莫不該攝洞貫, 各有條理, 無一不得其衷, 由是而操存益固, 涵養旣熟, 則泛應曲當, 發必中節, 此延平氏所傳受於豫章, 而退陶厓鶴淵源之所自來也, 汝其識之."

[25] 『闢揮錄』(한국국학진흥원 소장) 5월 7일자에는 疏錄에 10,386인, 5월 19일에는 11,365인으로 되어 있다.

영남만인소를 올렸다. 이때 류종춘은 조카인 류이좌에게 "이는 영남의 큰 의리이다. 너는 힘써 가서 참여하라."라고 하여 그해 봄에 영남 유생들과 함께 영남만인소에 참여하였다. 류이좌는 이해 윤4월 23일에 이우 등과 함께 도성에 들어갔다. 이어 그는 26일에 소임疏任의 분정分定에 김종화金宗華 · 김희주金熙周와 함께 사소寫疏가 되었다.[26] 그는 정조가 내린 임오의리를 천휘闡揮하라는 유지諭旨를 생각하여 『천휘록闡揮錄』을 저술하였다.[27]

1794년정조 18에 사촌형 류상조가 알성 문과에 합격하였고, 류이좌도 같은 해 봄에 문과에 합격하였다.[28] 류이좌는 자신의 과거합격이 부모가 적덕積德을 하고 가르쳐준 때문이기도 하지만, 아내 진성이씨의 내조의 힘도 크다고 말했다.[29]

정조는 과거에 급제한 류이좌를 입시入侍하게 하고 먼저 "서애西厓에게 몇 세世가 되는가."라고 물었다. 이에 류이좌는 "팔세손입니다."라고 대답했다. 이어 정조는 "류상조와는 몇 촌이 되는가." 라고 물었다, 류이좌는 "사촌입니다."라고 대답했다. 정조는 류이좌에게 얼굴을 들게 하고 류성룡의 후손인 종형제 두 사람이 나란히 과거

---

26 『俛庵集』 別錄上, 壬子日記 疏廳錄[壬子閏四月].

27 영남유생들은 1792년의 영남만인소에 대해 정조가 내린 批答의 "爾等毋憂義理之不明, 刑政之不擧, 而惟予本意之愈晦愈隱, 是懼而是恐, 交相告戒, 念念闡揮, 則爾等嶺土搢紳章甫之功也."에서 '念念闡揮'라는 표현이 정조의 진정한 뜻을 나타낸 것이라고 생각했다.(『弘齋全書』 권43, 敎4 嶺南儒生李堣等疏批) 『闡揮錄』는 1792년 3월 16일부터 5월 27일까지 영남만인소의 과정에서 일어났던 일을 류이좌가 직접 기록한 생생한 자료이다.

28 현재 류이좌의 文科敎旨가 한국국학진흥원에 소장되어 있다. 교지에 "敎旨 幼學柳台佐文科丙科第五人及第出身者 乾隆五十九年三月初十日"로 기록되어 있다.(『풍산류씨 화경당(북촌댁)』, 한국국학진흥원, 2014, 40쪽)

29 『鶴棲文集』 권12, 祭文, 祭亡室眞城李氏文.

에 합격했다고 칭찬을 하며 류이좌의 외가와 처가에 대해 물었다. 류이좌의 대답이 끝나자 정조는 바로 가주서假注書에 임명하여 한림권점翰林圈點에 참여하게 하고 "진한주신眞翰注臣"이라고 하였다.[30] 그리고 문희연聞喜宴을 베풀던 날에는 정조가 직접 제문을 지어 류성룡의 사당에 승지를 보내어 사제賜祭하게 했다. 정조는 그 사제문에서 "교목喬木의 그늘에 한권翰圈, 류이좌과 기랑騎郎, 류상조이 출생했네."라고 했다. 한권은 류이좌를 가리키고, 기랑은 류상조가 이에 앞서 특명으로 병조좌랑에 임명되었기 때문에 언급한 것이었다.

1794년 12월에 류이좌가 고향 안동으로 내려갈 때 정조는『주서백선朱書百選』두 질을 가져가서 도산서원과 옥산서원에 보관하도록 했다. 그리고 또 한 질을 류이좌에게 선사하면서 "이 책은 그대가 공경스럽게 받으라."라고 하였다. 류이좌는 정조가 준『주서백선』을 반복하여 읽고 익혔다. 그는 1795년 1월 22일에 도산서원에, 2월 12일에는 옥산서원에 가서『주서백선』을 전달하여 봉안하게 했다.[31]

류이좌는 1796년정조 20에 정조가 친시親試로『대학』의 명덕明德을 밝힌다[明明德]는 구절에 대해 질문을 하자 본체의 허령虛靈의 묘妙함을 추구하고 선유先儒들이 밝힌 뜻을 인용하여 깊이 있게 분석을 하여 명백하게 대답했다. 이에 정조는 비답을 내려 "이발已發, 미발未發을 발휘했으니 비로소 영남학자가 실지實地에 힘을 쓴 것을 믿을 수 있다."라고 하면서 특별히 서피鼠皮로 만든 이엄耳掩 하나를 하사했다.

---

[30] 류이좌가 승정원에 근무하면서 八道의 문서가 날마다 쌓였는데 그가 민첩하게 빨리 쓰기를 流水처럼 하여 정조가 매번 훌륭하다고 격려하였고 '飛注書'라고 일컬어졌다고 한다.(『鶴棲文集』권20, 附錄, 祭文[弟喆祚])

[31] 『百世陨結錄』上(한국국학진흥원 소장).

그리고 도승지 이정규李鼎揆에게 말하기를 "류이좌는 문학이 매우 아름답고 또 그의 몸가짐도 간정簡正하니 더욱 귀하다고 할 수 있다."라고 하면서 이어『중용』을 가져와 강론하도록 하였다.[32] 류이좌는 정조의 질문에 대해 이기理氣, 성명性命으로부터 체용體用과 동정動靜에 이르기까지 종횡으로 해설을 하고 단락마다 수만 언에 걸쳐 답을 했다.

류이좌는 1798년정조 22 7월에 주서가 되어 교명敎命과 장소章疏의 출납 등에 대해 수고로움을 꺼리지 않고 업무를 잘 처리하였다. 10월에 승정원의 원례院隷가 술주정을 하며 단봉문丹鳳門에 들어간 사건이 발생하여 이에 대한 책임을 지고 통진通津에 유배되었다가 19일 만에 석방되어 복직하였다.

류이좌는 1799년정조 23 10월에 사간원 정언이 되었다. 이해 정조가 경서강설經書講說을 지어 올리라는 명을 내리자, 류이좌는 사서四書와 육경六經으로부터 우리나라의 역사서와 정주程朱의 여러 책에 이르기까지 모두 500여 조항에 걸쳐 10월 20일까지 매달 보름전과 보름후로 각각 50여조씩 강설을 지어 올렸다.[33] 그 글이 바로「대학고식大學故寔」,「주자대전고식朱子大全故寔」,「국조고식國朝故寔」등이다.

이해 7월에 류이좌는 정조의 병이 위급하다는 소식을 듣고는 서울로 올라가다가 경기도 이천에서 정조가 서세逝世했다는 말을 들었다. 당시 지방관의 경우에 인산因山의 부의賻儀는 백성들에게 거두는 것이 관례였는데, 류이좌는 자기의 봉급으로 부의를 내면서, 내가 백성

32『百世隕結錄』上.

33『鶴棲文集』권4, 書, 上大人 己未.

들에게 은혜를 베푼 것이 아니라 정조에게 자신의 아주 작은 은혜를 갚은 것이라고 하였다.

류이좌는 이해 겨울에 정조의 빈소에 나아가 조문을 하고 초계문신抄啓文臣들과 서로 마주보고 통곡하고는 돌아와서 1년 동안을 소식素食을 하였다. 그리고 그는 정조가 서세한 후에 초계문신 때 강제講製한 글과 정조의 은유恩論를 모아 3책을 편성하여 책 이름을 『백세운결록百世隕結錄』이라 하였다.[34] 류이좌가 임기를 마치고 부여를 떠나는 날에 백성들은 그가 탄 수레를 잡고 길을 막아 목민관牧民官을 떠나보내는 정을 아쉬워하였다.

류이좌는 1800년정조 24 2월에 사헌부 지평이 되었다. 이해 3월에 그는 특명으로 부여현감이 되었는데, 어버이를 봉양하기 위한 것이었다. 그는 임지에 가서 청렴하고 청신淸愼하였으며, 제방을 수축하고 묵은 토지를 개간하는 일을 위해 안사按使에게 청하여 두어 고을의 역정役丁을 동원하고 또 노는 인력을 모집하여 몇 달이 되지 않아 완성을 하였다. 또한 그는 당시 부여현의 포흠逋欠이 6천~7천 곡斛이 되었는데 조치하여 해결을 했고 안사에게 청을 하여 곡총穀摠을 감면해주었다.

류이좌는 1802년순조 2 1월에 홍문관 수찬에 임명되었고 11월에 부수찬이 되었고 12월에 홍문관 부교리에 전임되었으나 친병 때문에 나아가지 않았다. 그는 1803년순조 3 4월에 사간원 헌납이 되었고, 5

---

34 『百世隕結錄』은 류이좌가 7년간 內閣講製抄啟文臣으로, 2년간 記注官으로 있을 때 있었던 일을 자세히 기록한 책이다. 류이좌는 우선 14대조 柳從惠로부터 그의 父 柳師春, 외조부 李之億에 이르기까지 직계 조상의 벼슬 등을 간략하게 적고, 이어서 1792년 4월 18일 正言 柳星漢이 疏를 올린 내용부터 기록을 하고 있다.

월에 홍문관 부교리가 되었다. 이어 6월에 북평사北評事, 함경도에 있는 북병영에 속한 정육품 무관 벼슬에 임명되었다. 그는 부모의 곁을 떠나 천리 먼 길을 가는 것을 어려워하며 아버지에게 사정을 여쭈자 아버지가 말하기를 "임금의 命에 평탄하고 험한 것을 가리지 않는 것이 신하의 절조節操이다. 늙은 아버지 때문에 염려를 하지 말라."라고 했다.

류이좌는 1803년 9월에 북평사에 부임하는 길에 금강산을 유람하고 「금강록金剛錄」을 지었다. 당시 함경도 지방의 풍속이 이利를 주로 추구했으므로 학문을 일으키고 후진들을 권장하려고 하여 양사청養士廳을 고쳐 세우고 학업의 경비를 마련하고 여러 고을의 선비들을 선발하여 글을 읽도록 하고 학업성적을 점검하여 그 중에 우수한 사람을 가려서 일정한 방식으로 상을 주니 선비들이 모두 홍기하고 분발하였다. 북쪽에는 평소 책이 부족하였는데 류이좌는 유생을 뽑아 『주서백선朱書百選』과 『아송雅誦』, 『가례家禮』를 베껴 써서 재齋에 보관하게 하여 학습의 바탕으로 삼게 했다.

류이좌는 1804년순조 4 체직이 되어 돌아와서 7월에 사헌부 장령, 8월에 부교리, 9월에 성균관 사성, 10월에 홍문관 수찬, 사헌부 지평이 되었다. 그는 이듬해 3월에 사헌부 장령과 집의에 임명되었다.

류이좌는 1806년순조 6 1월에 사간원 사간으로 전직되었다가 이듬해 2월에 성균관 사성이 되었고 3월에 사헌부 집의를 거쳐, 6월에 안변부사가 되었다. 당시 안변의 무기고에서 화재가 나서 군기가 모두 타버린 사건이 있었다. 그래서 조정에서 논의를 하여 매우 걱정을 하고 있었는데, 류이좌는 민력民力을 동원하지 않고 재물을 모으고 공장工匠을 소집하여 몇 일 동안에 소실된 무기고를 복구하고 병기를 다시 만들게 하였다. 당시 좌의정 이시수李時秀는 함경감사 이만수李晩秀가 비변사에 보고한 류이좌의 첩정牒呈을 검토하고 순조에게 자세한 상황을 보고하였다.[35] 이시수는 류이좌의 행정 처리 능력을 보고는 감탄하여 "그의 재간은 나라의 국사國事를 주간할 만하다."라고 했다.

한편 당시 안변의 학포사鶴浦社에서는 여러 유생들을 위해 거접居接을 하여 과거시험 준비를 위한 글짓기 공부를 주로 하고 있었다. 류이좌는 부임하여 그간의 이러한 과거시험 위주의 절차를 고쳐『근사록近思錄』을 과목으로 정하여 10여 일을 강학하였다. 그는 훈고訓詁와 구두句讀 중심의 교육을 지양하고, 일상에 가깝고 평이한 도리를 절실히 묻고 생각하는 공부의 중요성을 이『근사록』의 강학을 통해 시행하려고 하였다. 그는 시를 지어 자신의 뜻을 표현하였다.

학문을 함은 이치를 궁구함에 있고	爲學在窮理
독서를 함은 정밀을 다하길 힘써야지	看書務致精
음과 구두를 이해했다고 말하지 말라	休言音讀解
모름지기 근사의 이름을 체득하게나	須體近思名[36]

당시 류이좌에게『근사록』을 배운 이배춘李培春 등 10여 명은 류이좌에게「학포사양사계절목鶴浦社養士契節目」을 만들어 주기를 청하였다.[37]

35『承政院日記』순조 7년 11월 20일(정사)

36『鶴棲文集』권20, 附錄, 家狀[柳祈睦].

37『鶴棲文集』권9, 序, 安邊鶴浦社養士契節目序.

류이좌는 1809년순조 9 5월에 사간원 헌납에 임명되어 조정으로 돌아와 9월에 사간이 되었고, 11월에 홍문관 부교리가 되었고 이듬해 7월에 홍문관 교리가 되었다.

류이좌는 1811년순조 11 3월에 군자감 정이 되었으나 친병을 이유로 나아가지 않았다. 그는 11월에 홍문관 수찬이 되었고 이어 교리에 임명되었다. 당시 평안도 가산군에서 이희저李禧著가 군사를 일으켜 군수를 죽이고 여러 고을을 연달아 함락시키니 조정에서 사무가 많아져서 왕복하는 문서가 번잡했는데 그는 홍문관에 있으면서 지체함이 없이 응접하였다.

류이좌는 1813년순조 13 휴가를 받아 고향 안동에 내려가 지내고 있었다. 그는 족선조인 류세명柳世鳴이 청명淸名과 직도直道로 홍문관과 호당湖堂에 이름이 빛났는데 그 후손이 끊어져 제사를 받들지 못하는 것을 알고 여러 족친들과 상의를 하여 화수당花樹堂의 서남쪽에 별묘別廟를 세우고 그 뒤 유문遺文을 모아 유고를 편찬하고 묘표를 세워주었다.[38]

류이좌는 이해 11월에 홍문관 부교리가 되어 경연에서 『소학』, 『대학』, 『논어』, 『맹자』, 『중용』, 『시전詩傳』, 『서전書傳』, 『성학집요聖學輯要』, 『국조보감國朝寶鑑』 등을 순조에게 강의하였다. 이때 날씨가 매우 추웠는데 순조가 경연에 자주 나오게 되어 하루 동안에 진대한 횟수가 십여 차례에 이르렀다. 당시 동료들은 모두 싫어서 회피하면서 병을 핑계하고 나아가지 않았으나 류이좌는 한번 당직에 들어가면 언

[38] 『鶴棲文集』 권4, 書, 答江皐族叔 癸酉 · 乙酉; 권10, 雜著, 寓軒先生別廟立議; 권12, 奉安文, 寓軒先生別廟奉安文; 권14, 墓碣銘, 弘文館校理寓軒柳先生墓碣銘 幷序.

제나 피로함을 말하지 않았고 발이 부어 신을 신을 수가 없고 기氣가 결핍하여 걸음을 걸을 수 없었으나 17일을 순조에게 독대하였으니 동료들이 모두 그를 칭찬하여 '진정한 시강관'이라고 하였다. 그때 정승이 감탄하기를 "오늘날 조정에 일심一心으로 봉공奉公의 마음을 지닌 사람은 오직 류학사 한사람 뿐이다."라고 하였다.

류이좌는 얼마 뒤 시강원 필선으로 옮겼다가 이해 겨울에 부모를 봉양하기 위해 수령 자리를 조정에 요청하여 현풍현감에 임명되었다. 그는 1814년순조 14 1월에 부모를 모시고 현풍현에 부임하였으나 얼마 지나지 않아 아버지가 병이 나서 3월에 관아에서 작고하자 고향으로 반장返葬을 했다. 이듬해 4월에 어머니상을 당하였는데 아버지 상례와 마찬가지로 효성을 다하여 상례를 치렀다.

류이좌는 1817년순조 17 11월에 홍문관 교리가 되었다. 이해 병산서원屛山書院에서 채제공을 위해 소疏를 올리자는 논의를 발하였다. 이에 류이좌는 김희주金熙周에게 편지를 보내어 영남이 굳게 지킬 것은 채제공이 천명하여 발휘한 의리義理를 다시 천명하는 소를 올리는 일이라고 주장하였다.[39]

1818년순조 18 류이좌는 체제공은 의리의 종주宗主이고[40] 그의 대의大義는 해와 별처럼 천추에 비치고 있다고 했다.[41] 그러면서 채제공이 천명하여 발휘한 의리를 다시 천명하는 상소문을 기초하였다. 그러나 당시 병산서원풍산류씨과 사빈서원泗濱書院, 의성김씨의 사론士論이

---

39 『鶴棲文集』 권4, 書, 與金公穆 丁丑.

40 『鶴棲文集』 권4, 書, 答疏廳會中 戊寅.

41 『鶴棲文集』 권12, 祭文, 祭樊巖蔡文肅公文 改葬時 代士林作.

분열되어 추진에 난관이 있었던 것 같다.[42] 이해 6월에 류이좌는 사헌부 집의가 되었고 8월에 홍문관 교리에 임명되었다.

류이좌는 1819년순조 19 3월에 홍문관 수찬이 되어 경연에 참여하였다. 그는 6월에 홍문관 교리가 되었고, 8월에 성균관 사성이 되었다. 그는 익종翼宗의 가례嘉禮 때에 선교관으로 참여하였고, 10월에는 통정대부에 승진되었다. 11월에는 예조참의에 임명되었다.[43]

류이좌는 1820년순조 20 2월에 김해부사에 임명되었다. 김해부에서는 5~6년 전인 갑술년1815과 을해년1816에 큰 흉년을 만나 거주하는 백성들이 도망을 갔기 때문에 군포軍布와 조적糶糴이 빈장부만 남아 있을 뿐이었다. 또한 무기고의 병기도 녹이 슬어 쓸 수 없게 되었다. 이에 류이좌는 심력心力을 다하여 처리하고 편의에 따라 조치하니 일년 안에 도망간 백성들이 다시 돌아오고 이서吏胥들도 모두 두려워하고 온갖 피폐했던 일들이 모두 정리되었다. 또한 김해 경내의 충효忠孝, 정렬貞烈, 행의行誼가 드러난 인물을 드러내어 살피고 넉넉하게 대해 주었다. 또 양사재養士齋가 관부의 뒤에 있어서 선비들이 조용히 공부하는 장소로는 불편했기 때문에 이를 성 밖에 이건하고[44] 이서들이 점유한 양사재의 토지를 모두 조사하여 양사재에 귀속시켰다. 그리고 읍내의 문사文士들을 뽑아 그들이 양사재에서 생활하면서 강학을 하게 했다.

---

42 『鶴棲文集』 권4, 書, 與金公穆.

43 『承政院日記』 순조 19년 11월 16일(갑술)

44 1820년 10월에 공사를 시작하여 이듬해 3월에 완공하였다. 宋允增 · 曺錫權 · 許儼 · 盧弁文이 營造의 일을 관할하였다, 齋는 모두 5架, 堂이 6間, 東西 夾室이 각 2間, 廚의 옆에 庫舍를 갖추었다.(『鶴棲文集』 권10, 記, 金海養士齋移建記)

19세기 초부터 상주에서 정경세의 문집 별집別集과 연보年譜를 간행하려는 일이 추진되고 있었다. 1821년순조 21에 정경세의 후손인 정상리鄭象履 등은 『우복집愚伏集』의 원집原集에서 빠진 글과 연보 등을 수록한 『우복집』 별집 8권 4책을 간행하려고 하였다. 그런데 연보에 '애문수수厓門授受'의 표현이 없어 류이좌는 종형 류상조에게 편지를 보내어 병산서원과 풍산류씨는 『우복집』 별집을 받아들일 수 없다고 했다.[45] 그 뒤 1825년 5월 12일에 정상점鄭象漸·정상리鄭象履 등은 도내의 여러 장로長老에게 단자를 내어 연보를 편찬할 수 있게 도와달라고 했으나 바로 그 다음날 류상조·류이좌는 받아들일 수 없다고 했다.[46] 실제 1829년에 병산서원에서는 『우복집』 별집의 범례 첫 권과 연보를 돌려 보내버렸다.[47]

1822년순조 22 4월에 류이좌는 김해부사에서 물러나 서울로 돌아왔다. 이해 6월에 그는 동부승지가 되었고, 12월에 시강원 보덕이 되었다. 이해에 사촌형 류상조와 상의하여 하회에 의장義庄을 설치하였다. 이 의장 설립을 통해 하회 풍산류씨의 모든 친족의 환향還餉의 세稅에 대비하게 하고 가난한 종족들을 진휼하여 구제하고 친목을 도모하고자 했다.

> 하물며 우리 류씨柳氏는 대대로 국은國恩을 받아 집안에서는 충효忠孝를 전하고 벼슬을 살면서는 청렴淸廉을 기르고 부끄러움을 멀리하여 정성과

[45] 『鶴棲文集』 권4, 書, 上豐安君 辛巳.

[46] 『鄭經世 史料精選』, 한국학중앙연구원 장서각, 2015, 324쪽.

[47] 『鄭經世 史料精選』, 한국학중앙연구원 장서각, 2015, 320, 328쪽.

부지런함으로 일을 맡는다. 집안에 처함에는 졸렬함을 지키고 분수에 편안해한다. 중략 공가公家에 부賦와 역役을 내는데 환향還餉이 가장 중요하다. 드디어 문중 내의 공사公私의 약간의 돈과 곡식을 모아서 해마다 조적糶糴을 할 때에 조달하는 비용을 담당하게 하여 그 이름을 의장義庄이라 하니 매우 성대한 일이다. 비록 그러하나 장庄을 의義로써 이름을 삼았으니 그 뜻이 매우 정중하다. 무릇 우리 약約에 동참하는 사람은 진실로 잘 지켜서 훼손하지 말지어다.[48]

류이좌는 1823년순조 23 6월에 다시 시강원 보덕이 되었다. 그러나 9월에 김해부사 재임시절에 조선漕船 관리를 소홀히 하였다는 혐의로 하옥되었다가, 지병으로 곧 석방되었다. 이해 류이좌는 한치응韓致應에게 편지를 보내어 채제공이 임오의리를 힘써 지킨 것에 대해서는 하늘이 밝게 알고 있고 여론이 크게 지지하고 있으니 성심으로 순조에게 건의를 하여 노론老論의 잘못된 논의를 돌리게 하는 일에 앞장서 달라고 했다.[49]

1824년순조 24 여름에 안동에서 채제공의 『번암집樊巖集』이 간행되었다. 채제공은 영조의 금등金縢의 뜻을 받아 의리를 힘써 지키고 청의淸議를 주장하였기 때문에 노론으로부터 심한 공격을 받아왔다. 류이좌는 채제공의 문자는 전함이 없을 수 없다고 하면서 영남의 사우士友들과 함께 힘을 합하여 그의 문집을 간행을 하고 그 책판은 봉정

---

48 『鶴棲文集』 권9, 序, 義庄節目序. “况惟吾柳世受國恩, 家傳忠孝, 居官則長廉遠恥, 以恪勤事任, 處家則守拙安分 (중략) 公家賦役, 還餉爲最, 遂聚門內公私如干金穀, 以爲逐年糴糶時, 擔當措備之需, 名之曰義庄, 甚盛擧也. 雖然, 庄之以義爲名, 其義鄭重. 凡我同約之人, 果能恪遵而勿毁之否乎.”

49 『鶴棲文集』 권4, 書, 與韓㻋山致應 癸未.

사鳳停寺에 보관하였다.[50]

류이좌는 1825년순조 25 8월에 시강원 보덕이 되었는데, 사직소를 지어 순조에게 성학聖學을 힘쓰기를 건의하려고 했으나 관직이 교체되어 올리지는 않았다. 이해 9월에 동부승지, 우부승지가 되었고 이어 사옹원 정이 되었으나 바로 교체가 되었다. 이듬해 5월에 대사간이 되었고 12월에 보덕이 되었다.[51]

1828년순조 28 겨울에 류이좌는 다시 보덕이 되었고, 이듬해 1월에 도총부 부총관에 승진되었다. 그는 2월에 분황焚黃을 하기 위해 휴가를 얻어 고향에 내려갔다. 이해 8월에 류상조가 동지정사로 연경燕京에 갈 때 류이좌는 평일에 집안에서 함께 공부했고 조정에서 출처出處를 같이한 대략을 서술하여 100구句의 시를 지어 전송하였다. 류이좌는 11월에 한성부 우윤에 임명되었는데, 12월 19일에 고향을 출발하여 25일에 서울에 들어와서 29일에 숙배肅拜를 하였다.[52]

류이좌는 1830년순조 30 2월에 승정원 우승지가 되었고, 6월에 예조참판이 되었고, 11월에 호조참판으로 옮겼으나 사직을 하고 고향으로 돌아갔다.

류이좌는 1831년순조 31에 동지경연사, 동지돈녕부사, 동지의금부사에 임명되었다. 이해 7월 7일에 그는 정종로鄭宗魯에 대해 '이른바 천민天民의 선각先覺'이고 '성대聖代의 유일遺逸'이라고 하면서 작질爵

---

[50] 류이좌는 1821년 蔡弘遠에게 보낸 편지에서 채제공의 文稿 교정에 대해 언급하고 있다.(『鶴棲文集』 권4, 書, 與蔡參判邇叔弘遠 辛巳 別紙)

[51] 『鶴棲文集』 권4, 書, 與朴熙彦 丙戌.

[52] 『鶴棲文集』 권4, 書, 上豐安君 庚寅.

秩을 높일 것을 청하는 상소를 올렸다.[53] 이해 겨울에 상주를 중심으로 한 강우江右 사림이 정경세鄭經世의 『우복연보愚伏年譜』에서 '애문수수厓門授受' 조항을 논의하여 바르게 하려고 류이좌를 맞이하여 일을 추진하게 했다. 그전의 『우복연보』에 성글고 빠진 내용이 있었기 때문에 당시 사론士論이 류이좌에게 위촉하여 개정을 하기 위해서였다.[54] 그리하여 이듬해 8월 24일에 도남서원道南書院에서 도회를 열었는데, 류이좌는 『우복연보』를 따로 편찬해야 한다고 강력히 주장하여 9일 동안 연보 한 권을 완성하였다.[55]

류이좌는 이 해에 거처하던 청사廳事를 수리하고 '화경和敬'이라 이름을 지었다. 그는 "충효당이란 편액은 우리 종가宗家에서 걸어놓은 것인데, 화경당도 충효당과 똑같은 의미이다. 온화한 태도로써 어버이를 섬기면 효도가 되고 공경하는 마음으로써 임금을 섬기면 충성이 되니 화경으로써 당미堂楣에 걸어놓고는 경계하고 반성해야 할 것이다."라고 하였다.

갑술년순조 14, 1814에 선군先君께서 돌아가시자 부모님이 계시지 않아 효

[53] 『承政院日記』 순조 31년 7월 7일(정사)

[54] 『愚伏別集』 권4-권7, 附錄 『愚伏年譜』 庚辰萬曆八年, 宣祖大王十三年 先生年十八歲.

[55] 『鄭經世 史料精選』, 한국학중앙연구원 장서각, 2015, 322쪽. 이 '厓門授受' 논란은 柳鄭兩門에서 해결이 되지 않아 1898년에 류이좌의 손자인 柳道性이 다시 제기하여 정경세의 후손에게 우복연보에 "八年庚辰先生年十八歲○執贄請業于西厓柳先生門"으로 기록해 주기를 요구했다. 이에 대해 정경세의 후손들은 執贄 2자, 別號(西厓) 2자, 門 1자를 빼겠다고 했다.(『鄭經世 史料精選』 332, 336쪽) 현재 『愚伏別集』 권4-권7, 附錄 『愚伏年譜』 庚辰萬曆八年, 宣祖大王十三年 先生年十八歲조항에는, "補謁西厓柳先生, 受爲學之序. 墓誌云, 西厓柳文忠公知州事, 勸課多士, 公賓賓然執禮請益, 自是涵而飫之, 月有所益云."이라고 追補되어 있다.

도를 다하지 못한 마음[風樹之哀]이 하늘과 땅에도 미칠 수 없었고 집도 또한 약간 오래되어 기울고 퇴락하였다. 나는 선군의 자취가 서려있는 이 집을 보전하여 지키지 못할까 두려웠다. 이에 마음을 다하여 중수重修할 때 썩고 손상된 기둥과 들보 서까래만을 고치고 거처하는 방들은 더 넓히지 않았다. 공사를 마침에 주위 사람이 청하기를 전일에 송축頌祝한 만수당萬壽堂이라는 당호를 편액扁額으로 걸자고 하기에 내가 이르기를 나의 집은 그 편액이 있는 것이 합당하지 않다. 또한 전일의 편액은 북당北堂의 만세의 축원을 생각하고 생각하고자 한 것이었는데 선군께서 돌아가신 뒤인 오늘에 감히 그대로 편액으로 걸 수 없다. 꼭 편액으로 걸게 해야 한다면 특히 선배들의 훈계한 말을 편액으로 걸어 이것을 가지고 스스로를 면려勉勵하고 후세 자손들을 훈계하는 것이 선군의 유지를 계승하는 하나의 실마리가 되지 않겠는가. 선군께서 돌아가실 때 불초에게 훈계하여 말씀하시기를 '매사에 충효를 다하고 매사에 반드시 화경和敬을 지니라.'라고 하셨으니 아! 진실로 지극한 교훈이었다. 그것을 받들어 듣고 마음에 새겨 출입동정出入動靜에 항상 무너뜨릴까 두려워하였으나 마음가짐이 확고하지 못하고 쓸데없는 객기客氣를 버리지 못하여 관직에 있을 때 염치를 길러 치욕을 멀리하는 풍습을 잃어버렸고 제사를 받들 때 재계하고 밝게 하여 살아계시는 것처럼 모시는 정성이 없었으며 평상시 사람을 접함에도 거칠고 실수가 많았으니 어찌하겠는가. 이러한 것이 모두 충효와 화경의 반대였다. 50세에 비로소 허물을 알았다는 거원蘧瑗의 말을 아직까지 따르기가 어려웠는데에도 어느덧 나이가 치사致仕에 임박하였으니 여생이 얼마나 되겠는가. 그런데 충효라는 현판은 우리 종가에서 이미 편액으로 걸었으며 화경이라는 글자도 충효와 같은 도리이다. 화和로써 어버이를 섬기면 효孝가 되고 경敬으로써 임금을 섬기면 충忠이 되나니 당堂에 편액으로 걸어 아침저녁으로 우러러보고 추모하면서 경계하고 반성하는 마음을 붙이면 집안이 화목해지고 처자가 즐겁게 되며 내외의 족척族戚과 친소親疏간의 빈객들도 꺼리지 않을 것이니 선군께서 남기신 가르침이 바로 여기에 있었던 것이다.[56]

1832년에 류이좌는 『서애집西厓集』의 개간을 위해 간행본을 수정하고 세계世系 및 사제문賜祭文을 연보에 넣고자 하였다.[57] 그리하여 1834년 가을에 『서애집』이 중간되었다.[58]

류이좌는 1835년헌종 1에 도총부 부총관에 임명되었다. 그는 젊어서부터 과거에 합격하기 전에 송독誦讀하던 주희의 글을 모아 『기송록記誦錄』을 편찬했고, 한·당 이후 여러 선유先儒들의 격언과 우리나라 선정先正들의 유명한 장주章奏를 모아 『공경편恭敬編』을 엮었다. 그는 『공경편』의 권수卷首에 "자기 임금에게 하기 어려운 일을 하도록 권하여 요순과 같은 성군이 되게 하는 것을 공恭이라고 하고, 선善을 개진하여 사심邪心을 막는 것을 경敬이라 한다. 늙어서 이 책을 편찬하니 충심이 엉기었네. 세월은 빨리 흘러가고 냇물은 흘러 쉬지 않으

[56] 『鶴棲文集』 권10, 記, 和敬堂記. "甲戌先君, 奄棄不肖, 風樹之哀, 穹壤莫逮, 而堂亦稍久傾圮, 余懼斯堂之未能保守先蹟也, 竭心重修, 柱樑椽桷, 改其朽傷, 居處旁室, 未或增廣. 工垂訖, 傍人請以前日頌禱者, 扁揭堂楣. 余曰吾堂不合有扁. 且前日之扁, 惟欲念念於北堂萬歲之祝, 而今於終天之後, 因而扁堂, 有未敢者, 無已則特揭前人之訓辭, 以之自勉, 以詔後來子孫, 其或爲堂構之一端耶? 先君臨終, 戒不肖曰每事克盡忠孝, 每事必要和敬, 嗚呼! 誠至訓也. 承聆在耳, 銘佩在心, 出入動靜, 每懼乎圮絶罔階, 奈其持心不固, 客氣未祛, 居官失長廉遠恥之風, 奉祭無齊明如在之誠, 尋常接人, 率多粗厲, 是皆忠孝和敬之反也. 五十知過, 尙矣難追, 而年迫致仕, 餘生幾何? 忠孝之扁, 吾宗家已有所揭, 而和敬字, 實亦忠孝上一箇塗轍, 和以事親則孝, 敬以事君則忠, 書揭于堂, 日夕瞻慕, 以寓警省焉, 宜爾室家, 樂爾妻孥, 內外族戚, 親疎賓客, 無所忤怒, 而先君遺敎之意, 其在斯矣."

[57] 『鶴棲文集』 권4, 書, 與江皐族叔 壬辰.

[58] 『鶴棲文集』 권10, 跋, 巴山先生遺稿跋.

니 비탄한들 어찌 하리오.[責難於君謂之恭, 陳善閉邪謂之敬. 白首彙編, 丹心耿結. 日月逾邁, 川流不息, 悲歎奈何.]"라고 적었다.

류이좌는 만년에 고향 하회로 돌아와 병산서원에 섬학소贍學所를 설치하여 고을의 많은 선비들을 교육하였다. 또한 그는 집 뒤에 소재小齋인 대유재大有齋를 짓고 마을의 수재들을 모아 여름과 겨울에 강제講製를 하였다.

1837년헌종 3 가을에 도산서원에서 『퇴계문집退溪文集』을 중간할 때 사림에서 류이좌를 두 번이나 추천하여 원장院長으로 삼자, 그는 병을 무릅쓰고 수레를 타고 가서 그간 간행되지 못한 책 12권을 찾아내어 함께 간행하려고 했으나 그 결과를 보지는 못하였다.

류이좌는 사촌형 류상조와 같은 해1763에 태어나 같은 해1794에 과거에 합격하여 조정에서 같이 벼슬을 하면서 가장 가깝게 지냈다. 또한 류이좌는 족숙인 류심춘柳尋春과 학문을 토론하고 도의道義로 연마하며 류성룡 이후의 가학을 잘 이어나갔다.

류이좌는 평소 남의 과실을 말하지 않았고 남의 과실을 와서 말하는 자가 있으면 침묵을 지키고 답을 하지 않았다고 한다. 19세기 초부터 병호시비屛虎是非가 일어나 병론과 호론에서 서로 류성룡과 김성일이 이황의 적전嫡傳과 정맥正脈이라고 주장하며 사론이 분열되자 류이좌는 말속末俗을 개탄하며 스스로 호를 농아聾啞라고 했다. 그는 물론 병론에 속했지만 병호시비의 해결을 위해 사림을 대표하여 한치응韓致應에게 도움을 요청하기도 하였다.[59] 또한 그는 이인행李仁

[59] 『鶴棲文集』 권4, 書, 與韓甹山 代士林作.

行에게 보낸 편지에서 호계서원虎溪書院에 이상정李象靖을 추향追享하려는 논의에 대해 사론이 답답해하던 나머지에서 나온 것으로 선비들이 이의가 없지만, 다만 생각해보면 그 일이 중대하므로 도모하는 것을 넓게 하고 도모를 이루려고 하면 두려워하는 마음으로 임해야 하는데, 이상정을 종사하는 논의가 일자 즉석에서 파임爬任을 한 것은 넓게 도모하는 일에 결함이 있는 것이라고 했다.[60]

류이좌는 정조·순조·헌종 3조朝에 걸쳐 입조立朝 40년에 내직으로는 수찬, 장령, 사성, 사간, 집의, 헌납, 필선, 보덕, 좌윤, 호조·예조참판, 동지경연사, 동지의금부사, 동지돈녕부사를 지냈다. 그는 외직으로는 부여·현풍현감과 안변·김해부사를 지냈다.[61] 그는 수령은 실심實心으로 물物을 사랑하고 실정實政으로 사람을 구제해야 한다고 생각했다.[62] 또한 그는 7년간 규장각의 초계문신으로 활동했고, 3년간 승정원에서 기주관의 임무를 맡아서 했다.[63]

류이좌는 정조조正祖朝에 같이 벼슬했던 영남의 동료와 평소 약속을 하여 죽은 뒤에 명정銘旌에 규장각 '초계문신抄啓文臣' 네 글자가 쓰이도록 유언을 하자고 했는데, 그것은 정조의 은우恩遇를 잊지 않기 위한 것이었다. 그는 1837년 11월 26일에 향년 75세로 화경당에서 작고하였다. 1838년헌종 4 2월에 예천 고현古縣 구월봉九月峯, 의성군 다인

---

[60] 『鶴棲文集』 권4, 書, 答李公宅.

[61] 현재 류이좌의 扶餘縣監 告身(1800), 世子侍講院 弼善 告身(1813), 禮曹參判 告身(1830) 등이 한국국학진흥원에 소장되어 있다.(『풍산류씨 화경당(북촌댁)』, 한국국학진흥원, 2014, 62, 64쪽)

[62] 『鶴棲文集』 권8, 朱子大全故寔 抄啓應製, 己未.

[63] 『鶴棲文集』 권20, 附錄, 祭文[堂兄相祚]·祭文[堂姪進翼].

면 고현 坎坐 아래에 장사지냈다.

1839년헌종 5 11월 2일에 헌종은 사제문賜祭文을 지어 예조정랑 이용민李容敏을 류이좌의 영위靈位에 보내어 치제를 하게 했다.[64]

1902년고종 39 무렵에 손자 류도성柳道性이 류이좌의 시문집인『학서문집鶴棲文集』20권 10책을 간행하였다.

IV. 학문성향

류이좌는 조선 후기의 대표적인 주자학자였다. 그는 우선 주돈이周敦頤와 이정二程, 程顥·程頤의 심학의 핵심이 주정主靜과 주경主敬이라는 것을 알았다. 그는 주정主靜이 주돈이의「태극도설太極圖說」의 핵심적인 내용으로 심학心學의 이자부二字符라 했다. 그는 정자가 주정에서 정靜을 경敬으로 고쳐 주경主敬을 제시한 것은 도학의 하나의 종지宗旨라고 했다.[65]

류이좌는 젊어서부터『대학』과『중용』및 정주서를 깊이 공부를 하였다. 그는 사서四書 중에서도 특히『대학』과『중용』에 대해 여러 견해를 제시하였다.

64『鶴棲文集』권20, 附錄, 賜祭文;『풍산류씨 화경당(북촌댁)』, 한국국학진흥원, 2014, 83쪽.

65『鶴棲文集』권5, 中庸講義條對 1, 抄啓應製, 丁巳, 第1章.

류이좌는 『대학』의 대지大旨는 경敬자에 있으며 따라서 경1장과 전10장 중에 어느 한 곳도 경敬자를 드러내지 않은 곳이 없다고 했다.[66] 그는 『대학』의 가르침은 반드시 명명덕明明德 세 글자로 한 책의 강령으로 삼는다고 했다.[67] 그는 정조와 『대학』의 수장首章에 "대학의 도道는 명덕明德을 밝히는 데 있다."라고 한 구절의 명덕에 대해 자신의 견해를 제시했다. 정조는 류이좌 등 신하들에게 명덕은 심心인가, 성性인가, 심은 대인大人의 심인가, 적자赤子의 심인가, 성은 본연本然의 성인가, 혹은 기질氣質의 성인가, 적자의 심과 대인의 심이 순수하게 선善하다면 심의 악惡한 것은 마땅히 어디에 속하겠는가, 심의 본체는 허령虛靈하고 명明은 본디 지각인데 덕德도 심心이라고 해석할 수가 있겠는가 라는 질문을 하고, 성性은 심心이 발동하지 않은 상태의 미발未發과 심이 이미 발동한 상태의 이발已發이 있으니 명덕은 심이라 할 수가 없고 심은 또한 선한 것도 있고 악한 것도 있으니 명덕을 성이라고 할 수도 없을 것이라고 했다.[68]

이에 대해 류이좌는 사람들이 하늘에서 얻어진 것의 허다한 도리가 마음속에 있는데, 그 광명한 곳이 이른바 명덕이니 명덕이란 것은 본심의 허령불매虛靈不昧한 것이라고 했다. 그는 명덕이 사람에게 있을 적에 그것을 담아 놓은 것은 성性이지만 그 전체의 있는 곳은 심心이고 그 큰 작용이 유출하는 것은 정情이라고 했다. 심이 발동하지 않을 때에는 이 심의 광명한 본체가 되고 이미 심이 발동한 후에

66 『弘齋全書』 권129, 故寔 1, 大學.

67 『鶴棲文集』 권8, 大學問對 1, 抄啓應製, 丙辰.

68 『弘齋全書』 권56, 雜著 3, 問明德; 『鶴棲文集』 권8, 大學問對 1, 抄啓應製, 丙辰.

는 이 심의 광명한 작용이 되는 것이라고 했다. 이런 이유로 주희朱熹는 명덕을 해석하기를 "사람이 하늘에서 얻어 허령불매하여 여러 가지 이치를 구비하여 모든 사물에 감응하는 것이다."라고 하면서 허령불매를 명덕을 형용하는 제일 첫째의 뜻으로 삼은 것이라고 했다.[69]

정조는 송나라 학자 노효손盧孝孫, 玉溪이 명덕을 본심으로 해석한 설을 지지하였다. 류이좌도 노효손의 명덕 본심설을 지지하여 명덕은 오직 본심의 허령불매라고 이해했다. 그는 명덕은 다만 본심이고, 허虛라는 것은 심의 고요함[寂]이고 령靈이라는 것은 심의 느낌[感]이라고 했다. 주희는 오직 허하기 때문에 중리衆理를 갖추고 있고 오직 령하기 때문에 만사가 응한다고 했는데[70] 류이좌는 명덕은 어둡지 않는 심을 포함하고 있고 또한 일에 응하는 정을 지니고 있다고 하면서, 명덕은 범범하게 심이라고 할 수도 없고, 오로지 성이라고 할 수도 없다고 했다.[71]

이러한 류이좌의 해설에 대해 정조는 비답批答을 내려 "미발과 이발의 성을 발휘하였으니 기특하고 기특하도다. 비로소 교남嶠南, 嶺南의 학자의 실지착력實地着力을 믿을 수 있겠다."라고 했다.[72]

한편『대학』의 전10장의 "군자는 혈구의 도가 있다.[君子有絜矩之道]"라

69『鶴棲文集』권8, 大學問對 1, 抄啓應製, 丙辰.

70『鶴棲文集』권8, 大學問對 1, 抄啓應製, 丙辰.

71『鶴棲文集』권8, 大學問對 1, 抄啓應製, 丙辰.

72『日省錄』정조 20년 11월 28일(기사). 正祖의「問明德」문제지와 류이좌의 問對, 정조의 평가 점수와 批答이 쓰여 있는 고문서가 한국국학진흥원에 소장되어 있다.(『풍산류씨 화경당(북촌댁)』, 한국국학진흥원, 2014, 44~45쪽)

는 구절에 대하여, 류이좌는 이 혈구 한 장은 『대학』의 최종 목표이니, 대개 호오好惡는 혈구의 법칙이고 재용財用과 용인用人은 혈구의 도구이며, 신덕愼德 두 글자는 혈구의 근본이라고 보았다. 특히 그는 이른바 신덕이란 것은 오직 의義와 리利, 공公과 사私의 구분에 달려 있을 뿐이라고 했다. 류이좌는 『대학』 한 책은 수신으로 근본을 삼는데, 치국은 효孝, 제悌, 자慈에 근본을 두고 인仁, 양讓, 충忠, 서恕로 미쳐 가는 것이며, 평천하 역시 효, 제, 자 세 가지에 근본을 두고서 먼저 덕을 삼가는 것으로 통괄하고 혈구의 도로 관통하는 것이라고 했다.[73]

정조는 자신이 20년 동안의 한 가지 고심이 혈구 두 글자에 있었으니, 오늘날 세상 사람들로 하여금 서로의 간격을 허물고 서로의 기호嗜好를 조절하며 물아物我를 공평히 하고 호오好惡를 공정히 하여, 다 함께 대중지정大中至正한 곳으로 들어가게 하고자 하나, 사람들은 가르침을 따르지 않고 신하들이 국왕의 뜻을 잘 받들어 행하지 않는 것은, 그 병통이 어디에 근원하는가 라고 묻고 있다. 정조는 자신의 마음이 곧 신하의 마음이고 신하의 마음이 곧 일국一國의 마음이고 일국의 마음이 곧 만고의 마음이니, 실심實心으로 실학實學을 강론하고 실학으로 실사實事를 실행하는 것이 곧 오늘날의 급선무이며, 자신이 신하들에게 도움을 구하는 것이라고 했다.[74]

한편 류이좌가 지은 「중용강의조대中庸講義條對」는 정조가 『중용』의 의의疑義에 대해 조목별로 질문한 것을 류이좌가 초계문신으로 있으

[73] 『弘齋全書』 권129, 故寔 1, 大學.

[74] 『弘齋全書』 권129, 故寔 1, 大學.

면서 정조에게 강론한 내용이다.[75]

정조는 『중용』 수장의 "천명지위성天命之謂性, 솔성지위도率性之謂道"라는 것은 도심道心을 이르는 것인데, 성과 심이 과연 구별이 없다면 왕수王守仁의 심은 곧 리理이고 심은 곧 도道란 학설에 대하여 무엇 때문에 여러 사람들이 일어나서 함께 비난하고 있는 것인가 라고 질문했다.

이에 대해 류이좌는 도심이 오직 은미하다는 말은 순임금과 우임금의 말이고 "천명지위성, 솔성지위도"라는 것은 자사子思의 말이라고 하면서, 천명이란 글자와 성이란 글자 사이에 이미 솔이란 글자를 붙여 놓았으니 천명이란 글귀의 말과 솔성이란 글귀의 말은 진실로 바로 성이란 글자로서 이해할 수는 없다고 했다. 그는 도는 성명性命에 근원한다고 말했으니 심과 성의 구별은 진실로 이미 환하게 밝아졌다고 했다. 그것이 왕수인의 무리들의 심은 곧 리이고 심은 곧 도라는 학설에 비교한다면 두 학설의 거리가 아주 멀다고 했다.

류이좌는 『중용』의 수장에서 성誠을 말하지 않았으나 실제는 그 성誠의 의미를 포함하고 있다고 했다. 그는 중화中和를 이루고 천지가 제 자리에 서고 만물이 자라는 것이 하나의 성誠자가 주관하지 않는 것이 없다고 했다. 그는 성誠은 실리實理, 실심實心을 이른다고 하면서, 하늘에 있어서는 실리이고, 명命이라는 것은 실리의 근원이고, 성性이라는 것은 실리를 품부받은 것이고 사람에 있으면 실심이고, 도道라는 것은 실심의 공功이고, 교敎라는 것은 실심의 드러남이라고

[75] 『鶴棲文集』 권5, 中庸講義條對 1, 抄啓應製에 수록되어 있고, 『百世隕結錄』에도 수록되어 있다.

했다.[76]

또한 정조는 천명의 천이란 글자는, 해석하는 이들이 다들 리理 자로 보는데, 주희의 『초사楚辭』 주註에, "천天이란 리理일 따름이다. 『상서』의 상제강충上帝降衷과 『중용』의 천명지성天命之性이 이것이다."라고 하였으니, 주희의 뜻도 대개 또한 이 장의 천 자를 오로지 리 쪽에만 소속시킨 것이다. 그러나 그 학설은 끝내 막히는 바가 있다고 했다. 정조는 제帝가 곧 리理라면 이른바 상제강충이라는 것은 리理로서 리理를 내려 주는 것이 되고 천이 곧 리라면 이른바 천명지성이라는 것은 리理로서 리理를 부여하는 것이 되니, 입으로 입을 깨무는 것에 가깝지 않겠는가. 대개 음양陰陽 두 기가 섞여서 굴신屈伸하고 변화하여 사시가 운행되고 백물이 생겨나는 것은 본디 자연의 리理가 아닌 것이 없는데, 참으로 그 주재主宰와 운용의 오묘함을 찾아보자면, 또 리理라는 한 글자로 뜻을 다 말할 수 있는 바가 아니다. 그러므로 '주재로 말하자면 제帝라고 하고, 묘용妙用으로 말하자면 신神이라고 하고, 성정性情으로 말하자면 건乾이라고 한다'고 하는 것이다. 이같이 정조는 『중용』의 수장의 '천명'의 '천'자를 리理로 보는 것에 대해 의의를 제기했다. 또한 그는 천이라는 글자를 리로 보면 리理는 본래 정지나 동작이 없으니 또한 이것이 묘용妙用, 성정性情을 말할 수 있겠는가 라고 했다.

이에 대해 류이좌는 자사子思가 이른바 천명의 리는 이미 이기理氣가 묘합妙合한 가운데 나아가 홀로 그 무극無極의 리理를 지적하

---

[76] 『鶴棲文集』 권5, 中庸講義條對 1, 抄啓應製, 丁巳, 第1章.

여 순선純善하여 섞이지 않는 체體를 밝힌 것인 즉 리理가 나온 바의 천天을 미루어 밝힌 것이라고 했다.[77]

류이좌는 『중용』의 계신공구戒愼恐懼에 대해 설명하면서 계신공구의 공부는 지경持敬 두 글자에 벗어나지 않는다고 했다. 그는 주희가 만년에 경敬자의 뜻을 말하면서 오직 외畏자에 가깝다고 했는데 이 외자에는 계신공구의 뜻이 포함되어 있다고 했다.[78]

정조는 주자서의 원집原集에 비점批點과 권점圈點을 찍어 초록하고 선집選集을 많이 편찬하였다. 이에 대해 류이좌는 주희 글의 깊은 맛과 뜻을 섭취하여 사람들이 보기에 편하도록 촬요撮要를 만들어야겠다는 성대한 뜻에서 나온 것을 알지만, 후세에 이 책을 보는 사람이 혹 한갓 간편함만 좋아한다면 혹 학자들로 하여금 지름길을 좋아하고 속성을 바라는 마음을 열지나 않을까 우려를 하였다.[79]

한편 주희의 「재거감흥齋居感興」 시에 대하여 류이좌는 그 대의大意가 다만 하나의 감感이란 글자에 있을 뿐이라고 했다. 무릇 사람의 마음에 흥기되는 바가 있으면 느껴지며 격발되는 바가 있으면 느껴지며 감정을 붙이는 바가 있으면 느껴지며 근심하고 슬퍼하는 바가 있으면 느껴지는 것이라고 했다. 그는 주희가 이 시를 지은 것이 대개 근심과 탄식이 격발된 느낌에서 나왔으니 그 읊은 시를 외우고 만난 시대를 논하여보면 이단의 학설이 난무하고 인심이 골몰해졌으니 이것이 주희가 느껴진 까닭이었으며 황강皇綱이 해이하고 화의和

---

77 『鶴棲文集』 권5, 中庸講義條對 1, 抄啓應製, 丁巳, 第1章.

78 『鶴棲文集』 권5, 中庸講義條對 1, 抄啓應製, 丁巳, 第1章.

79 『弘齋全書』 권131, 故寔 3, 朱子大全 2.

議가 이미 결정된 것에 대해 주희가 느낀 까닭이었다고 했다.[80]

류이좌는 「무이도가武夷櫂歌」 시에 대해, 이 시 한 편을 근세의 선비가 도학의 단절[虹橋一斷無消息]이나 호색好色의 제거[道人不復荒臺夢] 등으로 주해를 내린 것이 있으나 성현의 말은 위아래로 모두 통하여 가로로 봐도 세로로 봐도 자연히 이치가 철저하니, 평이한 곳인데 굳이 고원하게 볼 필요가 없고 무심히 지은 것을 무슨 의도가 있는 것으로 보아서는 안 될 것이라고 했다. 그는 주희가 시를 해석한 뜻이 본래 이와 같으니, 주해에서 말한 것은 아마도 천착과 견강부회를 면치 못한 듯하다고 했다.[81] 정조는 류이좌가 말한 '평이한 곳인데 굳이 고원하게 볼 필요가 없고 무심히 지은 것을 무슨 의도가 있는 것으로 보아서는 안 된다'는 말이 매우 옳다고 했다. 그는 유독 시를 해석함만 그렇지 않고 경經을 해설함에도 역시 마찬가지라고 했다.[82]

주희는 장식張栻에게 답한 편지[答張敬夫書]에서, "장중하고 침밀沈密한 기상이 다소 부족하니, 이런 까닭에 폭로함이 많고 함축함이 적다."라고 하였다. 이 구절에 대해 류이좌는 장중과 침밀이 미발 상태의 기상을 잘 형용하고 있다고 보았다. 무릇 천하의 일은 본체가 있은 뒤에 작용이 있고 근본이 있은 뒤에 말단이 있는 법이라고 하면서, 자사가 처음으로 미발이란 말을 꺼내었고, 정주程朱 등의 학자가 '주정主靜' 두 글자로 학문 전수의 지결旨訣로 삼았던 것이라고 했다. 그런데 그는 오늘날 선비들은 일체 이와 반대여서 애초에 마음을 고

---

80 『弘齋全書』 권131, 故寔 3, 朱子大全 2.

81 『弘齋全書』 권131, 故寔 3, 朱子大全 2.

82 『弘齋全書』 권131, 故寔 3, 朱子大全 2.

요하게 하여 내면을 곧게 하는[靜虛內直] 공부에 종사한 적이 없어 사물이 어지러이 다가올 때 응접함에 착란을 일으켜 이치를 분명히 비추어 볼 수 없게 되고 있다고 했다. 이에 대해 정조는 류이좌의 말이 옳다고 했다.[83]

주희는 임용중林用中에게 답한 편지에서, "병아리를 보고 생의生意가 드러남을 안다."라고 하였는데, 류이좌는 병아리가 비록 작은 것이긴 하지만 또한 이로써 나머지 전체의 이치를 유추해 알 수 있다고 하면서, 하늘이 백성을 낳음에 만물이 저마다 한결같지 않아 혹은 순수하고 혹은 박잡駁雜하고 혹은 부유하고 혹은 빈한하고 혹은 영화롭고 혹은 비천하니, 백성들이 형통한 사람은 적고 곤궁한 사람은 많게 마련이라고 했다. 류이좌는 온갖 군상의 인간들을 거론하며 이들이 모두 분주히 생활하는 것은 병아리가 닭 둥지 속에 있는 광경과 같다고 하면서, 정조에게 굽어 살피고 불쌍히 여기라고 했다. 류이좌는 천지간에 생명이 있는 무리에 대해 우리 인간이 동포의 인仁을 넓히어 팔도의 쓰러진 자로 하여금 천리에 편안한 자리에 앉게 하고 멀고 가까운 곳을 동체同體로 여기게 한다면 천지의 마음이 있을 것이고 옛사람이 닭이 알을 품는다는 뜻을 취한 것을 유추할 수 있을 것이라고 했다.[84]

이에 대해 정조는 "병아리를 보고 생의生意를 아는 것은 인仁이니, 인이란 리理의 공변됨[理之公]이다."라고 하면서, 자신은 바야흐로 팔황八荒, 온 세상의 거리를 틔우고 만천萬川의 달을 거두어 빛을 받아들이

---

83 『弘齋全書』 권131, 故寔 3, 朱子大全 2.

84 『鶴棲文集』 권20, 附錄, 家狀[柳祈睦].

는 곳은 반드시 비추고 그늘진 벼랑에 모두 봄이 오도록 하여, 온 세상의 생명을 가진 모든 무리들이 다 함께 솔개가 날고 물고기가 뛰는 경지 가운데로 돌아가게 하고자 한다고 했다. 사실 정조는 만천명월주인옹萬川明月主人翁을 자처하며, "탕탕평평蕩蕩平平"의 황극탕평皇極蕩平을 정치적 목표로 하여 조정의 모든 신하들이 노론이나 소론을 막론하고 다 같이 대도大道로 나가야 한다고 생각했다. 그런 정조에게 류이좌의 말은 정조의 마음을 후련하게 했다.[85]

Ⅴ. 맺음말

안동 하회의 풍산류씨는 류성룡의 충효忠孝에 더하여 류원지의 졸성拙誠, 류사춘 · 류이좌 부자의 화경和敬을 그 가훈으로 여기며 살아왔다. 류성룡의 증손 류의하가 건립한 '충효당忠孝堂'은 류성룡의 가르침인 충효를 드러내어 후손들이 충효를 생각하고 실천을 다짐하는 공간이다. 그리고 하회 북촌의 '화경당和敬堂'은 화和를 통해 효를 다하고 경敬을 통해 충을 다한다는 의미를 담고 있다. 류이좌는 풍산류씨의 가학 전통인 충효와 졸성, 화경을 조야朝野에 있으면서 평생 지켜나가야 할 일로 생각하며 생활하였다.

류이좌의 학문성향은 주자학에 토대를 두고 있다. 그는 우선 주자

85 『弘齋全書』 권131, 故寔 3, 朱子大全 2.

서를 깊이 공부했고 주자서의 강령이 의리를 밝힌다는 '명의리明義理' 세 글자에 있다고 했다.

류이좌의 삼종조인 류규는 류이좌에게 명예를 가까이하지 말고 정좌靜坐하여 미발전未發前의 기상을 보라는 가르침을 주었다. 그는 이동李侗이 나종언羅從彦의 문하에 나아가자 나종언이 이동에게 종일 위좌危坐를 하여 희로애락의 미발전의 기상을 증험하게 하여 이른바 中을 구하게 했다고 하면서, 이동이 나종언으로부터 전수받은 이 가르침이 바로 이황과 류성룡 등의 학문연원이 나온 곳이라고 했다. 그는 자사가 처음으로 미발未發이란 말을 꺼내었고, 이정二程과 주희 등이 '주정主靜' 두 글자로 학문 전수의 지결旨訣로 삼았다고 했다. 그는 주돈이와 이정의 심학心學의 핵심이 주정主靜과 주경主敬이라는 것을 알았다. 그는 주정이 주돈이의 「태극도설」의 가르침으로 심학의 이자부二字符라고 했다. 그는 정자가 주정에서 주경으로 전환한 것은 더욱 도학의 하나의 큰 종지라고 이해했다.

류이좌는 사서 중에서도 『대학』과 『중용』을 깊이 연구하고 강설하여, 『대학』의 강령인 명명덕의 명덕을 본심으로 이해했고, 『중용』의 핵심인 성誠은 실리, 실심을 이른다고 했다. 그는 우선 명덕에 대해 본심의 허령불매한 것이라 이해했다. 그는 명덕은 어둡지 않는 심을 포함하고 있고 또한 일에 응하는 정을 지니고 있다고 하면서, 명덕을 범범하게 심이라고 할 수도 없고, 오로지 성이라고 할 수도 없다고 했다.

류이좌는 『중용』의 수장에서 성誠을 말하지 않았으나 실제는 그 성誠의 의미를 포함하고 있다고 했다. 그는 중화를 이루고 천지가 제 자리에 서고 만물이 자라는 것이 하나의 성誠자가 주관하지 않는 것이 없다고 했다. 그는 성誠자에 대해 하늘에 있어서는 실리이고, 명命이라는 것은 실리의 근원이고, 성性이라는 것은 실리를 품부받은 것이고, 사람에 있으면 실심이고, 도道라는 것은 실심의 공功이고, 교敎라는 것은 실심의 드러남이라고 했다.

류이좌는 주희가 "병아리를 보고 생의生意가 드러남을 안다."라고 한 구절에 대해 병아리가 비록 작은 것이긴 하지만 또한 이로써 만물의 전체의 이치를 유추해 알 수 있다고 했다. 이에 대해 정조는 "병아리를 보고 생의를 아는 것은 인仁이니, 인이란 리理의 공변됨[理之公]이다."라고 하면서, 자신이 바야흐로 온 세상의 거리를 틔우고 만천의 달을 거두어 빛을 받아들이는 곳은 반드시 비추고 그늘진 벼랑에 모두 봄이 오도록 하여, 온 세상의 생명을 가진 모든 무리들이 다 함께 솔개가 날고 물고기가 뛰는 경지의 가운데로 돌아가게 하고자 하는데, 류이좌가 이러한 말을 해주어 자신의 마음이 후련하다고 했다.

이러한 류이좌의 학문성향은 18세기말 영 · 정조시대에 의리를 지나치게 강조하는 조선 주자학의 정치적 성향을 지니면서, 아울러 '실심으로 실학을 강론하고 실학으로 실사를 실행하는 것이 곧 오늘날의 급선무'라고 말한 정조의 경세학적 주자학의 학문성향을 공유했던 주자학자로 평가할 수 있다.

참고문헌

1. 원전

『古文書集成』 20-屛山書院篇-, 韓國精神文化硏究院 編, 1994.
『承政院日記』(국사편찬위원회)
柳道性 著, 柳永夏 發行, 柳澤夏 編輯, 『石湖文集』 大譜社, 1997.
柳元之, 『拙齋文集』, 한국문집총간 속 28, 한국고전번역원, 2010.
柳台佐, 『百世隕結錄』(한국국학진흥원)
柳台佐, 『闈揮錄』(한국국학진흥원)
柳台佐 著, 柳永夏 發行, 柳澤夏 編輯, 『原文 鶴棲文集』, 大譜社, 2000.
柳台佐 著, 柳永夏 發行, 柳澤夏 編輯, 柳龍佑 譯, 『國譯 鶴棲文集』, 大譜社, 2000.
李㙖, 『俛庵集』, 한국문집총간 속 96, 한국고전번역원, 2012.
『日省錄』 (국사편찬위원회)
鄭經世, 『愚伏別集』, 한국문집총간 68, 민족문화추진회, 1998.
正祖, 『弘齋全書』, 한국문집총간 262~267, 한국고전번역원, 2005.

2. 논저

권오영, 『조선 후기 유림의 사상과 활동』, 돌베개, 2003.
권오영, 『근대이행기의 유림』, 돌베개, 2012.
안병걸, 「풍산류씨 가문의 학문 전통과 가학 계승」, 『국학연구』 35, 한국국학진흥원, 2018.
한국국학진흥원, 『풍산류씨 화경당(북촌댁)』, 2014.
한국학중앙연구원 장서각, 『鄭經世 史料精選』, 2015.

학서 류이좌의 갱화와 응제에 관하여

심 경 호(고려대학교 교수)

Ⅰ. 머리말

학서鶴棲 류이좌柳台佐, 1763~1837의 본관은 풍산豐山으로, 서애西厓 류성룡柳成龍, 1542~1607의 8대손이다. 자는 사현士鉉이며, 또 다른 호는 농아聾啞이다. 『승정원일기』를 보면, 학서는 본래 이름이 태조台祚였으나 꿈의 조짐에 따라 항렬과 달리 태좌台佐로 개명했다고 한다.[1] 문중의 전승에 의하면, 정조가 '네가 나를 보좌하라'라고 하여, 이후 '台'를 너 '이'의 발음과 뜻으로 읽게 되었다고 한다. 본고는 문중의 전승을 존중하여, 학서의 이름을 '이좌'로 읽는다. 단, 글 중에는 이름보다 '학서'라는 호로 부르기로 한다.

문집 『학서선생문집鶴棲先生文集』이하 '학서집'은 1902년경 목판으로 간행되었다.[2] 학서의 장남 류희목柳希睦, 1786~1804은 조몰하고, 학서의 사후 차남 류기목柳祈睦, 1802~1861과 류교목柳敎睦, 1810~1874 및 그들의 아들들이 문집 간행을 추진했다. 류기목은 학서의 가장家狀을 짓고 류상조柳相祚에게 묘지명을 받았으며, 류교목은 1869년경 아들 류도창柳道昌을 이휘재李彙載에게 보내 행장行狀을 지어 받았다. 류기목의 아들로서 백부 류희목에게 입양된 류도성柳道性, 1823~1906은 이종상李鍾祥에게서 묘갈명을 지어 받았다. 또한 산천山泉 박주종朴周鍾, 1803~1877과 민

---

1 敎柳台佐曰: "爾之行列, 何其不同耶?" 台佐曰: "仍夢兆而改名矣." 『승정원일기』 91책 (탈초본 1727책) 정조 18년 3월 10일 정유.

2 초간본은 현재 고려대학교 중앙도서관(D1-A2301), 국립중앙도서관(한46-가596), 장서각(D3B-1875), 규장각(奎12269) 등에 소장되어 있다. 『한국문집총간』 속107은 고려대학교 중앙도서관 소장본을 저본으로 삼아 영인했다.

산閩山 류도수柳道洙, 1820~1889가 유고 교정에 참여했으며, 1902년경 판각이 이루어졌다.[3] 본집은 20권 10책으로 되어 있는데, 그 가운데 권1에 시 119제題, 권2에 시 48제, 총 167제가 수록되어 있다.

『학서집』은 자편고自編稿를 저본으로 삼았는지는 확실하지 않다. 시의 편수는 많지 않고, 제2권은 만시挽詩가 대부분이다. 그런데 학서 유문遺文의 정리자 및 간역刊役 주체들은 시를 모은 제1권에 학서가 초계문신抄啓文臣[4]으로 있으면서 정조正祖의 어제御製에 갱화賡和, 賡載[5]한 8제, 초계문신친시抄啓文臣親試에서 응제應製한 15제를 전면에 배치했다. 그 시들보다 앞선 시기의 시로는 「우제偶題」, 「옥연춘망玉淵春望」,

---

[3] 류도성이 숙부 류교목의 졸후 29년이 되는 1902년 무렵에 지은 改葬 祭文에 "祖考遺集, 竭盡心力, 仰副當日畀付之意. 雖得繡梓. 物力不敷, 未克印布."라는 기록이 있다. 학서의 저술로는 문집 이외에1792년 영남만인소에 참여한 것을 계기로 지은 『闡揮錄』, 정조 승하 후 초계문신 때 講製한 글과 恩諭를 모아 엮은 『百世隕結錄』, 만년에 평소 誦讀하던 朱子의 글을 모아 정리한 『記誦錄』, 漢宋 이래 先儒들의 격언과 東國 先正들의 奏章을 모은 『恭敬編』 등이 있다. 상당 부분이 안동 한국국학진흥원에 草稿로 전존한다. 『천휘록』은 1933년 일부 내용이 개정 증보되어 신연활자로 간행되었다. 이후 6대손 柳永夏와 柳澤夏 등이 초간본의 주요한 글들을 발췌 번역하고 초간본을 별책으로 영인하여 2000년 대구의 大譜社에서 『國譯鶴棲先生文集』 2册을 간행했다. 번역은 柳龍佑가 담당했다. 권수에 李載浩의 해제와 世系圖를 수록했다. 번역된 부분은 詩(15題), 疏(2), 序(1), 記(1), 雜著(1), 傳(1), 箋(1), 敎書(1), 上樑文(1)과 中庸講義問答, 大學問對, 大學故寔, 朱子大全故寔, 國朝故寔, 부록 중의 사제문, 행장, 묘갈명이다.

[4] 정조는 재위 5년(1781, 신축)까지 규장각의 기능과 관제가 확립되자, 이 해 2월 抄啓文臣 제도를 만들었다. 곧, 科擧를 거쳐 등용된 堂下官 가운데 參上參下의 槐院 分館의 37세 이하 문신을 선발하여 40세가 될 때까지 매월 2회 試講하고, 매월 1회 製述하는 제도를 신설한 것이다. 이 제도는 集賢殿 賜暇讀書制, 讀書堂 제도를 계승 발전시킨 것으로, 經과 史를 강론하는 '講'과 문체별로 작문하는 '製'로 3년간 재교육하는 제도이다.

[5] 갱화 : 군주의 시에 신하가 화답하는 것을 말한다. '賡載'라고 한다. 『書經』「虞書 益稷篇」에서 순 임금이 신하를 권면하는 뜻의 노래를 부르자 皐陶가 다시 임금을 권면하는 뜻의 노래를 부른 데서 기원한다.

「반사야음泮舍夜吟」의 3편뿐이다.

학서의 부친은 류사춘柳師春, 1741~1814, 모친은 연안 이씨延安李氏, 1737~1815이다. 류사춘은 서애 류성룡의 7대손으로 풍창군豊昌君 류운柳澐, 1485~1528의 4남이다. 부인 연안이씨는 예조판서를 지낸 이지억李之億, 1699~1770의 3녀이다.[6] 류사춘은 관직에 진출하지 못했다. 7세 때인 1769년영조 45년에 학서는 종형 류상조柳相祚와 함께 백부 외재畏齋 류종춘柳宗春, 1720~1795에게 수학했다. 류종춘은 1791년정조 15 음직에 천거되어 의금부도사 등을 역임하고 첨지중추에까지 올랐으며, 학계學稧를 만들고 학숙을 열었다.[7] 학서는『애문제자록厓門諸子錄』을 작성했는데, 풍산류씨 가학은 류중영柳仲郢에게서 시작되어 류성룡으로 이어졌다. 그 후, 류진柳袗—류원지柳元之—류의하柳宜河 · 류세명柳世鳴—류후장柳後章—류성화柳聖和—류성회柳聖會—류운柳澐—류종춘柳宗春 · 류심춘柳尋春—류이좌로 이어졌다고 한다.[8]

풍산류씨 학맥에서 류성룡 이후 중앙 관직에 진출한 사람으로는 졸재拙齋 류원지柳元之, 1598~1678 밖에 없었다.[9] 1623년 인조반정을 계기로 영남 남인들이 정계에서 멀어지고, 갑술환국 이후 근기남인마

---

6 이지억은 伯父 李萬成에게 입양되었다. 이만성의 딸은 蔡濟恭(1720~1799)의 어머니로 연안이씨와 채제공은 재종 혹은 내종간이 된다. 이지억의 아들 普延은 요절했고, 딸들은 각각 尹恒鎭. 鄭章簡. 柳師春에게 시집을 갔다. 蔡濟恭,「外祖考贈吏曹判書行刑曹正郎李公墓碣銘」,『樊巖先生集』권50 ; 柳台佐,「外王考禮曹判書府君醒軒李公家狀」,『鶴棲先生文集』권19.

7 이병훈,「1800년에 작성된 풍산류씨 學稧案 해제」, 유교넷 참조.

8 김학수,「17세기 西厓 柳成龍家의 學風과 그 계승 양상」,『퇴계학과 유교문화』55, 2014, 62~63쪽.

9『豊山柳氏世譜』, 豊山柳氏門中宗會, 2007.

저 도태하자, 풍산류씨는 향촌에 고립되었다.[10] 1792년정조 16 류성한柳星漢이 정조를 음해하는 상소를 올려 정국이 혼란했을 때,[11] 영남 선비들은 2차에 걸쳐 만인소萬人疏를 작성했다. 4월 27일 영남 유생들의 상소는 성균관의 근실謹悉이 없다는 이유로 접수되지 못했으나, 현직 교리 김한동金翰東의 단독 상소는 받아들여졌다. 5월 7일 두 번째로 상소하려 했지만, 5월 21일의 사도세자 기일과 가깝다는 이유에서 중지되고, 유생들은 5월 27일 안동에서 도회를 열었다.[12] 이때의 만인소는 사도세자를 신원하는 데 이르지는 못했으나 정조의 정책에 힘을 실어주었다.

학서는 만인소를 올린 해 삼종조三從祖 임여재臨汝齋 류규柳逵, 1730~1808에게서 『심경心經』, 『근사록近思錄』, 주자서朱子書를 배웠다. 2년 뒤 32세 되던 1794년정조 18, 갑인 "자전이 마침 오순에 오르고 자궁이 마침 육순에 올라 두 경사를 합하여 문무 정시를 시설하자[慈殿恰躋五旬, 慈宮恰躋六旬, 合二慶, 設文武庭試]"[13] 정시문과庭試文科에 병과丙科 제5인

---

[10] 이수건, 『嶺南學派의 形成과 展開』, 일조각, 1995 ; 김성우, 「정조대 영남남인의 중앙 정계 진출과 좌절」, 『다산학』 2, 2012, 184~186쪽.

[11] 『正祖實錄』 16年 閏4月 4日 壬申條. "啓言: 柳星漢疏語之窮凶, 情節之陰慝, 諸臣箚啓, 亦已槪論. 今以其疏中逆心之呈露, 凶言之悖慢者言之, 最是上款講學之說, 而特以聖懷之不忍提到, 諸臣之不敢語及, 近臣疏啓, 每多隱映爲辭, 此固出於體聖上茹痛之懷, 有不忍言, 而以其不忍言, 而終不言, 則將何以明凶徒詬天之逆節, 解中外然疑之情乎? 臣請和淚泚筆, 冒死陳之. 昔在戊寅復講之擧, 實爲群凶浸潤之階. 當聖壽倦勤之餘, 請十年已停之講者, 此魯禧諸賊綢繆之凶計, 不在於勸聖學也明矣. 自是以後, 托講義而引喩者, 罔非媒孼之凶言也, 結粤援而交煽者, 皆是譖搆之凶謀."

[12] 당시 幼學이었던 학서는 「壬子疏廳日錄」을 저술했다. 이는 『闡揮錄』(안동 국학연구원에 위탁)에 수록되어 있다.

[13] 柳台佐의 『百世陨結錄』에는 '慈宮恰躋六旬'이 '慈宮恰躋七旬'으로 되어 있다.

으로 참방參榜했다. 종형 류상조도 이 정시문과에 합격했다. 그 후 학서는 사변가주서事變假注書가 되었으며, 4월에는 내각강제문신內閣講製文臣으로 초계抄啓되었다. 즉 갑인선甲寅選의 초계문신이 된 것이다. 그 4월에 안동군 풍천면 하회동에서 학서의 도문연到門宴이 있었는데, 모인 연안 이씨는 「쌍벽가雙璧歌」를 지었고,[14] 신체인申體仁, 1731~1812[15]은 4언의 잠언 「서증유학사사연書贈柳學士士鉉」을 지어 기념했다.[16]

학서는 규장각의 각종 편찬 사업에 참여하였다. 1797년정조 21 3월 9일부터 4월 4일까지 『주서백선朱書百選』, 『팔자백선八子百選』, 『사기영서史記英選』의 교정에 참가하였다.[17] 정조는 규장각 내 주자소鑄字所에 이 책들을 내려 어정御定의 구두句讀를 각신閣臣과 승지, 초계문신에게 교정을 보게 하였는데, 학서도 참여한 것이다. 또한 학서는 5월 12일부터 22일까지 『주자어류朱子語類』에 1769년영조 45 계방桂坊 찬정의 구두를 옮겨 적는 일에 참여하여, 『주자어류』 제26권의 안정복安鼎福 구두를 교정했다.[18] 학서는 초계문신으로 있으면서 정조로부터 『문신강제절목文臣講製節目』, 『태학은배시집太學恩杯詩集』, 『두율분운杜律分韻』, 『어정육주약선御定陸奏約選』, 『어정주서백선御定朱書百選』, 『어제환향책

---

[14] 어머니 연안이씨는 가사 「쌍벽가」에서 두 사람의 동방급제를 축하하고 있다. 연안이씨는 〈쌍벽가〉에서 류이좌와 류상조를 '雙璧'이라 칭했다.

[15] 梧峯 申之悌와 孤松 申弘望의 후손으로 산림에서 李象靖, 金樂行의 문인으로 활동했다. 시문 외에 聖賢들의 '敬'에 대한 요지를 편차한 『崇敬錄』 2책이 남아 있다.

[16] 申體仁, 「書贈柳學士士鉉」, 『晦屛集』. "柳氏子士鉉, 擢金榜來訪, 山居貧約, 無物相贈, 乃以四言詩八句爲箴語以勉之. 倘蒙留聽, 萬一有助. '上輔君德, 下濟生靈. 增光祖烈, 勿墜家聲. 學業宜富, 詞華何有. 聖君賢相, 庶終成就.'"

[17] 『日省錄』 정조 21년 4월 4일(갑술).

[18] 『日省錄』 정조 21년 5월 22일(신유).

문御製還餉策文』 등을 하사받았다. 1799년정조 23 10월에는 사간원 정언이 되었다. 이때 정조는 갑인선 초계문신을 대상으로 『대학大學』, 『주자대전朱子大全』, 『국조고사國朝故事』『용비어천가龍飛御天歌』 및 『국조보감國朝寶鑑』을 저본으로 초계문신이 경세經世 방안을 밝히면 정조 자신이 비답批答을 내리는 방식으로 '초계고식抄啓故寔'을 실시했다. 학서는 이해 10월 20일까지 매달 보름 전과 보름 후로 각각 50여조씩 강설을 지어 올려, 모두 500여 조항을 이루었다. 그 조항은 정조의 명으로 편찬된 『대학고식大學故寔』, 『주자대전고식朱子大全故寔』, 『국조고식國朝故寔』에 들어 있다. 이 '고식'은 홍문관에서 고사를 인용하여 오늘날을 바로잡고 그것으로써 경계를 베풀던 전통과 시강원에서 의심나는 대목을 정해 그 시비를 질문하던 전통을 종합한 것이다.

1800년에 학서는 부여현령으로 나갔는데, 이때 정조의 승하 소식을 듣고 『백세운결록百世隕結錄』을 집필했다. 상중하 3책 가운데 상중 2책이 안동 국학연구원에 기탁되어 있다. 순조 초에 홍문관 부교리를 거쳐 북평사로 나갔다. 이듬해 성균관사성을 지내고, 1807년순조 7 안변부사가 되었다. 1810년 군자감정과 홍문관 교리를 지내고, 1820년 예조 참의, 1822년 동부승지, 1829년 부총관 · 우승지 · 호조참판 등을 역임했다.[19] 만년에는 주로 문중 선대분들이나 남인 학자, 영남

---

[19] 학서의 가계와 본인의 행력에 대해서는 『학서집』 권19에 수록된, 학서가 伯父 柳宗春, 부친 柳師春, 외조부 李之億에 대해 작성한 생장, 권20 附錄에 수록된 李彙載가 지은 학서 행장, 둘째 아들 柳祈睦이 지은 家狀, 당형 류상조가 지은 묘지명, 李鍾祥이 지은 묘갈명, 1839년에 조정에서 내린 賜祭文 등을 통해서 파악할 수 있다. 元周用, 「『학서집』 해제」, 한국고전번역원, 2012 ; 김수현, 「鶴棲 柳台佐의 삶과 문학」, 『동양학』 64, 단국대학교 동양학연구원, 2016, 1~17쪽.

인의 문집을 정리하고 간행하는 일에 힘을 쏟으면서 영남 지방의 학맥 계승에 공을 들였다.

학서는 초계문신으로 있으면서 갱화賡和와 응제應製를 통해 시문학의 세계를 확장했다. 하지만 문집 『학서집』에는 갱화와 응제의 문은 거의 없고 시 18편, 전箋 2편, 명銘 1편만 수습되어 있다. 본고는 학서가 남긴 갱화와 응제의 시를 통해 학서 시의 습숙도習熟度, 온축의 농밀濃密, 정론政論의 지향指向을 이해하고, 『학서집』에 갱화와 응제 시문이 일부밖에 수록되지 않은 이유를 추론하기로 한다.

II. 학서의 갱재賡載

정조는 평소 류성룡의 『서애집西厓集』을 국가 경영에 참고했다.[20] 그 때문에 류성룡의 8대손인 학서를 은고恩顧했다. 이미 1792년정조 16 정조는 류성룡이 이여송李如松 등 명나라 장수들과 주고받은 서간 2첩과 명나라 장수에게 받은 시화 1첩을 열람하고 서문을 작성한 일이 있다.[21] 학서는 1794년정조 18, 갑인 봄 문과정시에 합격하고 초계문

[20] 정조는 수원성을 축조할 때 류성룡의 「山城說」(『서애집』 권15 잡저)을 참조했다. 『日省錄』, 정조 17년 12월 6일, "수원의 축성은 石城으로 하되 성의 제도는 중국의 법을 본뜨고 고 相臣의 논의를 널리 상고하고 상세히 헤아려 거행하라고 명했다."

[21] 『弘齋全書』 卷55, 雜著二, 「題文忠公柳成龍家藏皇朝諸將書畫帖」. "皇朝諸將書帖二卷, 畫帖一卷, 與故相文忠公柳成龍, 往復贈遺者也. 其尺幅淋漓之間, 委曲情款, 渾無畦

신이 되어, 과강課講에서 『대학』의 '명명덕明明德'에 과한 어문御問에 답하여, "이발已發에 따라 밝은 것을 회복하라는 뜻"이라는 견해를 피력했다.[22] 정조는 "명덕의 이발과 이발을 발휘했으니 기특하고 기특하다. 비로소 영남학자들의 실지에 힘쓴다는 것을 믿을 수 있다."[23]라는 비답批答을 내렸다. 이 일은 『정조실록』에는 1796년정조 20 11월 28일기사에 나온다.[24]

학서는 문과정시에 합격하고 귀근하려고 정고呈告했는데, 정조는

眕, 往往多勞人長者之風, 而至論戰守之機宜.……夫身用於當時, 則帷幄之謀, 足以傾華人之心, 言垂於後世, 則擬議之略, 至今爲國家之利. 河山如故, 典刑無遠, 而流韻餘烈, 使人喟然而起九京之思者, 此豈目睫之論. 飛蓬之問, 所能致哉. 傳曰不厚其棟, 不能任重, 重莫如國, 棟莫如才, 儻故相之無愧色焉. 於乎希矣."

22 柳台佐, 「御考」, 화경당 소장. "臣對曰: 人之所得以生者, 有許多道理在裏. 其光明處, 乃所謂明德, 則明德者, 其惟本心之虛靈不昧者乎! 夫心者, 一身之主萬事之本, 兼理氣該體用盛貯具備, 敷施發用之機, 都在於一箇方寸之間. 而最其本然之初, 全體之妙得於天, 而虛靈不昧, 粹然爲具衆理, 而應萬事之一大本原. 故先儒之說心也, 以其得於天者名之, 得於天之謂德也. 擧其虛靈, 而不昧者稱之, 虛靈而不昧之謂明也. 明德之在乎人, 其所以盛貯, 則性也. 其全體之所在, 則心也. 其大用之流出, 則情也. 未發而爲此心光明之體, 已發而爲此心光明之用. 是以朱夫子之訓, 以人所得於天, 而虛靈不昧爲形容明德之第一義. 而有曰虛靈不昧四字, 說明德義已足. 又曰明德者, 心之表德. 盧玉溪又從而釋之曰: '明德, 只是本心. 虛者心之寂. 靈者心之感, 虛則明存於中, 靈則明應於外, 惟虛故具衆理, 惟靈故應萬事.' 卽此觀之, 則朱夫子訓釋章句之旨, 與夫不曰性之表德, 而必曰心之表德者, 可從而推矣. 後來明儒輩, 必以心性二字對待發明於明德之說, 而至有所謂心之明, 卽性之明等語. 殆或近於鶻圇呑棗之病, 而矛盾於朱夫子立言本意之所在也.(후략)."

23 柳台佐, 「御考」, 화경당 소장. "批曰: 發揮明德之未發已發, 奇哉奇哉. 始信嶠南學者之實地著力."

24 정조는 "已發과 未發의 性을 드러내어 밝혔으니, 기특하고도 기특하다. 嶠南 학자들이 실질적인 문제에 힘을 기울이고 있다는 사실을 비로소 믿을 수 있게 되었다. 초계 문신 柳台佐에게 鼠皮로 만든 耳掩 하나를 하사하라."라는 기록도 있다.

『주서백선朱書百選』을 하사했다고 한다.[25] 귀근 시기는 분명하지 않으나, 1796년정조 20, 병진 겨울에 환조還朝했다고 알려져 있다. 그런데『정조실록』에 보면 1794년정조 18 8월 30일갑신에 "유문충 집안에 내려 보낼 것은 초계문신 류이좌를 불러들여서 부쳐 보내라."라는 어명이 있다.[26] 또한 정약용丁若鏞이 1796년 8월 무렵 학서를 전별하면서 준 칠언율시가 있다. 1794년 12월에 귀근을 했고, 다시 1796년 8월에 귀근을 했던 것인지 알 수 없다. 정약용의 시는 다음과 같다.

안동으로 가는 류사현[이좌]을 작별하면서 주다[贈別柳士鉉【台佐】歸安東][27]

연원[28] 역로가 큰강 가로 나 있고

---

[25] 李鍾祥,「鶴棲柳公墓碣銘 幷序」,『定軒先生文集』卷16 墓碣銘. "癸卯參鄕解. 甲辰從父兄豐安君相祚擢謁聖科. 公亦被選. 以句語有雷同見拔, 上命都承旨還給試券, 特付初試. 後三日登庭試丙科, 卽命入侍, 教曰: '汝於西厓爲幾世孫?' 對曰: '八世矣.' 又教曰: '與柳相祚爲幾寸?' 對曰: '四寸矣.' 因問其外祖及妻族, 歷對訖, 玉色甚紆豫, 是日卽付假注書, 又參翰圈. 與豐安君帶恩歸覲, 自上親製文賜祭于文忠公家廟. 是月選入抄啓文臣, 卽宣召還朝. 公記注贍敏, 應對詳明, 每進呈所製文字, 特賜倍畫, 寵賚便蕃. 臘月呈告還鄕, 自上下『朱書百選』三册, 教曰: '兩件藏置陶玉兩院, 一件爾其祗受.' 公進往兩院, 依教宣命. 丙辰冬, 還朝. 上以明明德一句. 設問試諸臣, 公引中和說以對, 上深加歎尙曰: '能發揮得已發未發. 始信嶠南學者實地用功.' 賜鼠皮耳掩一部. 時李公鼎揆, 適以知申入侍, 教曰: '卿知柳台佐乎?' 對曰: '習知之矣.' 上曰: '其人不但文學可嘉, 且其持身甚簡靜尤可.' 時筵中方進講朱書, 間進『國朝寶鑑』. 公隨條陳說. 輒賜兪允, 酬酢如響, 詳在公『隕結錄』."

[26] 『정조실록』 40권, 정조 18년 8월 30일(甲申). "柳文忠家所下者, 招致抄啓文臣柳台佐付送."

[27] "柳는 당시 承文院正字였다."라는 정약용의 주가 있다. 학서가 승문원 정자에 제수된 사실은 확인되지 않는다. 『정조실록』에 보면 정조 21년 정사(1797) 12월 19일(갑인), 주서(注書)에 曺錫中 · 洪奭周【鄭文始 천거】· 尹命烈 · 具得魯【李埦 천거】· 柳台佐【柳遠鳴 천거】가 천거되었는데, 조석중을 승정원 주서로 삼았다는 기록이 있다.

[28] 연원 : 連原驛. 충주(忠州) 북쪽 5리(里) 거리에 있는 驛站.

영남 나무들이 울창하게 옛 숲에 이어져 있네.
지위는 낮아도 높은 선비의 지절을 잊지 않고
오늘 세상 사람이면서 옛 대가의 마음을 홀로 품고 있다.
맑은 바람이 승문원 뜨락에 불자 홰나무 잎 팔락이고
[승문원을 괴원 槐院이라고 한다.]
간 밤 내린 비에 하회 둑에는 버들빛이 짙으리라.
[류씨들이 대를 이어 하회에서 살고 있다.]
현악기 타며 노래하는 전통이 동쪽 노나라에 남아 있기에[29]
백 년의 그 음향이 죄다 침몰하진 않았구나.
連原驛路大江潯. 嶺樹蒼蒼接舊林.
卑位不忘高士節. 今人獨抱古家心.
淸風院落槐陰動, 【承文院謂之槐院】
宿雨河堤柳色深. 【柳世居河回】
爲有絃歌東魯在, 百年遺響未全沈.

정조 연간의 강제문신 선발은 10회에 걸쳐 이루어졌다.[30] 신축辛丑, 정조 5, 1781년 영의정 서명선徐命善 선발 20명, 계묘癸卯, 정조 7, 1783년 좌의

---

[29] 현가가 동쪽 노나라에 남아 있으니 : 원문의 '東魯'는 중국 동쪽에 자리한 魯나라 지역을 이른다. 秦나라 말기에 漢나라 沛公이 項羽를 격파하고 楚나라 땅을 평정하였는데, 노나라 지역만 항복하지 않았다. 이에 패공이 그 지역을 도륙하고자 하였는데, 그 성 아래에 이르자 현악기를 타고 글 읽는 소리가 들렸다. 이 소리를 듣고 패공은 "禮義를 지키는 나라가 군주를 위하여 죽음으로 충절을 지키는 것이다."라고 하고는, 항우의 머리를 가지고 가서 보여 주고 도륙함 없이 노나라 지역의 항복을 받아 내었다. 『漢書』「高帝紀」에 나온다.

[30] 『抄啓文臣題名錄』에는 1846년(헌종 12) 權敦仁 주관, 金始淵 등 20명 선발, 1848년 鄭元容 주관, 金翊鎭 등 36명 선발의 명단이 더 있다. 또한 제1회 1781년의 첫 번째 초계문신에 선발된 20명 중에서 鄭東浚·吳泰賢·趙興鎭·金熙采 4명은 누락시켰다. 따라서 제명록에 의하면 초계문신은 총 194명이다.

정 홍낙성洪樂性 선발 16명, 갑진甲辰, 정조 8, 1784년 영의정 서명선 선발 7명, 병오丙午, 정조 10, 1786년 영의정 김치인金致仁 선발 6명, 기유己酉, 정조 13, 1789년 좌의정 이성원李性源 선발 15명, 경술庚戌, 정조 14, 1790년 좌의정 채제공蔡濟恭 선발 19명, 임자壬子, 정조 16, 1792년 좌의정 채제공 선발 10명, 갑인甲寅, 정조 18, 1794년 홍낙성 선발 30명[특별가초特別加抄 8명 포함], 경신庚申, 정조 24, 1800년 이병모李秉模 선발 14명[특별가초 1명 포함] 등 138명이다. 학서는 갑인 선발이다. 학서가 초계문신으로서 응제와 과강을 함께 한 인물들은 같은 갑인 선발의 인사들 이외에, 그보다 앞선 기유년 선발, 경술년, 임자년 선발의 인사들이 있었다.

기유정조 13, 1789년 좌의정 이성원 선발 15명 : 서영보徐榮輔, 정약용丁若鏞, 심규로沈奎魯, 서유문徐有聞, 윤인기尹寅基, 심능적沈能迪, 심상규沈象奎, 이내면李來冕, 김희준金羲淳, 이기경李基慶, 박윤수朴崙壽, 김이교金履喬, 안정선安廷善, 이내현李來鉉, 유한우兪漢寓

경술정조 14, 1790년 좌의정 채제공 선발 19명 : 조득영趙得永, 윤지눌尹持訥, 김경金憬, 최벽崔璧, 신성모申星模, 송지렴宋知濂, 이희갑李羲甲, 정노영鄭魯榮, 김이재金履載, 이명연李明淵, 서유구徐有榘, 박종순朴鍾淳, 한용탁韓用鐸, 엄기嚴耆, 정약전丁若銓, 김달순金達淳, 홍수만洪秀晩, 윤행직尹行直, 박종경朴宗京

임자정조 16, 1792년 좌의정 채제공 선발 10명 : 이조원李肇源, 김희화金熙華, 이홍달李弘達[이위달 李渭達], 남공철南公轍, 한기유韓耆裕, 이운항李運恒, 권의權倚, 임경진林景鎭, 심반沈鑿, 민치재閔致載

갑인년 초계문신의 현황은 〈표 1〉과 같다.

〈표 1〉 갑인년 초계문신 명단

선발년도/선발자	성명	생몰년	본관	자/호	문집	기타
甲寅(1794, 正祖18)/洪樂性 選拔 30명(특별가초 포함)	崔光泰	1744-	全州	士龍/		崔寔 증손
	吳泰曾	1754-	海州	伯紹/		한양 거주
	金近淳	1772-	安東	汝仁/十靑・歸淵		
	權 晙	1758-	安東	陽仲		한양 거주
	李存秀	1772-1829	延安	性老/金石・蓮游		
	趙萬元	1762-1822	豊壤	泰始/		趙持謙 6세손
	徐俊輔	1770-1856	大丘	穉秀/竹坡		徐有防 아들
	曹錫中					
	李晩昇					
	柳台佐	1763-1837	豐山	士鉉/鶴棲	『鶴棲集』	
	洪樂浚	1761-	豐山	仲深/		
	柳遠鳴	1760-1831	晉州	振玉/蒼巢		안산 출신. 어머니 淸州韓氏는 韓德龍(申光洙 손녀사위)의 딸
	金熙洛	1761-1803	義城	淑明/故寔軒		李象靖 문인
	尹致永	1764-	海平	季文/		尹長烈 아들
	具得魯	1772-	綾城	景輿/		具庠 손자, 具悌元 아들
	宋冕載	1764-	礪山	周卿/		宋翼庠 아들
	申 絢	1764-1827	平山	受之/實齋		申大羽 아들, 申綽 아우
	鄭取善					
	姜浚欽	1768-1833	晉州	百源/三溟	『三溟詩集』	
	洪命周	1770-	豐山	自天/孝貞		
	黃基天	1760-1821	昌原	羲圖/菱山・后皖		생부 黃仁照, 부 黃仁煐
	李東萬					
甲寅 特敎加抄1	申鳳朝	1745-	平山	子岡/		申師顯 아들
	金熙周	1760-1830	義城	公穆→聖思/葛川	『葛川集』	乃城 望道里 출생. 權思敏・李象靖 문인
	金處嚴	1755-	安山			
	李英發(羲發)	1768-1850	永川	又文/雲谷	『雲谷集』	
	洪奭周	1774-1842	豐山	成伯/淵泉	『淵泉集』	洪樂性 손자
甲寅 特敎加抄2	金履永(履陽)	1755-1845	安東	命汝		金憲行 아들
	金啓溫	1773-1825		/寤軒	『寤軒私稿』	
甲寅 特敎加抄3	李象謙					

그런데 『학서집』은 학서가 초계문신으로서 갱화하거나 응제한 시문들을 충실하게 전하지 않는다. 갑인 선발에 가초加抄된 이희발李義發, 1768~1850[31]의 문집 『운곡집雲谷集』이 갱화와 응제의 시문들을 비교적 충실하게 전하는 것과는 대조가 된다. 이희발은 1795년정조 19 3월 식년시에 병과丙科로 합격하고, 4월에 갑인 선발의 초계문신에 특교가초特敎加抄되었다. 이희발은 학서와 만년에 이르도록 교분이 깊기도 했다. 1836년헌종 2 9월에 학서가 류규의 『임여재고』를 교정 볼 때 이희발도 참여했다.

학서와 이희발을 초계문신 활동 사실을 비교하면 다음과 같다.

〈표 2〉 학서와 이희발의 초계문신 경력 대조

연도	鶴棲 柳台佐	李義發
정조 18(갑인, 1794)	봄, 庭試에 丙科로 합격하고, 事變假注書가 되었으며, 抄啓文臣에 선발되었다.	
	12월, 呈告하고 고향으로 돌아갈 때 『朱書百選』을 하사받았다.	

[31] 본관은 永川. 자는 又文, 초명은 英發, 호는 雲谷. 할아버지는 李德枋, 아버지는 李宜明, 어머니는 파평 윤씨 尹德殷의 딸이고, 부인은 진성 이씨 李龜洛의 딸이다. 16세기 이래 경상북도 의성군 금성면 산운리에 세거했다. 1797년 明陵 別檢, 이듬해 孝陵 別檢을 지냈다. 1805년(순조 5) 예조 좌랑, 병조 정랑 등을 지냈다. 1815년 사간원 사간이 되고, 1816년 寧海 府使로 나아갔다가 돌아와 1819년 사간, 집의를 지냈다. 1822년 세자시강원 필선을 지낸 뒤, 이듬해 모친상을 치렀다. 1826년(순조 26) 寧越 府使로 나아갔다가 1830년 동부승지, 1833년 대사간이 되었다. 1843년(헌종 9) 정조 때 法從으로 抄啓된 사람으로 加資되고, 1847년(헌종 13) 병조 참판을 거쳐, 1849년 형조 판서가 되었으나 노병으로 사직했다. 문집 『운곡집』 21권 11책은 1899년 후손들이 간행했다. 묘는 경상북도 의성군 금성면 수정리에 있다.

정조 19(을묘, 1795)		3월, 28세로 式年試 丙科에 합격하다.
		4월, 抄啓文臣이 되다.
정조 20(병진, 1796)	34세 되던 겨울, 還朝했다.『大學問對』를 지었다.	
정조 21(정사, 1797)	假注書가 되었다.	30세, 왕명으로 故寔을 지어 올리다.
	이해『中庸講義條對』를 지었다.	明陵 別檢이 되다.
정조 22(무오, 1798)	7월, 36세로 注書가 되었다.	31세, 孝陵 別檢이 되다.
	10월, 掌隷院의 酗酒 사건 때문에 通津에 유배되었다가 19일 만에 還職되었다.	「中庸」에 관한 御製條問에 應對하다.
정조 23(기미, 1799)	10월, 正言이 되었다.	12월, 32세로 親試에서 연이어 3차례 장원을 하여, 特命으로 陞六되고 전적, 감찰이 되다.
	이해『大學故寔』,『朱子大全故寔』,『國朝故寔』을 지었다.	
정조 24(경신, 1800)	정조 24년(경신, 1800) 2월, 지평이 되고, 3월, 扶餘 縣監이 되었다.	봄, 33세, 휴가를 얻어 낙향하다.
	6월, 정조가 승하하자 동료 초계문신들과 哭班에 나아갔다. 이해『百世隕結錄』을 엮었다.	6월, 정조가 승하하자 哭班에 나아가다.

학서는 정조와 근신들의 연구聯句에 참석했으나,『학서집』에는 언급이 없다.『홍재전서』를 보면 적어도 다음 두 연구에 참여한 사실을 알 수 있다.

ⓐ『홍재전서弘齋全書』제6권 시詩 2「영흥永興의 본궁本宮에 올려 향사하는 날에 연구聯句를 짓다 소서를 아울러 쓰다」

ⓑ『홍재전서』제7권 시詩 3「규장각奎章閣, 은대銀臺, 옥서玉署에 음식을

내리고 연구聯句를 짓다 소서小序를 아울러 쓰다」

그리고 학서의 갱재 기록을 이희발의 그것과 대조하면 학서의 갱재가 문집에 상당수 누락되었음을 짐작할 수 있다.

〈표 3〉 정조의 갱재 요구와 학서, 이희발의 현전 갱재

연도	『弘齋全書』권6 · 권7과 賡載錄	柳台佐『鶴棲集』권1	李羲發『雲谷集』권1	
			奉敎製進, 太學恩杯詩, 見恩盃詩集.	7언 20운 40구, 수구입운. 환운
정조 18 (갑인, 1794)	御製序曰: "每歲三餘之工, 輒課一帙之書, 機務雖繁, 莫或間曠. 近來經史子集之有選, 選必開印. 盖爲嘉惠於來許, 兼欲資益於自強. 用是孜孜, 不知爲疲. 乃命銀臺玉署諸臣與豹直騎省, 考校經書句讀, 儤宿禁中, 亦旣勞止. 際此奎選講製, 兼夜責程, 而宮雪開花, 座燭分蓮, 倣煖爐會故事, 紫衣擎傳, 滿架殽醽, 帶以聯韻詩句."	"極知眇末歸陶鑄, 肯忽斯須勉敬莊"[臣台佐]; 『학서집』未收	奎閣銀臺玉署宣饌聯句	7언 2구
정조 19 (을묘, 1795) 6월 18일	見『賡載錄』. 御製小序曰: "慈宮周甲日, 奉觴上壽, 恭述志喜之誠, 與宴諸賓."		慈宮周甲, 志喜詩賡進.	5언율시

<table>
<tr><td>정조 19
(을묘, 1795)
6월 18일</td><td>「洛南軒行養老宴, 七十者暨六十一歲者與焉. 拜用一坐再至之禮, 羣老將就位. 予爲羣老興, 旣升堂, 酒行三遍, 唫示羣老求和」</td><td></td><td>華城洛南軒, 御題養老詩賡進.</td><td>칠언절구</td></tr>
<tr><td>정조 20
(병진, 1796)
2월</td><td>「春仲朔日, 頒公卿近臣尺, 修中和節故事, 帶詩以寵之」御製小序曰: "春仲朔日, 頒公卿近臣尺修中和節故事.帶詩以寵之."</td><td>賡進御製中和尺韻</td><td>中和尺詩賡進 敬受頒尺承命製進</td><td>오언율시</td></tr>
<tr><td rowspan="2">3월 3일</td><td>「皇壇親享日, 敬次兩朝御製韻」</td><td>賡進皇壇親享, 次兩朝御製韻</td><td>皇壇親祭詩賡進</td><td>칠언율시</td></tr>
<tr><td></td><td></td><td>皇壇御製詩賡進</td><td>칠언율시</td></tr>
<tr><td>정조 21
(정사, 1797)
6월 18일)</td><td>「迎春軒奉觴志喜, 用洛南前韻」</td><td>「賡進御製迎春軒奉觴志喜, 用洛南軒前韻」</td><td>又志喜詩賡進</td><td>오언율시</td></tr>
<tr><td rowspan="3">정조 23
(기미, 1799)
7월 21일</td><td>「謹題敬奉閣 幷小序」</td><td>「賡進敬奉閣御製韻, 閣奉皇明誥勑」</td><td></td><td></td></tr>
<tr><td>「將拜獻陵, 曉次舟橋, 步戊子前韻, 以志感懷, 二首」</td><td>「賡進獻陵顯隆園行幸時, 曉次舟橋, 步戊子前韻, 以志感懷韻.」</td><td></td><td></td></tr>
<tr><td></td><td>又賡進七律</td><td></td><td></td></tr>
<tr><td>중추</td><td>「敬題獻陵齋室 幷小序」</td><td>「賡進親祭獻陵, 還次果川縣御製韻」</td><td></td><td></td></tr>
<tr><td>12월</td><td>「春秋完讀日, 慈宮設饌識喜, 唫示諸臣, 幷小序」</td><td>「賡進完讀一帙, 獻祝慈宮御製韻」</td><td></td><td></td></tr>
</table>

이희발은 성균관 유생으로 있으면서 갱화한 기록을 남기고 있으나, 학서는 성균관 유생으로 있을 때 갱화한 기록을 남기지 않았다. 초계문신으로서 학서와 이희발은 1795년부터 갱화에 적극적으로 참여했다. 다만, 정조 초부터 당시까지 이미 갱화의 일이 많아서, 여러

종류의 갱재축이 사본이나 인본의 형태로 이미 전해오고 있었다.

신축정조 5, 1781년 : 소요정갱재축逍遙亭賡載軸 사본, 보감찬집갱재축寶鑑纂輯廳賡載軸 간본, 매각갱재축梅閣賡載軸 사본, 남전재소갱재축南殿齋宵賡載軸 간본.

계묘정조 7, 1783년 : 옥류천갱재축玉流川賡載軸 사본, 연사갱재축燕射賡載軸 간본, 망묘루재소갱재축望廟樓齋宵賡載軸 간본

갑진정조 8, 1784년 : 영릉연로갱재축永陵輦路賡載軸 간본, 덕수천연운축德水川聯韻軸 간본, 진전전알일갱재축眞殿展謁日賡載軸 간본, 성정각야대연운축誠正閣夜對聯韻軸 간본, 원자궁상견례일공도성의연운지경元子宮相見禮日恭覩盛儀聯韻志慶 탁본.

을사정조 9, 1785년 : 내원관폭갱재축內苑觀瀑賡載軸 사본, 책례일연구병冊禮日聯句屛 인본印本.

정미정조 11, 1787년 : 고양군행전갱재축高陽郡行殿賡載軸 간본, 고령리기임각갱재축高嶺里祈稔閣賡載軸 간본앞의 것과 합본

무신정조 12, 1788년 : 내원상화갱재축內苑賞花賡載軸 간본

경술정조 14, 1790년 : 9월 29일 태학지경시太學志慶詩 1책[1790년 혹은 1791년 간행 활자본].

신해정조 15, 1791년 : 세심대갱재축洗心臺賡載軸 간본

임자정조 16, 1792년 : 내원상화갱재축內苑賞花賡載軸 간본, 경림연연운축瓊林讌聯韻軸 간본, 광릉행행일연운축光陵行幸日聯韻軸 간본, 식당일연운축食堂日聯韻軸 간본, 설중용호회연운축雪中龍虎會聯韻軸 간본앞의 것과 합본, 세심대갱재축洗心臺賡載軸 간본

계축정조 17, 1793년 : 내원상화갱재축內苑賞花賡載軸 간본, 이제독유제일갱재축李提督侑祭日賡載軸 간본, 원릉전성일연운축元陵展省日聯韻軸 간본, 규선문

신제사일연운축奎選文臣製射日聯韻軸 간본, 기사갱재축耆社賡載軸 간본.

1795년 이후의 갱재축에도 이희발의 이름이 빠져 있는 예가 많다. 학서의 경우는 1795년 초계문신이 된 직후 갱재에 참여한 기록이 보이지 않는다. 1976년 이후의 갱재에 참여한 기록은 다소 남아 있다. 참고로 1794년부터 1800년까지의 갱재축만 열거하면 다음과 같다.

〈표 4〉 정조연간 1794년~1800년 賡載의 사실과 賡載軸

	연도	御製 혹은 聯句	賡載	
人瑞錄獻御日聯韻軸 간본	갑인(1794, 정조 18)	『정조실록』 18년 9월 24일.	古體:기구신 17인의 자손 84인. 근체: 시위신 22인	1795 활자 1794 洪樂性 등 125인 『人瑞錄』 진상 聯句(七言)
內苑賞花賡載軸 간본	갑인(1794, 정조 18)	宙合樓에서 御眞을 奉審하고 芙蓉亭에 노닐고, 五言과 七言 근체시 각 1편씩을 지음(『홍재전서』 권6).	領相 洪樂性 참여 허락. 갱재 54인	2책 1795 활자 1794 洪樂性 등 99인 內苑賞花 五言律詩 100
洗心臺賡載軸 간본	갑인	同자를 뽑아 칠언절구를 지었다.	갱재 30인	2책 1795 활자 1794 鄭民始 등 30인 洗心臺 행차 七言絶句 31
桓廟八回甲志慶聯韻軸 간본	을묘(1795, 정조 19) 봄	『홍재전서』 권6.	참여 신하 29인/참여 89인	1795 활자 1795 洪樂性 등 29인 桓祖 誕辰八周甲 聯句(七言)
華城奉壽堂進饌賡載軸 간본	을묘	景慕宮 舊甲, 慈宮 周甲의 해, 윤2월 자궁을 모시고 園寢에 참배하고 윤2월 13일 華城 奉壽堂에서 進饌하면서 七言四韻律 1수를 지었다(『홍재전서』 권6).	갱재 外賓 70인, 諸臣 77인	3책 1795 활자 1795 洪駿漢 등 147인 奉壽堂 進饌樂章, 七律 149
洛南軒養老賡載軸 간본	위와 같음	다음 날 洛南軒 養老宴에서 七言絶句 신하들에게 보였다(『홍재전서』 권6).	갱재 노인 10인, 宴席 참여 신하 19인	3책 1795 활자 1795 洪樂性 등 29인 洛南軒 養老宴 七言絶句 30인

將臺閱武賡載軸 간본(위 2축과 합본)	위와 같음	밤에 西將臺에서 城操와 夜操를 행하고 五言四韻律 1수를 門楣에 썼다(『홍재전서』 권6).	갱재 34인	3책 1795 활자 1795 洪樂性 등 34인 華城將臺 閱武五言律詩 35
洗心臺賡載軸 간본	을묘, 3월 7일	3월 7일 長樂宮에 獻壽하고 돌아오다가 세심대에서 을묘년(1735) 靈城君 朴文秀의 詩韻을 따라 七言小詩를 지어 신하들에게 갱화하도록 했다(『홍재전서』 권6. 『내각일력』).	갱재 55인	2책 1795 활자 1795 鄭民始 등 55인 洗心臺 행차 七言絶句 56
內苑賞花賡載軸 간본	을묘, 3월 20일	내원상화 인원을 종형제와 재종형제까지 확대, 『整理儀軌』 편찬 문신과 內閣 속관도 참여. 臺자를 뽑아 칠언절구(『홍재전서』 권6).	98명 참여	2책 1795 활자 1795 洪樂性 등 98인 內苑賞花 七言絶句 99
慈宮周甲誕辰賡載軸 간본	을묘, 6월 18일	慈宮의 주갑 생신에 明政殿에 서 致詞와 箋」文과 表裏를 드리고 延禧堂으로 돌아와 술잔을 올려 獻壽했으며, 정오에 晝饌을 올렸다. 壯勇營으로 하여금 관현악을 연주하게 하고 五言律詩 1수를 지었다(『홍재전서』 권6).	갱재 外賓 128인, 諸臣 178인	3책 1795 활자 1795 洪駿漢 등 306인 惠慶宮 周甲樂章,五律 308
遲遲臺賡載軸 사본	병진(1796, 정조 20) 정월	현릉을 참배하고 돌아올 때 화성 彌勒峴 遲遲臺에서 율시 1수를 짓고, 수행 신하들에게 화답하도록 했다. 궁 지키던 신하들과 환영 나온 백관과 화성 행궁에 나무 심으러 온 여덟 고을 수령들도 뒤에 갱재하게 했다(『정조실록』 20년 1월 24일 기사).	갱재 460인	
綾恩君宣麻日賡載軸 사본	병진, 봄	綾恩君 具允明이 三字銜을 청하자, 4대가 한 조정에서 벼슬하고 90세로 致仕하는 것은 드문 일이라고 생각하여 허락하고 조서를 내리고 시 한 수를 지어 그 일을 적었다(『홍재전서』 권7).	갱재 61인	
頒尺賡載軸 사본	병진, 중춘 초하루	中和節 裁度 고사를 따라 公卿과 近臣에게 자[尺]를 내려 주고, 시를 지어 은총의 뜻을 표했다.	갱재 214인	학서 참여
木屐銘賡載軸 사본	병진, 봄	內苑에서 활을 쏘고 李晩秀에게 古風을 바치게 하고 나막신 한 벌을 내리고 몇 구를 지어 주었다. 출근한 관료들은 이 詩韻을 따라 시를 지었다(『홍재전서』 권7).	갱재 15인	

皇壇親享日賡載軸 사본 2권	병진, 3월 2일	大報壇 大享을 親行하기 전날 재계하면서 현판에 걸린 숙종 · 영종(영조)의 시를 차운해서 칠언 근체시 1수를 짓고 신하들에게 갱재하도록 했다(『홍재전서』 권7).	享官 43인, 皇朝人 후손 83인, 충신과 양신 자손 799인, 대신 · 각신 · 시위 및 신구 초계문신 113인	학서 참여
種薑銘賡載軸 사본	병진, 봄	고사를 따라 內苑에 생강을 심어 근신들에게 나누어 주고, 贈銘詩 1편을 썼다.	갱재 11인	
恩重偈賡載軸사본	병진, 봄	『大報父母恩重經』의 偈語를 열람하고, 섣달 그믐날과 단오에 이 게를 인쇄하여 門楣에 붙이게 함(『홍재전서』 권56).	갱재 14인	
迎春軒志喜賡載軸 사본	병진, 6월	6월 18일 慈宮 생신에 迎春軒에서 헌수하고, 洛南軒 시를 차운.	外賓 41명	학서 참여
幸院賡載軸 사본	병진, 9월	옹주가 천연두를 앓자, 숙묘 고사를 따라 도총부로 옮기고자 해서, 원자와 함께 이전의 도총부였던 내각 이문원으로 옮겨 열흘간 각신들과 史書를 교정했다. 주자 詩에 차운했다.	갱재 40인	
祈穀親享日賡載軸 사본	무오(1798, 정조 22) 정월	社壇 祈穀大享 저녁에 韓愈가 신묘년에 지은 雪詩에 차운하여 풍년 기원을 담고, 시종 신하들에게 갱재하도록 했다.	갱재 70명	
皇壇感懷賡載軸 사본	무오, 봄	3월 19일 대보단 奉室에 참배하고, 遼東伯 金應河의 深河 전투 참전 180년을 기념해서 사손 金宅基에게 벼슬을 내리고 절구 1수를 鐵原 褒忠祠에 걸게 했다(『홍재전서』 권7).	갱재 192명. 최종적으로 1057인	祭官 43인, 증 寧遠伯 忠烈公 李如松의 후손 3인 등 명 군사 후손들, 忠亮人 후손들, 승지 · 사관 · 각신 이하의 신하 113인, 이상 1057인이 화답./ 학서 참여
敬陵行幸日聯韻軸 사본	무오, 가을	敬陵에 참배하고, 경릉의 다섯 번째 회갑 날을 추억해서 桓廟가 여덟 번째 맞았던 회갑을 기념하기 위해 지었던 聯韻詩 운을 따라 隨駕 신하들과 함께 시를 지었다(『홍재전서』 권7).	갱재 29명	

輦過壯義洞賡載軸 사본	무오, 겨울	毓祥宮과 宣禧宮 배알 후 눈 때문에 세심대에 들르지 못하는 마음을 시 1수로 드러냈다(『홍재전서』 권7).	갱재 106명	
手圈賡載軸 사본	무오, 겨울	『三禮手圈』·『兩京手圈』·『五子手圈』·『八家手圈』·『陸稿手圈』을 완성하고 칠언십운배율을 지어 校正·繕寫의 신하들에게 갱화하게 했다(『홍재전서』 권7).	갱재 29명	
太學恩杯詩集 12월 12일	무오	張志憲 등 282인이 정조가 태학에 銀杯를 하사한 일을 송축 四言. 317수.		활자본 5권 2책, 1799년 간행
敬奉閣賡載軸 사본	기미(1799, 정조 23)	7월 21일 황단 참배 후 양궐 槐院에 있던 敬奉閣[明나라誥勅과 御筆·御畫를 봉안하는 전각]을 황단 서쪽으로 옮겨 짓고 근체시 1수를 짓고 신하들에게 갱재하게 했다(『홍재전서』 권7).	갱재 147명	학서 참여
獻陵行幸日賡載軸 사본	기미, 가을	獻陵 참배 길에 舟橋 막사에서 시를 지었다. 무자년(1768, 영조44) 봄 선왕을 모시고 참배한 일을 추억하면서 재실 벽의 詩韻을 따라 시를 짓고 신하들에게 갱재하게 했다.	갱재 81명	학서 참여
春秋完讀日賡載軸 사본	기미, 12월 8일	新印『春秋經傳集解』를 11월 18일부터 12월 8일까지 완독하고, 자궁의 책씻이[册施時]를 받았다. 시를 짓고 신하들에게 화답하게 했다(『홍재전서』 권7).	갱재 22명	학서 참여
社壇祈穀日賡載軸 사본	경신(1800, 정조 24) 정월	社壇에 祈年祭를 지내고 8일(辛日)의 穀日에 瑞雪이 내리자 당나라 柳應芳의 「人日詩」에 화답 시를 지었다(『홍재전서』 권7).	갱재 23명	
北苑齋日賡載軸 사본	경신, 3월	壇享 하루 전 北苑에 재숙하면서 『后山集』 시를 골라 내각·은대 신하들에게 화답하게 했다(『홍재전서』 권7).	갱재 6명	

정조는 신하들에게 정치 이념을 주지시키고 충정을 고무시키기 위해 어제시를 반사하고 갱화를 요구하는 일이 잦았다. 학서의 갱화는 초계문신으로 있던 1796년병진, 정조 20 2월에 작성한 오언율시「갱진어제중화척운賡進御製中和尺韻」1수 이하 8수에 이른다.

정조는 2월 1일의 중화절[32]에 옛 고사에 따라 정조가 여러 신하들에게 자[33]를 하사하고 어제시를 함께 내렸다. 상평성 제2 冬의 重, 鍾, 容, 龍을 운자로 사용했다. 정조의 이 날 어제시에 갱화한 신하들은 모두 214인에 달하여, 채제공도 갱운을 남겼다.[34] 2월 6일에 정약용도「상감께서 중화척을 하사하시면서 서간 대신 곁들여 보내신 시[35]에 갱화하다[賡和內賜中和尺兼簡御詩韻]」시를 남겼다.[36]

---

[32] 당나라 德宗 貞元 5년(789) 李泌의 건의에 따라 정월 그믐날을 명절로 삼아 오던 관례를 폐지하고, 2월 초하루를 명일로 정하고 중화절이라 하여 상사절 · 중양절과 함께 三令節로 삼았다. 이날에 덕종은 대신과 戚里에게는 자를 하사했는데 이를 裁度라 했다. 민간에서는 푸른 주머니에 백곡과 오이 · 과일의 씨를 담아 서로 선물했는데 이를 獻生子라 했다. 백관은 農書를 바쳐 근본을 힘쓰도록 했다.『舊唐書』卷13 本紀13 德宗本紀下 貞元5年.

[33] 본디 중국 조정에서 중화절인 음력 2월 초하룻날 천자가 대신과 외척들에게 내려주었던 자이다. 중화절은 본디 정월 그믐날이었는데 당 나라 德宗 때 재상 李泌의 건의에 따라 2월 초하루로 정해졌다. 이날 민간에서는 푸른 주머니에 오곡백과의 종자를 담아 서로 주고받았고 농촌에서는 宜春酒를 빚어 句芒神에 제사를 지내 풍년을 기원했으며 백관은 천자에게 農書를 바쳤다.『舊唐書』「李泌傳」에 나온다.

[34] 蔡濟恭,「奉旨敬和內頒中和尺御製韻」,『樊巖集』卷1 詩○ 賡和錄.

[35]『弘齋全書』권7에「仲春 초하룻날에 公卿과 近臣들에게 자[尺]를 頒賜하여 中和節의 故事를 다시 행하고, 시를 지어 은총을 내리다[春仲朔日, 頒公卿近臣尺, 修中和節故事, 帶詩以寵之]」라는 제목으로 정조의 어제시가 실려 있다.

[36] 1795년(정조 19년) 5월 중국인 신부 周文謨의 잠입이 발각된 이후 남인들에 대한 노론 벽파와 남인 벽파의 공격이 거세지는 속에, 정약용은 7월 26일 지방으로 내보내 금정도 찰방에 보임한다는 임금의 엄중한 분부를 받고 임지로 떠났다. 12월 20일의 都目政事에서 정약용은 좋은 점수를 받아 龍驤衛副司直에 單付되고, 內移의 명이 내렸다. 12월 22

일에 정약용은 내이의 명령이 내렸다는 소식을 듣고 저녁에 금정역을 떠나 12월 25일 밤에 明禮坊 竹欄書屋에 이르렀다. 정조는 정약용에게 금정에서 서학의 무리를 금압한 공로를 보고하라고 했으나 정약용은 이를 거부하여 정조의 노여움을 샀고, 이후 한동안 관직을 얻지 못하고 있었다.

정조 어제御製

중화절에 자를 반사할 제
붉은 찰흙[37]으로 봉하여 구중궁궐에서 내려오네.
중심 향하는 별들은 북극성을 의지하고[38]
열 개 모은 기장[39]은 황종[40] 율관에 들어맞네.
한나라 황제가 삼척 검을 잡은 날[41]
진룡 군이 일백 척 누대에 누운 자태.[42]

---

[37] 붉은 찰흙 : 원문은 '紅泥'로, 漢 나라 때 황제가 내리는 조서는 붉은 찰흙으로 봉한 것을 말한다. 왕이 글을 내리거나 물건을 내릴 때 봉함을 하여 보내는 것을 말한다.

[38] 뭇별은 …… 의지했고 : 『論語』「爲政」편에 ""덕으로 정치를 하는 것이 비유하자면 북극성이 제자리에 있으면 뭇 별들이 그 쪽으로 향하는 것과 같다.[爲政以德, 譬如北辰居其所, 而衆星共之.]"라고 한 말에서 가져왔다. 또한 잣대의 눈금을 星이라고 하므로, 여기서는 잣대의 작은 눈금들이 큰 눈금을 기준으로 삼아 질서 있게 놓여 있다는 뜻으로도 사용했다.

[39] 열 개 모은 기장 : 원문은 '絫黍(유서)'이다. 유는 기장 낱알 10개의 무게이고 서는 기장 낱알 1개의 무게이다. 즉, 기장 10개의 무게를 1絫라 하고 10유가 1銖, 24수가 1兩, 16냥이 1斤이다.

[40] 황종 : 옛 음악에서 12律 가운데 하나로, 소리가 가장 크고 웅장하다. 길이의 단위를 정할 때 황종 길이의 90분의 1을 1分으로, 10분을 1寸으로, 10촌을 1尺으로, 10척을 1丈으로, 10장을 1引으로 한다고 한다. 『漢書』「律曆志」에 나온다.

[41] 삼척검을 잡은 날 : 원문은'提三日'이다. 옛날에는 검의 길이가 거의 대부분 석 자였기 때문에 三尺劍이라 했다. 漢 나라 高祖 劉邦이 천하를 통일한 뒤에 "나는 포의의 신분으로 일어나서 석 자 검을 손에 쥐고 천하를 취했으니, 이것이 천명이 아니고 무엇이겠는가.[吾以布衣提三尺劍取天下, 此非天命乎?]"라고 했다. 『史記』「高祖本紀」에 나온다,

[42] 진룡 군이 일백 척 누대에 누운 자태 : 진룡 군은 삼국 시대 魏나라 陳登을 말한다, 그의 자는 元龍이어서 陳元龍이란 이름으로 널리 알려져 있다. 許汜가 일찍이 劉備와 함께

그대들이 오색 실을 마름질하여
산 무늬 용 무늬를 기워주게나.[43]
頒尺中和節, 紅泥下九重. 拱星依紫極, 窽黍叶黃鍾.
漢帝提三日, 陳君臥百容. 裁來五色線, 許爾補山龍.

정약용의 갱화 병진년 2월 6일[44]

아름다운 절기 중화절을 맞아
붉은 상아 찌에 비단 보로 싼 자.
별 무늬는 옥 판에 줄지어 있고
규장의 어제시[45]는 큰 종이 울리는 듯.
털끝만한 보답도 하지 못하고
되려 큰 도량의 포용을 입었구나.

이야기를 나누던 중, 자기가 전에 진등을 찾아갔더니, 진등이 손님 대접을 제대로 하지 않으면서 자신은 높은 와상에 올라가 눕고 손님인 자기는 아래 와상에 눕게 하더라고 했다. 이에 유비가 말하기를 "나 같았으면 백척루 위로 올라가 눕고, 그대는 땅바닥에 눕게 했을 것이니, 어찌 위아래의 와상 차이일 뿐이겠는가?[如小人, 欲臥百尺樓上, 臥君於地, 何但上下牀之間耶?]"라고 했다고 한다. 『三國志』 魏書 「陳登傳」에 나온다.

43 그대들이 …… 기워주게나 : 산 무늬와 용 무늬는 왕이 입는 곤룡포에 수놓는 것들이다. 『書經』 「虞書 益稷」에 보면 舜 임금이 禹에게 이르길, "내가 옛사람의 象을 관찰하여 해와 달과 별과 산과 용과 꿩을 무늬로 만들고, 宗彝와 마름과 불과 흰쌀과 보와 불을 수놓아서 다섯 가지 채색으로 다섯 가지 비단에 선명하게 베풀어 옷을 만들고자 하노니, 네가 밝히라[予欲觀古人之象, 日月星辰山龍華蟲, 作會, 宗彝藻火粉米黼黻, 絺繡, 以五采彰施于五色, 作服, 汝明.]"라고 한 데서 가져온 말이다. 곧, 그대들에게 자를 내려주니 그것으로 비단을 마름질하여 내가 입는 곤룡포에 수를 놓아달라는 말로, 신하들에게 자신을 잘 보좌해달라고 부탁하는 뜻을 나타낸 것이다.

44 丁若鏞, 「賡和內賜中和尺兼簡御詩韻」, 『與猶堂全書』 詩集 卷2.

45 규장의 어제시 : 원문은 '奎韻'이다. '奎章의 韻'이란 말인데, '규장'은 제왕의 시문과 글씨 등을 가리키고 '운'은 시를 가리킨다.

봉지[46]에서 재상들 따라 붓에 먹을 묻히자니
치졸한 시라 뭇 현신[47]들에게 부끄러워라.
令節中和節. 紅牙錦帕重. 星文羅玉版. 奎韻發洪鍾.
未有纖毫報. 偏蒙大度容. 鳳池隨染翰. 蕪拙愧群龍.

학서의 갱화

금니로 봉한 휘황한 옥척이
오운 겹겹 쌓인 곳에서 내려왔도다.
중화의 절기에 화합하여
기장 알로 종을 조율하는 일에 참여하네.
신체는 법도로 삼아 가지런히 하고
품물은 장단을 재어 용납하네.
군은에 한 푼 한 치도 보답하지 못하면서
갱재하여 육룡을 칭송하노라.
金泥煌玉尺, 降自五雲重. 化協中和節, 功參子黍鐘.
齊平身作度, 長短物成容. 分寸臣無報, 賡歌頌六龍.

1796년 2월에 정조는 채제공이 현륭원에 배종하여 지은 시 네 편을 골라 화운하고 정약용에게 그 가운데 한 수에 갱화하도록 명했다.

---

[46] 鳳池 : 唐나라의 中書省에 있던 鳳凰池를 말한다. 흔히 중서성의 별칭으로 쓰였다. 조선 시대의 경우 승정원을 가리킨다.

[47] 뭇 현신들 : 원문은 '群龍'인데, 뭇 賢臣들을 비유한다. 『後漢書』「郎顗傳」에 "요 임금이 제위에 있자 여러 용들이 쓰였고, 주나라 문왕과 무왕이 덕을 개창함에 周公과 召公이 보필했다.[唐堯在上, 群龍爲用. 文武創德, 周召作輔.]"라고 했는데, 李賢의 注에 "여러 용들은 현신들을 비유한다.[群龍, 喩賢臣也]"라고 했다.

그후 1월 21일 지지대에서 지은 어제에 갱화하도록 정약용에게 명했으므로, 정약용은 또 갱화했다. 학서는 갱화의 명을 받지 않은 듯하다. 중춘 그믐에 정조는 신하들에게 생강을 하사하고 어제 1장 6구를 반사한 후 신하들에게 갱재하게 했으나,[48] 학서는 갱화를 남기지 않았다,

1796년 3월 3일에 정조는 대보단大報壇[49]에 친림하여 숙종의 시와 함께 「친향대보단親享大報壇」 시를 신하들에 보이고 갱화를 요구했다.[50] 숙종은 재위 31년1705 3월 9일계묘에 대보단에 나아가 명나라 신종 황제를 제사하고 어제를 승정원에 내려 승정원 · 홍문관 · 예문관의 신하들에게 갱화하게 한 일이 있다.[51] 정조가 그 일을 본떠서 어제를 내리자, 학서는 갱화를 했다.

정조「황단의 친향하는 날에 삼가 양조兩朝의 어제운御製韻에 차하다[皇壇親享日, 敬次兩朝御製韻]」[52]

---

[48] 蔡濟恭,「仲春晦, 蒙賜薑, 盛事也. 特恩也. 因之頒御製一章章六句, 長短聲調, 允合韶護, 況勉勵戒敕之旨, 有足感動, 臣病呻之中, 抖擻拜稽, 乃敢賡載曰」,『樊巖先生集』卷1 詩 ○ 賡和錄.

[49] 大報壇은 임진왜란 때 援軍을 보낸 명나라 神宗의 恩義를 잊지 않는다는 명분으로 숙종 30년인 1704년에 昌德宮 후원 서쪽 曜金門 밖 옛날 別隊營의 터에 설치한 제단이다.

[50] 정약용은 3월 7일에 갱화했다. 채제공도 갱화했다. 蔡濟恭,「敬和御製皇壇親享日次, 肅廟御詩頒示, 陪享近臣韻」,『樊巖先生集』卷1 詩○ 賡和錄. 尹愭도 다른 사람을 대신하여「3월 4일, 친히 황단에 제사를 올릴 때의 어제시에 갱운하여[三月初三日親祀皇壇, 賡進韻]」을 그의 문집『無名子集』詩稿 제3책에 남겼다.

[51]『숙종실록』권41, 숙종 31년 을유(1705) 3월 9일(계묘). "大報壇成肇祀親, 時惟蠶月屬和春. 衣冠濟濟班行造, 磬筦將將醴幣陳. 昔被隆恩銘在肺, 今瞻神座涕沾巾. 追思豈但微誠寓, 切願寧陵聖志遵."

[52]『홍재전서』권7에 수록되어 있다. 정조의 어제시는 상평성 제11 眞 운의 글자를 사용하

황제의 동쪽 순행을 어슴푸레 보는 듯해라
의의하게 황단의 나무는 천자의 봄을 기념하네.
산하의 북쪽까지 제하가 다 멸망하니
희생과 단술은 우리 동방만 이에 진설하누나.
수십 권 춘추 의리는 묵은 지 오래
삼천리 접역에서는 예의를 보전하네.
재계하고 성복하곤 엄숙히 명수를 살피나니
선왕의 萬折必東 정성을 마음으로 준행하네.
玉輅東巡怳見親, 依依壇木記王春. 山河極北淪諸夏, 牲醴吾東享肆陳.
數十麟經淹日月, 三千鰈域葆冠巾. 齋衣肅穆監明水, 萬折餘誠志事遵.

학서「황보에 친향하면서 양조의 어제에 차운한 시에 갱화하여 올리다[賡進皇壇親享次兩朝御製韻]」

해마다 동쪽 번병이 보은하여 제사 지내니
하늘의 시기가 다시 집서[53]의 봄에 속하누나.
백년의 예악이 중원에서는 결락되고
칠묘의 의식을 바다 동쪽에서 진설하나니,
북극의 별들은 羽衛의 의장에 임하고
동쪽으로 흐르는 江漢은 의건을 씻어주네.
슬프게 황제 순임금 음악[54] 9악장을 보는 듯하니

여 첫구에도 운자를 넣어 親. 春, 陳, 巾, 遵 등 다섯 글자를 운자로 선택했다.

[53] 執徐는 古甲子에서 辰을 가리킨다. 이 해 干支가 辰이 들어간 병진년이기 때문에 말한 것인데, 실은 왜란이 일어난 임진년(1592, 선조 25)과 마찬가지로 辰이 들어간 해임을 언급한 것이다.

[54] 원문의 '雲韶'는 黃帝의 음악인「雲門」과 순 임금의 음악인「大韶」를 병칭한 것으로, 궁궐의 음악을 가리키는 말로 쓰였다.

바라건대 성군께서 마음을 영원히 준행하시길.

歲歲東藩報祀親, 天時重屬執徐春. 百年禮樂中朝缺, 七廟儀文左海陳.

北極星辰臨羽衛, 東流江漢濯衣巾. 雲韶九闋愀如見, 惟願宸心永世遵.

1790년 6월 18일에 후일 순조로 등극하는 원자元子가 탄생했다. 1795년을묘, 정조 19 6월 18일, 혜경궁 홍씨의 회갑을 맞아 진찬進饌이 있자, 정조는 오언율시를 짓고 신하들의 갱화를 요구했다.[55] 그리고 1797년 6월 18일 원자와 혜경궁의 탄신일을 맞아, 정조는 洛南軒 운[56]으로 시를 지어 반사하고 신하들의 갱화를 요구했다. 학서도 갱운을 남겼다.[57]

정조 어제「영춘헌에서 축수 잔을 올리고 기쁨을 기록하면서 지난번 낙남洛南의 운을 사용하다[迎春軒奉觴志喜用洛南前韻]」

---

[55] 正祖,「자궁의 60회 탄신에 축수의 잔을 올려 장수를 빌고, 삼가 기쁨을 기록하는 정성을 서술하여 연회 자리에 참예한 여러 빈객들에게 보이다 [慈宮周甲誕辰, 奉觴上壽, 恭述志喜之誠, 眎與筵諸賓]」,『홍재전서』 권6.

[56]『홍재전서』 권6 시2「洛南軒에서 養老宴을 거행했는데, 나이 70세 된 노인에서부터 61세 된 노인까지 참예했으므로, 拜禮는 一坐再至의 예를 사용했다. 여러 노인들이 각각 제자리로 나아가려 하자, 내가 노인들을 위하여 일어났다. 이미 堂에 올라가서 술잔이 세 순배가 돌았을 때에 노인들에게 읊어 보이면서 화답하기를 구하다[洛南軒. 行養老宴. 七十者暨六十一歲者與焉. 拜用一坐再至之禮. 耋老將就位. 予爲耋老興. 旣升堂. 酒行三遍. 唫示耋老求和]」. "지팡이에 학발 노인들 앞뒤로 모이니, 바다 동쪽 낙남 연회에 화기가 넘치네. 바라노니 노인들 백 세의 장수를 가지고, 우리 자궁께 만만년을 절하고 바쳐 주오.[鶴髮鳩笻簇後前, 海東和氣洛南筵. 願將耋老期頤壽, 拜獻慈宮萬萬年.]"

[57] 蔡濟恭,「上以翁主有痘候, 依肅廟故事, 率元子移次摛文院, 留十日, 痘患良已, 聖心嘉悅, 次朱子韻, 賦五言近體, 命承候諸大臣閣臣賡和, 皆令揭楣, 昭代吉祥, 可以傳示無窮也」,『樊巖先生集』卷之1 詩○ 賡和錄.

대비궁의 많은 경사가 예전보다 빛나서
노래자의 채의 입고 춤추며 헌수연을 거듭 열었네.
탁 트인 집에 봄 맞아 봄이 늙지 않으리니
삼가 이 모임을 해마다 가지리라.
椒塗衍慶自光前, 綵舞重開獻壽筵, 軒敞迎春春不老, 恭將此會又年年.

학서 「상감이 영춘헌에서 술잔을 올리면서 기쁨을 기록하여 낙남헌의 앞 운으로 지은 시에 갱화하여 올리다[賡進御製迎春軒奉觴志喜用洛南軒前韻]」

장수하신 모친 앞에서 원손을 품에 안으시매
낙남의 화기가 다시 이 연석에 충만하네.
시종신들은 다투어 노래자 곡조를 연주하며
반석같이 태평스런 상서가 만년토록 영구하라 칭송하네,
提抱元良壽母前, 洛南和氣又斯筵. 侍臣競奏萊衣曲, 盤泰休祥頌萬年.

1799년기미, 정조 23 7월 24일[58]에 학서는 정조의 경봉각敬奉閣 시에 갱화하여 경봉각의 어제에 갱운하여 올렸다. 경복각은 황명의 고칙을 받드는 곳이다[賡進敬奉閣御製韻, 閣奉皇明誥勅]」을 남겼다. 이보다 앞서 영조 46년인 1770년에 경희궁慶熙宮과 창겨궁昌慶宮의 승문원 내에 각각 각閣을 세우고 국조 이래의 조칙詔勅을 봉안하게 되었는데, 영조가 직접 각의 이름을 써서 내걸었다. 경희궁에 있는 것은 경봉각이라 하고, 창경궁에 있는 것은 흠봉각欽奉閣이라 했다. 1773년영조 49 7월 21

58 尹愭, 「上以七月二十一日 皇明顯皇帝諱辰 詣皇壇行望拜禮 命移構敬奉閣於壇西 奉安自高皇帝至顯皇帝誥勅 賦近體一首 以識尊王之義 命參禮諸臣賡進 代人作」이 있다.

일 명나라 현황제顯皇帝, 神宗의 탄생일을 맞아 영조가 경봉각에 나아가 예를 행했는데, 왕세손이던 정조도 함께 예를 행했다. 명나라 장수 이여송李如松의 봉사손은 가자加資하고, 삼학사 및 김상용 · 김상헌의 봉사손은 초자超資하라고 명했다. 이 날 정조는 '존왕尊王의 의리'를 표방해서 「경봉각에 삼가 제하다[謹題敬奉閣]」를 지었다. 그 소서小序에 따르면 경봉각에는 명나라 고황제高皇帝가 홍무洪武 건원建元 25년인 1392년에 보내온 '하늘을 체받아 백성을 다스리고 길이 후사를 번창하게 하라.'고 한 조칙으로부터 현황제신종가 새로 찬수한 『명회전明會典』 및 '군사를 내어 왜노를 평정하라.'고 한 조칙, 고황제 이후의 어서御書 · 어화御畫 및 고명 인본誥命印本들을 보관했다.[59] 학서의 시는 다음과 같다.

---

[59] 『弘齋全書』 卷7 詩3 「謹題敬奉閣 幷小序」. "閣舊在兩闕槐院, 一曰敬奉閣, 一曰欽奉閣. 閣之設, 所以尊閣也. 卽我寧考義起之盛典也. 其詳載寶鑑別編. 皇朝誥勅, 自高皇帝洪武建元二十五年體天牧民永昌後嗣之詔, 至顯皇帝新修會典及出師平倭之詔, 隆恩浩渥, 東薄于海. 海外方數千里, 喙息跂踵. 凡有血氣之倫, 莫不感激愛戴, 如天地焉, 如父母焉. 顧今時移事往, 冠屨易置, 裳華蓼蕭之詩, 不復作於東土, 而紫泥黃帕之爲萬世珍藏者, 尙不免皇輿之蒙塵. 今閣之所揭奉, 高皇帝以後御書御畫諸本誥命印本, 而金章寶墨, 光榮燭地, 自令人瞻望徊徨, 不翅若曲阜烏號之遺也. 槐院圮而閣惟巋然, 每過此, 愾焉以傷. 是歲七月二十有一日晨朝, 祇詣皇壇遙拜, 顯皇帝諱辰, 仍命有司, 移構於壇西, 而越三日, 移奉誥勅于齋殿, 仍始工役, 不日而告成. 其翌日, 自齋殿, 揭奉如初. 遂與提督後孫. 三學士金文忠 · 文正 · 鄭文□家人行禮, 門邃冽泉, 陛級重重, 怳然若下拜登受. 西顧周道, 有涕沾臆. 玆賦近體一首, 以識尊王之義. 自有天地生民以來, 莫有盛於夫子. 夫子之功, 莫有大於春秋. 春秋之義, 莫有重於尊王. 凡百有位, 尙亦知予之心, 而三綱明, 九法立, 變陰而爲陽, 內華夏而外夷狄, 未必不肇基於斯閣也云爾. 時顯皇萬曆後三己未. '江漢朝宗萬里濤, 皇恩浩蕩注麟毫. 唐堯竝立山河鞏, 周稷重光日月高. 草木皆知今鰈域, 風雲猶帶舊龍袍. 昭回北苑瞻新構, 百世吾東奉赤刀.'"

학서 「경봉각의 어제 시에 갱화하여 올리다. 경복강은 황명의 고칙을 받들고 있다賡進敬奉閣御製韻. 閣奉皇明誥勅」

붉은 해가 푸른 파도에 임한 것을 우러러 보자니
만년토록 끼친 은택이 사관의 붓을 적시누나.
황화皇華의 옛 자취 밟아 교서가 빛나고,
동국의 윤리가 그림 누각에 높이 거렸도다.
태평성대 의장과 문식文飾은 보첩을 상고했고
옛 가문의 자제들이 왔구나 신선 도포를 두르고.
상감의 문장이 서주의 눈물을 쏟아내시니
흉중을 날카로운 칼로 베는 곱절 아파라.
紅日瞻依碧海濤, 萬年遺澤潤彤毫. 皇華舊躅恩綸炳, 東土彝倫畫閣高.
聖代儀文稽寶牒, 故家來耳帀仙袍. 宸章瀉出西周淚, 倍覺胷中割快刀.

1799년기미, 정조 23 가을, 헌릉獻陵 참배 길에 주교舟橋 막사에서 정조가 시를 짓자, 신하들이 갱화했다. 정조는 무자년1768, 영조44 봄 선왕을 모시고 참배한 일을 추억하면서 재실 벽의 시운詩韻을 따라 칠언절구와 칠언율시를 각각 1수씩 지었다.[60] 갱화한 이들은 모두 81명이었다. 당시 갱재축인 「헌릉행행일갱재축獻陵行幸日賡載軸」은 사본으로 전한다.[61] 학서는 칠언절구와 칠언율시에 각각 갱화했다.

60 "鑾蹕秋晴鷺水湄, 滿江濡露想前時. 依然戊子春三月, 十里船開七字詩.""羽林旗鼓帀青煙, 龍鳳津樓月上天. 卻憶廣陵春水外, 回瞻梧峀彩雲邊. 燈光歷歷江聲動, 兵氣森森野色連. 漢渡東南松柏永, 此時霶慕更多前."

61 正祖, 「將拜獻陵, 曉次舟橋, 步戊子前韻, 以志感懷, 二首」, 『弘齋全書』 卷7 詩3 ; 柳台佐, 「賡進獻陵顯隆園行幸時, 曉次舟橋, 步戊子前韻, 以志感懷韻」, 『鶴棲集』 권1.

헌릉과 현륭원애 행행하실 때 새벽에 주교에 머물면서 무자년의 앞 시에 차은하여 감회를 기록한 시의 운에 갱화하여 올리다[賡進獻陵顯隆園行幸時 曉次舟橋 步戊子前韻 以志感懷韻]

첫째 수

교산 앞길 대강의 언저리에
양류는 의의하여 지난 날에 느끼네.
한밤 군대의 북과 나팔 소리가 새벽 배의 징발을 재촉하고
살아 돌아오신 듯 성군께서 흠모하여 또 시를 지으시네.
喬山前路大江湄, 楊柳依依感昔時. 五夜軍聲催曉舫, 羹牆聖慕又題詩.

둘째 수

옥 수레 푸른 끈는 푸른 연기가 감싸고
난여는 새벽하늘 비친 강가에 너울너울.
여덟 군영 징과 북이 여울 물소리 바깥에 요란하고
백리에 뻗은 큰 깃발 旂旗는 산 그림자 가에 펄렁펄렁.
옥 비단 제물 바치는 상감 정성은 구름 하늘에 솟구치고
구슬 형상 능묘의 가을빛은 광릉에 이어져 있도다.
산악 신령과 강 귀신이 교대로 맞아주는 곳
홀연 용양봉저정 앞에 이르렀도다.
玉輅青繩擁翠煙, 蹌蹌鸞鷺曉江天. 八營金鼓灘聲外, 百里旌旂山影邊.
珪幣宸誠雲漢徹, 珠丘秋色廣陵連. 嶽靈河伯交迎處, 倏到龍驤鳳翥前.

정조는 문풍文風을 진흥시켜 속습을 바로잡고자 삼여三餘마다 책 한 질帙을 읽어 왔고, 여러 서책을 초선抄選하여 중외에 간행 반포했으며, 스스로 먼저 송습誦習하여 한 세상의 표준을 제시했다.[62] 특히 정조는 "내게는 내 마음의 춘추가 있다.[吾有吾心之春秋矣.]"라고 하면서, 1799년정조 23, 기미 『춘추경전집해春秋經傳集解』를 새로 간행한 후 11월 18일부터 20일 걸쳐 12월 8일까지 완독했다. 『춘추경전집해』는 경經을 우선하고 좌씨전을 격을 낮추어 뒤에 두는 편집 방식을 택했다. 자궁 혜경궁이 술과 떡을 준비하여 '책씻이[冊施時]'를 열어주자, 정조는 감인監印과 현두懸讀 맡은 여러 사람과 함께 음식을 먹고, 어제의 시를 내 보였다.[63] 그 어제에 22명이 갱화했는데, 학서도 그 중 한 사

62 을묘년에는 『朱書百選』을 간행하여 10월 28일부터 읽기 시작해서 49일 지난 12월 16일에 완독하고, 병진년에는 『五經百篇』을 간행하여 11월 11일부터 읽기 시작해서 28일 지난 그다음 달 8일에 완독했으며, 정사년에는 『史記英選』을 간행하여 10월 8일부터 읽기 시작해서 80일 지난 12월 27일에 완독하고, 무오년에는 『八子百選』을 간행하여 11월 1일부터 읽기 시작해서 45일 지난 그 다음 달 15일에 완독했다.

63 『홍재전서』 제7권 詩 3 「춘추를 完讀하던 날에 慈宮께서 음식을 베풀어 주어 기쁨을 표하시므로, 읊어서 여러 신하들에게 보이다 소서를 아울러 쓰다[春秋完讀日, 慈宮設饌識喜, 唫示諸臣, 幷小序].」 "予於三餘, 輒課一帙之書, 歲以爲常, 而手選諸書, 必印頒中外. 蓋亦振文風矯俗習之苦心也. 書旣頒, 躬先誦習, 爲一世準. 乙卯, 新印朱書百選, 而十月二十八日始讀, 再翼月十有六日完讀, 凡四十有九日. 丙辰, 新印五經百篇, 十一月十一日始讀, 翼月初八日完讀, 凡二十有八日. 丁巳, 新印史記英選, 十月初八日始讀, 再翼月二十七日完讀, 凡八十日. 戊午, 新印八子百選, 十一月初吉始讀, 翼月十五日完讀, 凡四十有五日. 己未, 新印春秋, 新印以前讀數回, 十一月十八日更讀, 十二月初八日完讀, 凡二十日. 左氏, 史也. 雖近於朱子所謂千里一曲, 致慨於明招堂上, 而先經後傳, 吾有吾心之春秋矣. 於是乎予印予讀已告功, 自明年有新印, 當如右爲例, 顧精力未能如宿踐也. 記昔幼少時, 讀完一帙, 慈宮輒設小饌以識喜, 俗所稱冊施時之禮是也. 朱子以長子受之, 送學於東萊, 而付送一角之茶三十觔, 卽此意也. 今日以有事輒聞之義, 告慈宮以春秋之完讀, 慈宮視小子若幼少時, 略備酒餠如村樣, 遂與監印懸讀諸人, 共嘗之. 戲是綵衣, 老萊之所以悅母也. 喜動簾幃, 紫陽之所以壽母也. 旣獻岡陵祝于慈宮,

람이었다.[64]

정조는 어려서 책 한 질을 완독하면 자궁인 혜경궁이 책씻이를 해주었다. 주자가 장남 주숙朱塾, 字 受之를 동래東萊 여조겸呂祖謙에게 보내면서 일각차一角茶 30근을 부송付送한 뜻을 이은 것이라고 한다. 정조는 "채색옷을 입고 어린애처럼 장난한 것은 노래자가 어머니를 기쁘게 하던 바이고, 기쁨이 휘장에 넘친 것은 주자께서 어머니께 축수하던 바이다.[65] 이미 자궁께 한량없는 축수를 드리고 이어서 이 시를 써서 여러 사람에게 화답하기를 요구하는 바이다."라고 하고 오언율시를 지었다. 어제의 그 시는 상평성 제6 魚운의 '歟, 餘, 書, 如'자를 운자로 사용했다.[66] 학서의 시는 다음과 같다.

책 한 질을 완독하고 자궁께 헌수하면서 지으신 어제에 갱화하여 올리다[賡進完讀一帙, 獻祝慈宮御製韻][67]

해동이 천재일우 때를 만났으니

因書此, 要與諸人和."

[64] 『正祖實錄』 卷52, 正祖 23年 12月 8日 辛卯. "召見閣臣. 教曰: '予於近日, 課讀新刊『春秋』, 今日纔畢, 而慈宮爲念予幼少時册施時【國俗小貌讀書竟卷, 其父母飮食以識喜, 謂之册施時.】之事, 設小饌, 故玆與卿等共嘗之.' 群臣頓首賀, 書下御製, 命入侍諸臣及『春秋』懸讀及監印時與聞諸臣, 當宁春桂坊人, 竝令賡進."

[65] 朱熹 「壽母生朝」 시에, "어젯밤 서늘한 가을바람에 돌아오니, 오늘 아침엔 기쁨이 휘장에 넘치네. 새 봄술을 넘실넘실 따라 올리고, 알록달록 옛 옷으로 어리광 춤을 추네.[昨夜秋風涼氣歸, 今朝喜色動簾幃. 細斟瀲灩新春酒, 戱舞斑斕舊綵衣.]"라고 했다.

[66] "侍食諸君子, 能知此會歟? 伊吾完一帙, 工課殿三餘. 每夜光明燭, 今年左氏書. 慈心識喜事, 萊舞九詩如."

[67] 柳台佐, 『鶴棲先生文集』 卷1, 「賡進 完讀一帙獻祝 慈宮 御製韻」(奎章閣講製抄啓時).

이번 행사는 참으로 성대하여라.
노래자 춤추며 기뻐하는 날
『춘추』의 필삭을 마친 뒤로구나.
참된 공부는 우임금의 척려惕厲[68]를 따르고
옛일은 주자의 서적을 고찰했도다.
손뼉치고 발구르며 어제에 갱화하고
연회 베푸시매 운 좋게 나아갔네.[69]
海東千一會, 此擧儘猗歟. 萊舞歡嬉日, 麟毫筆削餘.
眞工敉禹惕, 故事按朱書. 抃蹈賡宸什, 易筵幸晉如.

한편 학서의 「헌릉에 친제하고 돌아오다가 과천현에 머물면서 지은 어제에 갱운하여 올리다[賡進親祭獻陵還次果川縣御製韻]」는 정조가 1799년정조23 8월 19일부터 21일까지 헌릉태종과 원경황후 능 및 현륭원에 행행하고 돌아오던 중추일에 지은 시에 갱제한 것이다.[70] 『학서집』에

---

[68] 우임금의 惕厲 : 척려는 조심조심하는 모습. 『주역』 乾卦 九三에 "군자가 종일토록 굳세고 굳세어서 저녁까지도 두려운 듯이 행동하면 비록 위태로우나 허물은 없을 것이다.[君子終日乾乾, 夕惕若, 厲无咎.]"라고 하였다. 방이지(方以智)의 『一貫問答』에, "우임금은 두려운 듯 행동하여 근검했으므로, 용을 보기를 도마뱀 보듯이 했다. [禹惕勤儉, 故視龍猶蝘蜓.]"라고 했다. 『淮南子』「精神訓」에 보면, 우 임금이 남방을 순시하다가 강을 건널 때 황룡이 등으로 배를 떠받치자 사람들이 두려워 안색이 변했으나 우 임금은 '나는 천명을 받아 힘을 다하여 만민을 위로하는 중이다. 삶은 잠시 머물다 가는 것이고 죽음은 제자리로 돌아가는 것이거늘, 무엇이 나의 元氣를 어지럽힐 수 있겠는가.' 하고, 용을 보기를 도마뱀 보듯 했다. 그러자 용이 곧 귀를 내리고 꼬리를 흔들면서 도망가 버렸다고 한다.

[69] 나아갔네: 원문의 '晉如'는 『주역』「晉卦 六二」의 "나아감이 근심스러우나 貞하면 길하리니, 큰 복을 왕모에게 받으리라.[晉如, 愁如, 貞吉, 受玆介福于其王母.]"라고 한 표현을 끌어온 것이다.

[70] 『학서집』에서는 순서를 바꾸어, 「춘추를 完讀하던 날에 慈宮께서 음식을 베풀어 주어 기

는 정조의 어제 원운을 수록하지 않았다. 정조는 어제의 소서에서, '무자년 봄에 영조를 모시고 헌릉태종의 능을 배알하고 지은 시'[71]가 있어 그로부터 32년이 지난 지금 왕위에 오른 몸으로 예를 거행하자 선왕을 사모하는 마음이 새로워지므로 예전 시에 차운하여 그 일을 기록한다고 했다. 또한 정조는"선조께서 재위하신 50년 동안에 세신世臣들을 온전히 보호하고 오복을 거두어서 만세를 편안하게 하신 일은 모두가 본릉께서 개창하고 수성하신 풍공대업豐功大業을 우러러 계술하신 것이다."라고 했다.[72] 정조의 어제는 칠언율시수구입운로, 하평성 제8 庚운의 '行, 營, 聲, 生, 淸'을 운자로 사용했다.

학서「헌릉에 친제하고 돌아오다가 과천현에 들러 지은 어제에 갱화하여 올리다[賡進親祭獻陵還次果川縣御製韻]」

뿜을 표하시므로, 읊어서 여러 신하들에게 보이다 소서를 아울러 쓰다」보다 뒤에 실었다.

71 1768년(영조 44)의 헌릉 행행에 수가한 정조는「강 머리에서 갠 하늘을 바라보다[江頭晴望]」,「광진의 배 위에서[廣津船上]」,「어가를 모시고 헌릉에 가서 하룻밤을 지내다[陪駕詣獻陵經宿]」의 세 수를 지었는데, 헌릉에서 지은 시는 行·營·聲·生·淸의 운자를 사용했다.

72『홍재전서』권7 詩 3「獻陵의 齋室에 삼가 제하다 소서를 아울러 쓰다[敬題獻陵齋室幷小序]」. "小子於戊子春, 陪先朝展謁本陵, 恭賦一詩, 以紀其事. 今於三十二年之後, 踐位行禮, 孺慕彌新, 謹次前韻以識之. 且按伊時聖製之題揭齋室者, 聖敎若曰: '今日大小臣僚, 仰體祖宗盛德. 滌舊心於廣津, 輔我暮年, 隨後者誰.'惟我先朝, 五紀建極, 全保世臣, 斂時五福, 綏厥萬世, 率皆仰述本陵開創守成之豐功大業, 而十行雲漢之篇, 乃在於親祭本陵之日, 則丕顯丕承之謨烈, 尙可以仰認於出戶周旋之時矣. 玆於五六, 敢頌聖德之光前垂後, 而仍告有位, 俾各一乃心, 率乃職, 無偏無黨, 無從匪彝, 偕之大道, 同我太平. 書曰: '惟予一人, 膺受多福.'此我聖祖所以燕翼我子孫千億, 懋昭常訓者也. 時予小子卽阼二十有三年之己未仲秋."

춘추로 현륭원 배알하여 천도를 따라 행차하시고
금척을 꿈에 보아 큰 계책으로 만세를 경영하시네.
喬山의 서리와 이슬은 옛 감동을 더하고
淸廟의 노래와 현악기는 옛 음향을 끼치나니,
동방에서 맨 먼저 나와 국가 터전 넓히셨고
皇極을 거듭 아름답게 세워 백성들 살아가네.
흰 머리 노인들은 기뻐 손뼉치고
현궁에 미치는 상감 효성으로 새벽이 맑아라.
春秋祇謁法天行, 金尺洪謨萬世營. 霜露喬山添舊感, 歌絃淸廟有遺聲.
東方首出宏基奠, 皇極申休庶物生. 野老皤皤爭喜抃, 格玄宸孝曉朝淸.

태종이 조선의 국기를 넓히고, 정조가 황극을 세워 백성들 삶을 안정시킨 사실을 확인하고, 정조가 현륭원에 배알하여 효성을 다 하셔서 맑은 시절을 가져왔다고 칭송했다.

III. 학서의 친시제親試製와 과시제課試製

정조 때 초계문신은 친시親試와 과시課試에 응시하여 각종 시문 양식을 평가받아야 했다. 또한 춘첩자春帖子를 쓰기도 했다. 친시나 과시의 실행 일자는『일성록』을 통해 어느 정도 확인할 수 있다. 학서와 같은 선발의 이희발은 춘첩자를 두 수 남기고 있으나, 학서는 춘첩자를 남기지 않았다. 또한 이희발보다는 친시나 과시의 작을 많이 남기지 않았다.

〈표 5〉『日省錄』,『鶴棲集』,『雲谷集』의 親試와 課試 상황

연도	『日省錄』	柳台佐『鶴棲集』 권1	李義發『雲谷集』권1
정조 21(병진, 1797)			大殿春帖 丙辰製進 5율
정조 23(기미, 1799)			大殿春帖 己未製進 7율 수구입운
정조 18(갑인, 1794) 11월 23일	10월 親試, 3개월 課講,11월 課試.「擬本朝內閣印進御定朱書百選」(箋)	[*二下 수석]	
정조 19(을묘, 1795) 4월 7일	律詩, 賦, 罰射. 賦.	[*100韻으로 三中 수석]	
10월 21일	春塘臺에서 抄啓文臣試射 · 九月親試 · 策題「還餉」10일까지 제진.	[*試射 참여]	
11월 16일	1-2월 課試의 追試.「虎視何雄哉」(七言四韻律)	[*呈券]	
12월 11일(무자)	「進宴第一爵致詞七言長篇或律詩頭辭則依例書之王母獻仙桃韻依原韻」(지난 6월 親試를 보임)	「次王母獻仙桃樂詞韻」二首	*王母獻仙桃.二首ㅇ進宴第一爵致詞.奉敎製進. 7율 2수, 수구입운
12월 26일	都計劃	[*25分]	
정조 20(병진, 1796) 11월 17일(무오)	6월 親試와 7월 課試를 보임. 七言四韻律詩 親試題「單于夜遁逃」/五言四韻律詩課試題「有草生庭」	「有草生庭」	有草生庭 御題製進 5율
11월 28일	親試.「已發未發之性」	[*二下]	
11월 29일	親試의 更試, 課試. 庸作歌(次韻)	[*呈券]	
12월10일(신사)	12월 親試, 9월 試射, 春塘臺.「玄圭」(七言四韻律)	「玄圭」(三下一 수석)	

12월 11일	熙政堂에서 都計劃	[*34分. 虎皮1벌]	
정조 21(정사, 1797) 9월 26일(임진)	「龍門有遺歌十八韻」(춘당대 초계문신 親試)	「龍門有遺歌十八韻」	龍門有遺歌十八韻 奉敎製進 7언18운 36구, 수구입운
12월 20일	都計劃(親試, 課試, 課講)	[*親試 32分, 課試 9分半, 課講 196分]	
정조 22(무오, 1798) 12월 8일(정유)	「玉淵三峽. 講乾坤二卦.十八韻」(便殿 抄啓文臣 親試)	「玉淵三峽講乾坤二卦十八韻」	玉淵三峽講乾坤二卦十九韻 7언18운 36구
12월11일(경자)	「魚龍出聽」(지난 11월 抄啓文臣 親試 시제)	「魚龍出聽」	魚龍出聽 奉敎製進 7율 수구입운
	「三冬文史」(지난 11월 초계 문신 課試 시제)	「三冬文史」	三冬文史 奉敎製進 7율 수구입운
12월 28일	親試 都計劃	[*14分半]	
정조 23(기미, 1799) 6월 15일	6월 12일~14일 吏試(賦 排律 古詩)	[*飯牛牛亦肥(賦) 6分半]	
12월 13일(병신)	11월 親試, 7번 비교. 七言四韻律「冬至至後日初長」/ 表題「虞百姓等謝命契數敎得免飽食煖衣則近於禽獸」/五言四韻律「魚虎」/五言絶句「梅花若爲賦」/ 五言四韻律「投壺」/ 七言四韻律「蹴踘」/ 七言四韻律「六博」	「魚虎」,「投壺」,「梅花若爲賦」[*「則近於禽獸」(表) 三下,「「梅花若爲賦」(五言絶句) 二下 수석]	
12월 15일	都計劃(親試, 課試, 課講)	[*親試 38分, 課試 22分, 課講 62分半]	
			洞庭張樂 御題製進 5절
			水車 御題製進 5율
			八駿圖 御題製進本朝 5율
			春在枝頭已十分 御題製進 5율
			春星帶草堂 御題製進 5율
			石鼓 御題製進 5율
			鐵笛亭 御題製進 5율
			只在蘆花淺水邊 御題製進 5절

			牛戴牛歌 御題製進 7언18운 36구
			大雪二十韻 奉敎製進 7언20운20구 백량체
		「高處最先紅. 排律十韻」	金剛高處最先紅十韻 奉敎製進 7언10운20구 격구압운, 수구입운.
			單于夜遁逃 奉敎製進 7율 수구입운
		「銅人勝」	
		「早晩燕然刻頌詩」	早晩燕然刻頌詩 奉敎製進 7율 수구입운.
			先此示年豐 奉敎製進 7율 수구입운
			寬大書 奉敎製進 7율 수구입운
			二之日鑿氷冲冲 奉敎製進 7율 수구입운
	*정조 20(1796) 2월 20일 重試文科 賦題「槐陰滿庭」		槐陰滿庭 奉敎製進 7율 수구입운
		「又臥旗亭送夕陽」	又卧旗亭送夕陽 奉敎製進 7율 수구입운
			老枝擎重玉龍寒 奉敎製進 7율 수구입운
			諸峰羅立似兒孫 奉敎製進 7율 수구입운
			日中爲市 奉敎製進 7율 수구입운
			不是尋行數墨人 奉敎製進 7율 수구입운
			忽憶戴安道 奉敎製進 7율 수구입운
			東方朔 奉敎製進 7절 수구입운
		「語君眞富貴」	語君眞富貴 奉敎製進 7절 수구입운
			騊駼 奉敎製進 5율시
			撒塩和羹梅十韻 奉敎製進 7언10운20구 수구입운
			次康衢歌韻 奉敎製進 8언 초사체 4구
			傳「萬德傳」[奎章閣講製時奉敎製進.『雲谷集』권8]
			說「誠幾神說」[이하 奎章閣講製時奉敎製進.『雲谷集』권8]
			說「生之謂性說」

정조 19(을묘, 1795) 8월 23일(신축)			說「纔說性時便已不是性說」
			贊「小往大來贊」[奉敎製進.『雲谷集』권8]
			銘「中和尺銘(幷序)[이하 奉敎製進.『雲谷集』권8]
			銘「南薰琴銘」
			銘「李學士晩秀木屐銘」
			銘「硯銘(幷小序)」
			銘「墨銘」
			「擬本朝農民等謝下求農書綸音箋」[奉敎製進. 이하『雲谷集』권8]
정조 18(갑인, 1794)		「擬本朝人瑞錄老人七萬五千一百餘人, 進壽五百八十九萬八千二百歲箋[抄啓應製]」	「擬本朝人瑞錄老人七萬五千一百餘人.進壽五百八十九萬八千二百歲箋」
			「擬本朝內閣進新印御定奎章全韻箋」
			「擬本朝御醫進濟衆新編箋」
정조 22(무오, 1798) 4월 12일(병오)			「擬本朝湖南道臣請修劉仁軌所築帶方城以重關防箋」
정조 21(정사, 1797) 2월 10일(신사)		「擬本朝鑄字所進鄕飮儀式鄕約條例箋[抄啓應製]」	
			敎「擬均役敎」[奉敎製進. 이하『雲谷集』권8]
			敎「擬鄭命子産潤色辭命敎」
			律賦「雪(律賦) 命韻雪」[이하 奉敎製進.『雲谷集』권8]
			律賦「壽域(律賦) 命韻稱彼兕觥萬壽無疆」

			賦, 奎章閣講製時. 「會稽之石則幾倍之」(呈白券. 詳見憶舊遊詩註) 원문 없음 〈批三中, 仍下敎曰: 事君不欺, 白直可尙.〉 [이하『雲谷集』권8]
정조 21(정사, 1797) 10월18일(계축)			賦, 奎章閣講製時. 「東坡曰月出於東山之上, 山谷曰左丘明」 원문 없음. 〈三中. 批曰: 汝也故優等. 汝何嶺人也〉
			策 「問周易」(柞劃試券. 御考) [이하『雲谷集』권8]
			策 「問雅誦」(御考. 三中一)

정약용의 경우는 1790년정조 14년 7월 이후 '내각응교內閣應敎'의 시를 여러 편 남겼다.

ⓐ 시제는 '주렴 밖 봄기운이 차갑다고 비단 도포 하사하네[簾外春寒贈錦袍]'이다.【題曰'簾外春寒賜錦袍'】: 성당 시인 왕창령王昌齡의 「춘궁곡春宮曲」의 한 구절을 시제로 삼은 칠언배율.

ⓑ 시제는 '벼와 기장이 잘 자라 기뻐한다[喜悅好禾黍]'이다.【題曰'喜悅好禾黍'】: 성당 시인 저광희儲光羲의 「전가잡흥田家雜興」의 한 구절을 시제로 삼은 오언율시.

ⓒ 시제는 '봉황지에 오늘날 봉황의 깃이 있음을 보라[池上于今有鳳毛]'이다.【題曰'池上于今有鳳毛'】: 두보杜甫의 「화가지사인조조대명궁和賈至舍人早朝大明宮」 시의 한 구절을 시제로 삼은 칠언율시.

ⓓ 시제는 '모든 나라 사절이 황제에게 절 드리네.[萬國衣冠拜冕旒]'이다.【題曰'萬國衣冠拜冕旒'】:왕유王維의 「화가사인조조대명궁지작和賈舍人早朝大明宮之作」 가운데 한 구절을 시제로 삼은 오언배율.

ⓔ 시제는 '천자의 얼굴에 기쁜 기색 있으면 시종신들이 아누나[天顔有喜

近臣知'이다. : 1790년 7월 23일 내각의 친시에서 두보杜甫의 「자신전퇴조구호紫宸殿退朝口號」한 구절을 시제로 삼아 지은 칠언 십운배율.

ⓕ 시제는 '만리를 횡행할 수 있도다[萬里可橫行]'이다. : 두보杜甫의 「방병조호마房兵曹胡馬」 시의 한 구절을 시제로 삼은 칠언 십운배율.

학서의 친시와 과시의 시는 「차왕모헌선도악사운次王母獻仙桃樂詞韻」 2수에서 시작한다. 이것은 1795년을묘, 정조 19 12월 11일무자 지난 6월 치렀어야 할 친시에서 지은 것이다. 어제御題는 "진연 제1작의 치사로는 칠언장편이나 칠언율시로 - 두사頭辭는 규례대로 쓰라. -「왕모헌선도」를 지으라. - 운은 원운을 따른다.[進宴第一爵致詞七言長篇或律詩頭辭則依例書之王母獻仙桃韻依原韻]"[73]였는데, 검열檢閱 오태증吳泰曾이 장편長篇으로 삼상三上을 맞아 수석을 차지했다.

첫째

궁전 모서리에 요순 시절 광명의 해가 오르자
도삭산[74]의 양기가 엉기자 부드러운 기운 감도네.

---

[73] 王母는 仙女 西王母이다. 「헌선도」의 원운은 알 수 없다. 고려와 조선의 진연의궤에서 사용하던 「獻仙桃曲」과 관계가 있는 듯하다. 漢나라 元封 1년에 서왕모가 武帝에게 蟠桃 일곱 개를 바쳤다고 한다. 『국역 진연의궤』 제1권 「樂章」에 "송나라의 詞曲 중에 「仙呂宮王母桃」가 있었는데, 고려조에서 이를 모방하여 「獻仙桃曲」을 만들어 송축하는 음악으로 사용했으며 우리 조정에서 사용했다." 했다. 呈才 때에 왕모 1명, 挾舞 2명, 竹竿子 2명이 奏樂에 맞추어 춤을 추는데, 장면이 바뀔 때마다 부르는 詞가 있다. 왕모가 仙桃盤을 받들고 「헌선도」의 致詞로 「元宵嘉會詞」를 부른다.

[74] 滄海 속에 도삭산이 있는데, 그 꼭대기에는 큰 복숭아나무가 있어 반도가 열린다고 한다. 『山海經』에 나온다.

요지연의 구름 가까이 법연을 열고
장락궁 깊은 곳의 중앙에 좌정하셨다.
별은 남극 주위를 돌아 그림자 휘황하고
꽃은 동풍에 쌓아 차츰차츰 향이 짙어라.
다시 보매 구중궁궐 봄빛 속에 취한 분들
군왕 위해 장수를 빌며 상서로운 긴 노래 부르누나.
觚稜日上舜堯光, 和氣先凝度索陽. 雲近瑤池開法宴, 宮深長樂坐中央.
星回南極輝輝影, 花襲東風冉冉香. 更看九重春色醉, 君王遐壽發長祥.

둘째

궁궐의 옛 음악[75] 한 곡조가 구천에 울리자
칠성관 쓴 신선들이 채화 연석에 날아 내려 오는 듯.
신선들은 구리쟁반에 세 밤 내린 이슬을 손으로 움켜 뜨고
짐승 모양 숯[76] 태우자 향이 뜨고 아홉 점 연기가 오르네.
깃달린 작은 새와 상나라 때 같은 신하들이 혼융한 교화 속에 안주하고
거북같이 나이 드시고 학같이 장수하시길 술동이 앞에 무릎 꿇고 비누나.
은근하게 부탁의 말할 하나니 꽃이 열매를 맺어
보력이 천에 천, 만에 만의 나이가 되시기를.
一曲雲韶響九天, 星冠飛下綵花筵. 仙人掌挹三宵露, 獸炭香浮九點煙.
羽物商臣渾化內, 龜齡鶴壽拜罇前. 慇懃寄語花成實, 寶曆千千萬萬年.

---

75 원문의 '雲韶'는 黃帝의 음악인「雲門」과 순 임금의 음악인「大韶」를 병칭한 것으로, 궁궐의 음악을 가리키는 말로 쓰였다.

76 원문의 '獸炭'은 석탄을 가루로 만들어 짐승 모양으로 뭉쳐 놓은 것이다. 晉나라 때 도성의 豪貴家들이 이것을 가지고 술을 데워 마셨다고 한다.『晉書 外戚 羊琇傳』

「풀이 뜰에 나다[有草生庭]」는 1796년병진, 정조 20 11월 17일무오에 지난 6월 치렀어야 할 친시와 7월 치렀어야 할 과시를 볼 때 과시에서 지은 것이다. 이날 친시제親試題는 "「선우가 밤중에 도망가다[單于夜遁逃]」[77]라는 글제로 칠언사운율을 지으라"였는데, 사복시정 최광태崔光泰가 二中으로 수석을 차지했다. 과시제課試題는 "「풀이 뜰에 나다[有草生庭]」[78]로 오언사운율을 지으라"였는데, 권지승문원부정자 홍낙준洪樂浚이 이하二下로 수석을 차지했다.

「현규玄圭」는 1796년 12월 10일신사 이달 춘당대에서 실시된 친시에서 칠언사운율의 시제로 내걸린 것이다. 학서가 삼하일三下一로 수석을 차지했다.

「용문에 아직 남아 있는 노래가 있다, 십팔운龍門有遺歌十八韻」은 1797년정사, 정조 21 9월 26일임진 춘당대 친시에서 지은 것이다. 이날「용문에 아직 남아 있는 노래가 있다[龍門有遺歌]」[79]로 칠언고시의 제목을 삼고,「파릉에서 술을 마시고 동정호의 가을에 취한다[巴陵酒醉洞庭秋]」[80]로 부賦의 제목으로 삼았다. 시에서는 부사과 권준權晙이 삼상三上으

---

[77] 唐나라 盧綸의「塞下曲」에 "달도 없어 칠흑 같고 기러기 높이 나는데 선우가 밤중에 도망가도다. 날랜 기병 거느리고 추격하려 할 때 활과 칼에 가득 큰 눈이 내렸네.[月黑雁飛高 單于夜遁逃 欲將輕騎逐 大雪滿弓刀]" 했다.

[78]「有草生庭」은『竹書紀年』상권「帝堯陶唐氏」의 "어떤 풀이 뜰에 났는데 매월 초하루부터 잎이 하나씩 나서 보름이면 열다섯 잎이 나고, 보름 이후에는 잎이 하나씩 떨어져 그믐이 되면 다 떨어졌다. 그 풀을 蓂莢(명협)이라 했는데, 曆莢(역협)이라고도 한다."에서 나왔다.

[79] 朱熹「齋居感興二十首」제12번째 시의 마지막 구절이다. 程頤가 만년에 洛陽 龍門의 남쪽에 살았기 때문에 이렇게 읊은 것이다.

[80] 李白「陪侍郎叔遊洞庭醉後三首」에 "파릉에서 한없이 술을 마시고, 동정호의 가을에 흠뻑 취한다.[巴陵無限酒 醉殺洞庭秋]"라는 구절이 있다.

로 수석을 차지하고, 부에서는 승정원 주서 김이영金履永이 삼상일三上一로 수석을 차지했다.

「옥연삼협강건곤이괘, 십팔운玉淵三峽講乾坤二卦十八韻」[81]은 1798년무오, 정조 22 12월 8일정유 편전便殿의 친시에서 작성한 칠언고시이다. 이어 2월에 치렀어야 할 과강, 3월에 치렀어야 할 과강, 4월에 치렀어야 할 과강, 5월에 치렀어야 할 과강, 6월에 치렀어야 할 과강, 7월에 치렀어야 할 과강을 치렀다.

「삼동문사三冬文史」와 「어룡출청魚龍出聽」은 1798년무오, 정조 22 12월 11일경자 지난 11월 치렀어야 할 과시와 친시에서 각각 지은 것이다. 그 날 친시제는 "'물고기와 용이 나와서 들었다[魚龍出聽]'로 칠언사운 율시를 지으라"였는데, 병조 정랑 이면승李勉昇이 이하二下로 수석을 했다. 과시제는 "'삼동문사三冬文史'로 칠언사운율을 지으라"였는데, 부수찬 조만원趙萬元이 삼상일三上一로 수석을 했다.[82]

「어호魚虎」, 「투호投壺」, 「매화를 어찌 시로 짓겠나[梅花若爲賦]」는 1799년기미, 정조 23 12월 13일병신 지난 11월에 치렀어야 할 친시親試를 일곱 차례 비교比較할 때 지은 것들이다.

즉, 처음에 칠언사운율 「동지 뒤로 날이 비로소 길어졌다[冬至至後日

---

[81] 朱熹의 제자이자 사위 黃榦(1152~1221)이 江西省 廬山 주변의 玉淵과 三峽을 노닐면서 이곳을 유람했던 스승 주희를 추억하고 그곳의 白鹿洞書院에서 乾卦와 坤卦를 강한 고사를 말한다.『宋史』卷430 道學4「黃榦列傳」. 옥연은 여산에 있는 못이고, 삼협은 瞿塘峽 · 巫峽 · 西陵峽의 합칭이다. 백록동서원은 강서성 星子縣에 있는데, 1179년 주희가 南康軍太守로 부임하여 예전의 학관을 중수하고 강학한 곳이다.

[82] 三冬文史는 東方朔이 한 무제에게 올린 글에 "13세에 글을 배워 겨울 석 달간 익힌 문사의 지식이 응용하기에 충분하다.[年十三學書, 三冬文史足用.]"라고 한 데서 나온 말이다.『漢書』卷65「東方朔傳」.

初長]」를 시험했는데, 부사과 강준흠姜浚欽, 권지부정자 홍명주洪命周가 이하二下로 같았다. 표제表題「우나라 백성들이, 순임금이 설에게 명하여 자주 가르침을 펴게 한 결과 배불리 먹고 따뜻한 옷을 입으니 금수에 가깝게 되는 상황을 면할 수 있게 된 것을 사례했다[虞百姓等謝命契數敎得免飽食煖衣則近於禽獸]」[83]로 차하次下의 직각 김근순金近淳 등을 비교하자, 부사과 학서, 직각 김근순, 권지부정자 홍명주가 삼하三下로 등급이 같았다. 오언사운 율시「어호魚虎」로 차하次下에 대해 재차 비교하자, 권지부정자 이홍겸李弘謙이 이하일二下一로 수석을 차지했다. 오언절구「매화를 어찌 시로 짓겠나[梅花若爲賦]」[84]로 재시험하자 학서가 이하二下로 수석을 차지했다. 오언사운율「투호投壺」로 삼하三下 이상을 재시험하자 검열 이존수李存秀가 이중二中으로 수석을 차지했다. 칠언사운율「축국蹴踘」으로 이하二下 이상을 재시험하자 이존수, 홍명주, 이홍겸이 삼중三中으로 등급이 같았다. 칠언사운율「육박六博」으로 삼중三中 이상을 재시험하자, 검열 이존수가 삼중일三中一로 수석을 했다.

한편「동인승銅人勝」,「조만연연각송시早晩燕然刻頌詩」,「우와기정송석양又臥旗亭送夕陽」,「어군진부귀語君眞富貴」,「고처최선홍배율십운高處最先紅排律十韻」은 작성 시기가 분명하지 않다.「동인승」은 이희발의 문집

83 맹자는 "인간에게는 도리가 있는데, 배불리 먹고 따뜻이 옷을 입어서 편안히 거처하기만 하고 가르침이 없으면 금수와 가까워진다. 이 때문에 성인이 이를 근심하여 契로 사도를 삼아 인륜을 가르치게 했다."라고 했다.『孟子』「滕文公上」.

84 朱熹의「賦梅」에 나온다. 시는 다음과 같다. "그대가 매화로 시를 짓고자 하나, 매화를 어찌 시로 짓겠나. 수천 번 매화를 둘러보았으나, 한마디도 쓸 수가 없었네.[君欲賦梅花, 梅花若為賦. 繞樹百千回, 句在無言處.]"라고 했다.

에도 없는 시제이다. 이 가운데 「고처최선홍배율십운」은 시제의 紅자를 택하여 상평성 제1 東운으로 압운했다.

일만이천봉이 아침 놀에 싸여
멀리 보니 불 일산이 상층의 허공에 떠 있네.
옅은 남기 속에 희미하게 학 모습 분별되고
아침 해가 아득히 나는 새를 먼저 따라 솟더니,
높이 솟아 나열한 봉우리들은 참으로 상계의 모습
깎아질러 삼엄한 벽들은 역시 조물주의 공교한 기술.
얼음 새기고 옥 쪼은 듯 모두 특이한 형상
구름 펴지고 하늘 열리니 너무도 숭고하다.
곧바로 우이의 희중 댁에 이르고
평평하게 창해의 옥 용궁에 이어지네.
천지간에 오르락내리락 잠깐 새 동이 터서
일만 나라에 광명이 차례로 통하누나.
나직한 봉우리들이 빛을 받아 쌓였던 비취빛 거두고
절정으로 날아오르자 처음으로 홍색 덩어리를 보네.
어찌 조화에 선후의 분별이 있기 때문이랴
솟아난 것에 상중하의 구별이 있어서라네.
평범한 누대 바깥의 층루가 먼저 달을 접하고
나무숲의 가장 높은 나무가 가장 바람이 잘 드는 법.
성상의 교시에서 쟁반의 촛불을 비유로 드신 것을 보니
산의 얼굴이나 사람의 마음이나 한가지 이치로다.
萬二千峯曉靄籠, 遙看火傘上層空. 輕嵐乍辨依微鶴, 瑞旭先隨縹緲鴻.
羅立峭峯眞上界, 森排削壁亦神工. 冰雕玉琢皆殊狀, 雲豁天開有最崇.

直抵嵎夷羲仲宅, 平連滄海玉龍宮. 兩儀高下須臾曙, 萬國光明次第通.
炯晃平巒收積翠, 飛騰絶頂見初紅. 那緣造化分先後, 自是崚嶒有上中.
樓外層樓先得月, 樹間高樹最生風. 還看至敎喩盤燭, 山面人心一理同.

조물주의 공덕은 갖지만 산봉우리의 높이가 각각 다르기 때문에 아침해를 보는 것에 선후가 있다는 사실을 말했다. 성상의 군은은 균등하지만, 재덕의 차이에 따라 신하 가운데 은총을 받는 것에 선후와 고저의 차이가 있다는 사실을 말한 것이다.

IV.『학서집』미수록의 응제應製

정조 연간 초계문신의 시제試製 문체로는 논論 · 책策 · 서序 · 기記 · 설說 · 의議 · 변辨 · 제발題跋 · 자문咨文 · 주문奏文 · 표表 · 전箋 · 계啓 · 조詔 · 제制 · 고誥 · 반교문頒敎文 · 교서敎書 · 비답批答 · 노포露布 · 격檄 · 상량문上梁文 · 잠箴 · 명銘 · 송頌 · 찬贊 · 배율排律 · 율시律詩 · 고시古詩 · 부賦[율부律賦] 등이 있었다. 학서는 초계문신 응제의 문체 가운데 두 편의 전箋을 문집에 남겼다.

ⓐ 1794년 혜경궁의 장수를 기원하며 노인 75,100여 명의 나이를 합하여 5,898,200여 세가 되는 것을 기념하여『인서록人瑞錄』을 편찬했을 때,

진수전進壽箋을 의작擬作했다.[85]

ⓑ 1797년 2월 10일신사『향례합편鄕禮合編』이 간행된 이후 진전進箋을 의작했다.[86]

이 가운데 ⓑ「본조 주자소에서 향음의식 및 향약조례을 올리면서 작성할 진전에 의작하다[擬本朝鑄字所進鄕飮儀式鄕約條例箋]」은 1797년정조 21 정조의 명으로 각신 이병모李秉模 등이 향례에 관한 사항을 모아서『향례합편鄕禮合編』을 편찬하자 그 기념으로 정조가 제작하도록 명하여 응제한 것이다. 1795년정조 19, 을묘 모친 혜경궁 홍씨의 탄신일을 맞이한 정조는, 연장자를 존경하고 부모에게 효도함으로써 향촌의 상하질서가 유지되고 이를 통해 국가의 기강을 바로잡을 수 있다고 생각해서 방백方伯과 유수留守에게 윤음綸音을 반포했다.『향례합편』은 서울대학교 규장각한국학연구원에 33질이 소장되어 있다. 정유자본은 3권 2책으로 묶여져 있다. 권두에는 정조의「어제양노무농반행소학오륜행실향음주례향약윤음御製養老務農頒行小學五倫行實鄕飮酒禮鄕約綸音」이 실려 있다. 다음으로 중국과 우리나라에서 향음주례, 향약을 행한 고사와 이 책을 간행하게 된 경위를 쓴「향례합편총서鄕禮合編總敍」가 있다. 권1에는 '鄕飮酒禮', 卷2에는 '鄕射禮', '鄕約', 卷3엔 '士冠禮'·'士昏禮'에 관한 역대 문헌의 자료를 실었다.[87] 사실,『향례합편』

[85] 柳台佐,「擬本朝人瑞錄老人七萬五千一百餘人, 進壽五百八十九萬八千二百歲箋[抄啓應製]」,『鶴棲集』권11 箋.

[86] 柳台佐,「擬本朝鑄字所進鄕飮儀式鄕約條例箋[抄啓應製]」,『鶴棲集』권11 箋.

[87] 권말에는 편집 참여 신하들의 명단이 있다. 즉, 이병모(李秉模)를 비롯하여 尹蓍東, 閔鍾顯, 沈煥之, 徐龍輔, 李始源, 徐有榘, 崔光泰, 黃基天 등의 명단과, 監印에 李晩秀의 직함과 이름이 차례로 실려 있다. 권말에는「鄕禮合編總敍」와 鑄字跋이 있다. 윤시동과 민

은 향전鄕戰 등의 문제에 대처하는 방안도 없고, 양반과 농민이 서로 구제하는 방안도 담아내지 못했다. 정약용은 『향례합편』을 참고하기는 했지만 이 책의 번거로움을 지적했다.

> 옛 예가 너무 번거로우므로 우리 정조대왕께서 친히 『향례합편』을 만들어 군현에 반포했으나 그 의식이 도리어 번잡하고, 『오례의五禮儀』에 실린 것은 그 글이 너무 간략하여 모양을 갖추지 못했기 때문에 지금 여러 가지를 참작하여 다음과 같이 의주儀注를 낸다.[88]

학서의 ⓑ「본조 주자소에서 향음의식 및 향약조례를 올리면서 작성할 진전에 의작하다[擬本朝鑄字所進鄕飮儀式鄕約條例箋]」은 이른바 '가새법'을 철저히 지켰음을 알 수 있다. 1795년 정월 초에 윤음을 내린 것을 언급했으나, 전체적으로 보면 찬송讚頌으로 흘렀다.

聖人觀萬民設教, 方仰漸摩而成.	教-측, 成-평
大易用貳簋爲儀, 敢陳節目之備.	儀-평, 備-측
禮行一日, 風動四方.	日-측, 方-평
竊惟先王先聖之治, 實由鄕飮鄕約之制.	治-평, 制-측
庠門開四面之坐, 興禮讓於主席賓階.	坐-측, 階-평
司徒敷六行之要, 敦熙俗於夏校殷序.	要-평, 序-측

종현 등이 편찬에 중요한 역할을 했음을 알 수 있지만, 실질적으로 편찬을 주도한 사람은 徐有榘이다. 정명현 · 민철기 · 정정기 역, 『임원경제지 – 조선 최대의 실용백과사전』, 씨앗을 뿌리는 사람들, 2012.

88 『牧民心書』 卷7, 「季秋行養老之禮, 教以老老, 孟冬行鄕飮之禮, 教以長長, 仲春行饗孤之禮, 教以恤孤」

蓋其貴賤明而隆殺辨, 可見人能孝恭.	辨-측, 恭-평
亦惟德業勸而過失規, 所貴里有仁厚.	規-평, 厚-측
懿聖上察倫明德, 而至治以禮齊民.	德-측, 民-평
闡箕聖宣八政之猷, 非無尙禮義之美.	猷-평, 美-측
贊仁廟譯五倫之化, 克軫敦風敎之謨.	化-측, 謨-평
致億兆觀感之休, 固仰上行而下效.	休-평, 效-측
稽度數節文之盛, 尙慮古有而今無.	盛-측, 無-평
肆軫三古之挽回, 特命兩書之蒐錄.	回-평, 錄-측
元朝頒十行之詔, 咨汝方伯帥臣.	詔-측, 臣-평
儀文煥一代之治, 曁爾僻塢窮巷.	治-평, 巷-측
觀政在朝觀俗在野, 誕敷禮法之修明.	野-측, 明-평
立主象地立賓象天, 更申約條之勸勉.	天-평, 勉-측
玆完剞劂之役, 敢效獻御之忱.	役-측, 忱-평
惟尊賢養老之規, 三豆四豆.	規-평, 豆-측
若導民糾俗之典, 六條八條.	典-측, 條-평
夫旣燕不亂而和不流, 可知王道易易.	流-평, 易-측
亦能善必行而過必改, 庶見民俗居居.	改-측, 居-평
是所謂成敎之可安, 豈但曰大信之不約.	安-평, 約-측
淳風回泰階之象, 間歌合樂之復聽.	象-측, 聽-평
市域頌比屋之休, 崇禮立敎之賁化.	休-평, 化-측
文足以徵也, 取攷三代典章.	也-측, 章-평
民可使由之, 揭示八路州郡.	之-평, 郡-측
恭惟道協敷五, 治邁約三.	五-측, 三-평
治謨著郁郁之文, 咸仰經天地而紀日月.	文-평, 月-측
休俗躋于于之世, 克驗家詩禮而戶絃歌.	世-측, 歌-평

伏念臣等,

鋟梓末官, 獻芹微悃. 官-평, 悃-측

一勺蠡海, 縱乏藝諫之姿. 海-측, 姿-평

三終鹿鳴, 庶效升歌之頌. 鳴-평, 頌-측

『일성록』을 보면, 1794년갑인, 정조 18 11월 23일정미 내각에서 초계 문신이 지난 10월에 치렀어야 할 친시를 행하고, 겸하여 가을 석 달 동안의 과강課講과 11월의 과시課試를 행했다. "본조의 내각에서 『어정주서백선』을 인쇄하여 올리는 내용으로 상정하여 지으라.[擬本朝內閣印進御定朱書百選]"로 전제箋題를 삼았는데, 승문원 권지부정자로 있던 학서가 이하二下로 수석을 차지했다. "잠 못 들고 자물쇠 소리 듣는다[不寢聽金鑰]"로 부제賦題를 삼아 갱시更試를 보이게 했는데, 100구에 준하는 글을 지어 올렸다. 갱시에서는 승문원 권지부정자 황기천黃基天이 삼중三中으로 수석을 차지해서 『당송팔대가문초唐宋八大家文鈔』 1질秩을 사급받았다. 학서는 갱시에서는 수석을 하지 못했으나 친시에서는 수석을 차지했다. 하지만 『학서집』에는 당시의 과전科箋이 수록되어 있지 않다.

학서는 초계문신으로서 시 이외의 여러 문체로도 응제해야 했을 것이다. 하지만 전箋 이외에는 명銘의 문체인 「고명觚銘」만 문집에 남아 있다.[89] 정약용도 『여유당전서』에 「고명觚銘」에 남기고 있는데, 협운協韻을 이용했다.[90] 학서의 「고명」은 다음과 같다.

---

89 柳台佐, 「觚銘」, 『鶴棲集』 권1.

90 丁若鏞, 「觚銘」, 『與猶堂全書』 제1집 제12권 銘. "一日之節在器. 百年之節在志. 器濫則出.【去聲】志荒則醉."

고觚가 있구나 고觚가 있구나
땅의 네모꼴을 본떴구나.
먹줄도 따르고 먹도 따르니,
덕의 빛나는 형상을 본떴구나.
사물을 재어서 혈구로 삼고
응수하여 잉첩이 되누나.
고觚를 기준으로 마음을 지니고
고觚를 기준으로 행실을 제어하라.
고觚여 고觚여
군자가 너를 숭상하는도다.
有觚有觚, 象地之方. 從繩從墨, 象德之章.
絜而爲矩, 酬而爲媵. 觚以持心, 觚以制行.
觚哉觚哉, 君子是尙.

『일성록』이나 『내각일력』에 따르면 당시 초계문신에게 시 이외에 여러 문체를 부과했고, 기록상 학서도 참여한 일이 많다. 또 규장각의 친시 및 과시에 응제한 경우 12월 각과閣課가 끝나면 도계획都計劃에 따라 친시와 과시 각각의 과차科次에 따라 차등 있게 시상을 했다. 그럼에도 『학서집』에는 학서가 갱화하거나 응제한 시문 가운데 시의 일부 이외에, 다른 문체라고는 전箋 2편과 명銘 1편만 수록했다. 이 사실은 부록 표 「1794년부터 1800년까지 초계문신 과시課試 실시 상황」을 참고로 하면 분명히 알 수 있다.

학서는 정조의 문학 진흥에 대해 감격해 하면서도 과시의 방식에 대해서는 반드시 동의하지 않은 듯하다.

물론 학서는 정조가 신하들에게 학문을 권면하는 것에 대해서는 칭송했다. 이를테면 학서는 초계문신 김희락과 더불어 정조가 하사한 『문신강제절목文臣講製節目』을 수상하여 감격해서 다음 한 수를 지었다.

내사하신 절목 한 책을 삼가 수령하고 김숙명희락과 함께 감동하는 바가 있어서 율시 한 수를 짓다[祇受內賜節目一冊與金叔明熙洛感賦一律][91]

신선 세상에서 어떤 뜻으로 초야 신하를 생각하여
사심 없이 시우時雨 내려 주시니 품물마다 새롭구나
하늘 위 붉은 구름은 궁궐에 드리우고
규장각의 서책들은 벼슬아치를 경계하네.
문을 겸하고 무를 겸하여 규모가 원대하고
초하루마다 열흘마다 과시를 친히 점검하시네.
규장奎章이란 전서篆書가 밝게 빛나니
천추만세토록 자손들이 진장珍藏하기를.
蓬瀛那意草萊臣, 時雨無私物物新. 天上紅雲垂禁籞, 閣中黃卷警簪紳.
兼文兼武規模遠, 呈朔呈旬照撿親. 寶篆煒煌奎閣字, 千秋留作子孫珍.

하지만 학서는 정조가 『어정육주약선』, 『어정주서백선』, 『사기영선』 등 선집選集이나 초집抄集을 편찬하는 것에 대해서는 문교文敎의 진작에 그리 도움이 되지 못하고 후세 사람들로 하여금 간편함을 추구하게 만들까 걱정스럽다고 정조에게 의견을 말했다.

---

91 柳台佐, 「祇受 內賜節目一冊與金叔明(熙洛)感賦一律」, 『鶴棲集』 卷1.

장경부에게 답한 편지[答張敬夫書]에, "제왕의 학문은 일반 선비들과는 다르다." 했는데, 신 류이좌는 삼가 다음과 같이 생각합니다. 이치를 궁구한 뒤에 마음을 바룰 수 있은즉 마음을 바루는 要訣은 학문 강론보다 앞서는 것이 없습니다. 그러나 그저 문장이나 외우고 억지로 글의 뜻을 찢어 대는 식이라면 도리어 해가 될 것입니다. 우리 전하께서 원집原集에 비점批點과 권점圈點을 찍어 초록하고 선집選集하신 일은 글의 깊은 맛과 뜻을 섭취하여 사람들이 보기에 편하도록 촬요撮要를 만들어야겠다는 성대하신 뜻에서 나온 것이지만, 후세에 이 책을 보는 사람이 혹 한갓 간편함만 좋아한다면 장남헌張南軒[장식 張栻]이 인仁을 말한 대목들을 유취類聚한 것이 혹 학자들로 하여금 지름길을 좋아하고 속성速成을 바라는 마음을 열지나 않을지요?[92]

학서의 지적에 대해 정조는 다음과 같이 스스로를 변호해야 했다.

비점과 권점을 찍어 초록하고 선집한 책의 간편함이 폐해가 된다는 것은 너의 말이 옳다. 내가 박학하되 약례約禮한다는 취지의 일단을 첨부하고자 하니, 학자들이 이 뜻을 알아서 말로써 뜻을 해치지 않는 것이 좋겠다. 네가 현재 눈앞의 일을 끄집어내어 질문을 하니, 가상하고 가상하다. 특별히 녹비鹿皮 한 벌을 하사하여 모호한 말만 하는 다른 사람들을 분발케 하노라. 오늘날 사람들은 옛날 사람만 못하여 거편巨篇이나 대질大帙을 백 번 천 번 독송하기란 형세상 참으로 무리이다. 따라서 현재 시의時宜에 맞게 조처하는 방도로는 간편한 바에 나아가 많이 읽기보다 나은 것이

[92] 柳台佐, 『鶴棲集』, "「答張敬夫書」曰: 帝王之學與, 韋布不同. 臣台佐謹. 按窮理而后, 可以正心, 則正心之要, 莫先於講學. 然記誦割裂, 反或有害. 我殿下批圈. 選之工, 蓋出於咀英嚼華撮要便覽之盛意, 而後之覽此者, 或徒以便爲喜, 則張南軒之類聚言仁, 無或啓學者好徑欲速之心乎?"

없다. 나의 은미한 뜻이 바로 여기에 있다.[93]

본래 학서는 부화浮華함을 배격하고 자득自得의 실공實工을 중시했다. 「경차선조졸재선생구수시운敬次先祖拙齋先生九首詩韻」은 6대조 류원지柳元之의 유훈시遺訓詩에 차운한 연작인데, 돈목敦睦, 자수自守, 섭세涉世, 산거山居, 자책自責, 권학勸學, 독서讀書, 자성自省을 강조했다.[94] 이러한 정신태도에서 보면 정조가 초계문신에게 갱화를 요구하고 친시나 과시를 통해 각종 문체의 연마를 강요한 것은 결코 긍정적으로 평가할 수가 없었을 것이다.

정조의 초계문신 제도는 정치 이념을 확인하는데 큰 역할을 했지만, 제술의 부과는 초계문신의 학문 진작에 오히려 방해가 되는 면이 있었다. 정조는 재위 8년1784 삼일제三日製에서 책제策題 「문체文體」를 내걸어 문체를 개신하겠다고 선언했다. 재위 13년1789 초계문신 친시에서도 「문체」의 책제를 내어 명말청초 소품문을 비판했다. 정조는 당시의 문체가 대소사명大小詞命에 적합하지 않다고 여기고, 문체의 모범을 제시하기 위해 『팔자백선八子百選』, 『주자서朱子書』, 『육선공주의陸宣公奏議』, 『시관詩觀』, 『아송雅誦』, 『두율분운杜律分韻』, 『육율분운陸律分韻』 등을 어정御定하거나 명찬命撰했다. 재위 14년인 1790년경술 4

---

93 『弘齋全書』 권131, 「故寔」 3, 〈朱子大全〉 2, 甲寅. "批圈鈔選之簡便爲弊, 爾言是矣. 竊附博而約之一端, 學者知得此意, 不以辭害義可也. 爾能拈出目下事爲問, 可嘉可嘉, 特賜鹿皮一領, 以勵諸人之含糊者. 今人不若古人, 鉅篇大帙之千百遍誦讀, 勢誠難能. 目今時措之方, 莫過於就簡處多遍數. 予之微意, 政亦在是."

94 柳台佐, 「敬次先祖拙齋先生九首詩韻」, 『鶴棲集』 권1.

월 24일갑술, 정조는 초계문신 과시課試의 시권을 채점했다.[95] 과시는 전箋의 문체를 부과했고 제목은 「본조의 초계문신 등이 강경講經에서 불不을 맞고 제술에서 외外를 맞은 죄를 다스리지 않고 특별히 수문장에 차임하여 낮에는 문을 지키고 밤에는 독서하게 한 데 대해 사례하는 것으로 의작하라[擬本朝抄啓文臣等 謝不治講不製外之罪 特差守門將 使晝監門夜讀書]」였다. 부사과 송상렴宋祥濂・윤영희尹永僖, 전 검열 정약용이 삼하三下로 등급이 같았으므로, 정조는 비교를 명했다. 세 사람은 네 번에 걸쳐 비교의 제술을 해야 했다. 정조가 내건 전제箋題들은 다음과 같았다.[96]

재시 「본조의 내각에서 『일득록』을 올리는 것으로 의작하라[擬本朝內閣 進日得錄]」

3시 「본조 묘당의 신하가, 여러 도의 환곡을 가지고 산간 고을에서 모아주고서 연해 고을에 보태주는 정사를 행하여 탐오의 풍조가 점차 종식되고 민폐가 제거되게 하도록 청하는 것으로 의작하라[擬本朝廟堂臣 請以諸道還穀 行裒峽益沿之政 俾貪風稍息民弊祛甚]」

4시 「본조의 묘당이, 금위영과 어영청 두 영에서 보미를 함부로 받는 것을 금하여 6두를 바친 자로 하여금 원래의 정식 외에 더 바쳐 절제가 없게 되는 고질적인 폐단을 면하게 하기를 청하는 것으로 의작하라[擬本朝廟堂 請禁兩營保米濫捧 使六斗納者 得免元式外加納無節之積弊]」

5시 「본조의 초계문신 등이, 과제에서 백성과 국가에 보탬이 되는 경제

---

[95] 『일성록』 정조 14년 경술(1790, 건륭 55) 4월 24일(갑술) 조항. 한국고전번역원 제공 번역문 참조. 이하 『일성록』의 번역문 인용은 특별한 언급이 없는 한 한국고전번역원 제공의 번역문을 이용함.

[96] 심경호, 「정조의 문체정책과 제술 부과」, 『진단학보』 127, 진단학회, 2016.12.

관련 글을 시험하고 과강 때에 한자의 중국 음을 간간이 시험하기를 청하는 것으로 의작하라[擬本朝抄啓文臣等 請於課製試經濟文字之有補於民國者 課講間試華音]」

비교시의 4개 전제箋題들로 볼 때, 첫째, 정조는 내각 각신들에게 『일득록』을 충실하게 편찬하여 통치 행위의 거울로 삼고자 했고, 둘째, 환곡 제도를 정비해서 산간과 연해 고을의 빈곤을 구제하고자 했으며, 셋째, 보미保米를 여섯 말로 정하여 군비를 확보하고 수령의 남징을 억제하고자 했다. 넷째로, 초계문신의 과제課製에서는 경제에 관한 글을 시험하고 과강課講에서는 한자의 중국 음을 시험해서 경문의 원의를 이해하는데 활용하려는 의도를 드러냈다. 그 주제들은 정조가 현실의 정치, 경제, 경학, 문학을 나름대로 바른 방향으로 지도하고자 하는 의식이 있었음을 잘 말해준다. 하지만 정조가 전箋의 문체로 답안을 제출하도록 시킨 것은 실질 방안을 청취하는 데는 결코 적절하다고 할 수 없다. 실상, 정조의 제술 부과가 반드시 문체 변혁에 도움이 되었다고도 할 수 없다.

정약용의 경우를 보면, 초계문신 시절 어제 책문御題策問에 대한 대책對策 작성을 통해서 학문 · 지리 · 경제 · 정치의 각 방면에 걸쳐 기초지식을 축적했으면서도, 초계문신 시절의 제술에 대해서는 후회를 하고 특히 사육문의 응제문은 모두 폐기했다. 즉, 정약용은 28-29세 때인 1789년과 1790년 초계문신으로서 친시에서 「십삼경책十三經策」·「문체책文體策」·「논어책論語策」·「맹자책孟子策」·「중용책中庸策」·「인재책人才策」·「농책農策」 등의 대책對策을 작성하면서 스스로의 학문방향과 방법을 형성했다. 또한 정조가 재위 13년1789, 기유 윤5월 초계문신 및 각신들을 대상으로 「지세墜勢」의 책제를 내걸었을 때, 초계문신이었던 정약용은 상고시대부터의 국토 범위를 상정하고 외침에 대비해서 지방행정 제도와 국경 수비 방책을 개선해야 한다고 지적했으며 지방 산업을 증진시키기 위해 각 지방의 물산을 명확히 파악해야 한다고 주장했다. 게다가 일본과 청을 가상의 적으로 간주하고 울릉도鬱陵島와 손죽도損竹島에 대한 공도空島 정책을 포기하고 그곳에 보루를 쌓아야 한다고 주장한 것은 당시 다른 응제자들은 미처 생각하지 못한 답안이었다.[97]

하지만 정약용은 1796년정조 20 12월 25일병신 『어정사기영선御定史記英選』에 간략한 주를 붙인 후 「본조곡산부사정약용진사기영선찬주本朝谷山府使丁鏞進史記英選纂注」의 전箋을 작성했으나,[98] 자신의 『열수전서洌水全書』에 수록하지 않고 '후회를 기록하는' 『열수문황洌水文簧』에 제쳐두었다.[99] 즉, 1826년순조 26 맹동에 정약용은 생원시 급제 후 6년 동안 성균관에서 제작하고 또 초계문신 과시課試에서 제작한 표表·전箋·조詔·제制 등 460수를 『열수문황』 3책으로 엮었다. 그런데 그 제목은 『시경』 「교언巧言」의 "교묘한 말이 황과 같은 자는 얼굴이 두껍도다.[巧言如簧, 顔之厚矣]"라는 말에서 따왔다. 요컨대 변려문을 모두 '교언'이라고 규정한 것이다. 서명을 '문황'이라고 한 이유도 '후회를 표

---

97 심경호, 『정약용의 국토 사랑과 경영론』, 국토연구원, 2011.12.30.

98 丁若鏞, 「本朝谷山府使丁鏞進史記英選纂注」, 『與猶堂全書』 補遺 ○ 洌水文簧 中.

99 科表 등의 형식에 대해서는 김동석, 『조선시대 시권 연구』, 한국학중앙연구원 한국학대학원 고문헌관리학전공 박사논문, 2013.6 참조.

시하기 위한 것'이라고 분명히 밝혔다.[100] 정조의 학술사상에서 자양분을 많이 흡수했던 정약용이 정조의 학술 기획을 통렬하게 비판한 셈이다.

정조의 학문이념은 한 시대의 문제를 반영하는 밀도를 지니고 있었고 한 시대의 문화를 변화시킬 만한 동력을 지니고 있었다. 하지만 학문이념의 실천 방법은 반드시 만족스러운 것이 아니었다. 학서에게 정조의 학문 기획을 통렬하게 비판하는 의식이 있었는지는 단언할 수 없다. 다만, 학서는 수석을 차지한 시문의 경우도 적극적으로 수습해 두지 않은 것을 보면, 특히 표전表箋이나 율부律賦의 문체는 정리해 둘 생각이 없었던 듯하다. 문집에 남겨 둔 전箋 2편은 서적 편찬과 관련된 것이어서, 취실就實의 성격이 짙기 때문일 것이다.

---

[100] 丁若鏞,『與猶堂全書補遺』○洌水文簧, 自序. "文之有騈儷之體. 非古也. 古蓋有自然之儷. 不苟合也. 六朝之綺. 鬪奇以逞巧. 此體漸熾. 王・楊・盧・駱. 遂大門戶. 自宋以來. 凡賀正・謝恩之表. 命官・封爵之誥. 咸用四六. 蘇・鐳・汪・洪. 亦以名世. 吾東則崔・李炳朗於前古. 蔡・鄭膾炙於近世. 唯明陵盛際, 林・趙・兩李諸家. 蔚然並興. 雖俯趁時規. 不拘拘於格律. 而淘滌鄙俚. 曲盡情禮. 有足以潤色絲綸. 倡率旗鼓. 不可少也. 余自弱冠之初. 則沈淫於此. 及登上庠. 六年於泮宮之試. 旋忝甲科. 三年於內閣之課. 累荷先大王推獎之渥. 批評隆重. 錫賚便蕃. 於戲. 其榮矣! 余今老將死. 舊稿叢殘. 有足悲者. 令兒輩蒐輯散軼. 萃爲一部. 表・箋・詔・制等雜體共四百六十首. 分爲三册. 題之曰洌水文簧. 文簧者何? 志悔也. 騈儷之文. 雖亦人各殊詣. 要之皆巧言也.『詩』云巧言如簧. 斯非文中之簧乎?『書』稱孔壬. 巧言. 孔子曰巧言鮮矣仁. 又曰木訥近仁. 聖人之無取乎巧言. 如是矣. 夫五六年單精竭慮. 作巧言累千萬. 以示其子孫諸友. 可不悔哉? 後世以若藻繪之文. 名之曰賁飾笙鏞. 夫笙之爲笙. 以有簧爲之舌也. 俳言之. 則笙鏞之飾也. 莊言之. 則巧言之悔也. 後之覽是編者. 其知余多悔哉?"

Ⅴ. 맺음말

학서는 1803년 북평사로 있을 때 향시 초시를 주관하여, 25세의 함경도 경성鏡城 출신의 윤대순尹大淳, 1779~1865 등을 뽑았다. 윤대순은 뒤늦게 학문에 전념하여 김창협金昌協에서 이재형李載亨-이원배李元培로 이어지는 학통을 계승했는데, 『활수옹유고活水翁遺稿』를 남겼다.[101] 1820년순조 20 학서는 김해부사로 부임하여, 양사재養士齋가 폐허가 된 것을 보고, 공진문拱辰門 밖 향교 아래로 양사재를 옮겨 확장하여 지었다.[102] 학서는 「시학성제성示鶴城諸生」의 소서에서 선비들이 거업擧業에 골몰하지 말고 『근사록近思錄』 같은 책을 읽어 도학을 강론하고 예의를 익힐 것을 강조했다.[103] 그 시는 다음과 같다.

> 학문함은 궁리에 달려있고
> 책 보는 일은 정성 다함을 귀하게 여기네.
> 음독音讀하고서 이해했다 말하지 말라
> 근사近思의 이름을 체득해야 하리라.
> 爲學在窮理, 看書貴致精. 休言音讀解, 須體近思名.

---

101 장유승, 「『活水翁遺稿』 해제」, 한국고전번역원, 2013.

102 柳台佐, 「金海養士齋移建記」, 『鶴棲集』 卷10.

103 柳台佐, 「示鶴城諸生 在安邊時」, 『鶴棲先生文集』 권1. "鶴城之進學所, 每年冬設接試士. 余謂擧業, 末藝也. 改試爲課, 通讀一經, 何如. 與選諸生咸曰, 近思錄儘好. 遂設會十五日, 而了四册盛事也. 然學原於思徒, 讀而不思, 何益之有哉. 況是編之名, 以近思, 尤當讀而思, 思而復讀, 然後可諸君其勉矣夫."

만년의 학서는 여러 남인 학자들의 문집의 간행과 편찬에 간여했다.

1824년순조 24년에는 채제공의 『번암집樊巖集』을 간행하는데 참여했다.[104] 1831년순조 31 69세로 동경연同經筵, 동돈녕同敦寧, 동의금同義禁이 되었는데, 겨울에는 정경세鄭經世의 연보年譜 가운데 잘못된 부분을 고쳐 다시 간행하려 했다. 1835년헌종 원년 73세로 부총관이 된 해에는 『기송록記誦錄』과 『공경편恭敬編』을 엮었다. 75세 되던 1837년헌종 3 가을, 도산서원에서 이황의 문집을 중간할 때 동주洞主에 추대되어, 미간의 12권을 찾아내어 함께 간행하려고 했으나 뜻을 이루지는 못했다.[105]

또한 학서는 문중 학자들의 문집을 정리하고 간행하는 일에도 공을 들였다. 즉, 1808년순조 8에는 종선조 파산巴山 류중엄柳仲淹, 1538~1571의 유고를 정리하여 문집을 간행했다. 1833년순조 33에는 류운용柳雲龍의 증손으로 류원지柳元之의 문인이었던 우헌寓軒 류세명柳世鳴, 1636~1690의 문집을 간행할 때 주관했다. 1836년헌종 2 9월에는 류규의 『임여재고』를 교정했다.[106]

---

[104] 학서는 1818년(순조 18) 채제공을 신원하기 위한 疏를 士林을 대표하여 작성하기도 했다. 柳台佐, 『鶴棲先生文集』 卷3, 「請樊巖蔡文肅公伸理疏 代士林作○戊寅」. 蔡濟恭 사후 丁若鏞과 李家煥이 遺稿를 수습하여 校正했고, 正祖가 御定凡例를 내려 이에 따라 문집을 再編했다. 하지만 정조가 승하하고 남인 계열의 인물들이 다수 숙청되면서 채제공의 관직이 추탈되었다. 20여 년이 지난 뒤에야 伸寃되었으며, 1824년(순조 24) 마침내 학서가 『번암집』 간행을 주관하여 鳳停寺에서 판각하고 판목을 보관하게 했다. 김경희, 「『樊巖集』 해제」, 한국고전번역원.

[105] 柳台佐, 『鶴棲集』 卷21, 「行狀」. "丁酉秋, 陶山書院重刊文純公文集, 士林再薦公爲洞主, 公搜未刊文字十二卷擬幷刊, 未果."

[106] 柳台佐, 「丙申九月, 校臨汝齋稿, 李雲谷又文[羲發]來會, 余與尙書從兄・高城弟・大諫

학서의 자신의 도문학道問學과 존덕성尊德性을 일생 추구했다. 다음 두 편은 그의 내면을 잘 드러내준다고 할 수 있다.

스스로에 대해 서술한다[自述]

이 몸은 이를 것이 없어
게으르게 세월을 허송한다.
밭 경작은 늘 절도를 어기고
책 읽으면 곧 잠들고 만다.
마음을 쉬니 비로소 체득함이 있고
분수에 안주하는 것을 가장 우선으로 하나니,
먼지세상의 일일랑 묻지 않으리
맑은 강이 눈앞에 있으니.
此身無可做, 疎懶送流年. 藝畝恒違節, 看書輒就眠.
休心方有得, 安分最爲先. 不問塵寰事, 澄江在眼前.

내가 한 그루 분매를 키워 여름에는 동산에 두고 겨울에는 밀실에 갈무리하는 등 아주 근실하게 힘을 기울였건만 십년이 되어도 꽃을 피우지 않기에 북돋워주는 방도가 적절치 못했던 한 것이 아닌가 가만히 한탄했더니, 병신년1836년 원일 다음 날 홀연 마른 등걸의 한 가지에서 꽃망울이 터져 그윽한 향기가 문득 일어나므로 그를 위해 절구 한 수를 짓는다.

余種一株盆梅, 夏置園中, 冬藏密室, 用力頗勤, 十年而不花, 竊自恨培壅之失宜, 丙申元朝翌日, 忽見枯查上一枝花, 暗香初動, 爲賦一絶.

姪 · 士慶 · 聞瑞 · 而鎭 · 敎睦, 同往玉淵, 泛舟沿洄, 又文呼四韻二首, 忘拙續貂」, 『鶴棲集』 권2 ; 김성애, 「『臨汝齋集』 해제」, 한국고전번역원, 2012.

남쪽 동산의 나무 심는 집에 봄이 이르자
십년이 되어서야 비로소 가지 하나의 꽃을 보네.
선달이라 멋진 만남이 너무 늦었다 말을 말게
운격이 맑고 소탈하여 마른 그림자가 빗기는 걸.
春到南園種樹家, 十年今始一枝花. 莫言臘後佳期晼, 韻格淸疎瘦影斜.

학서는 스스로 이룰 수 있는 것이 없어 게으르게 세월을 허송했다고 자책하고, 다만 맑은 강에 시선을 주며 분수에 안주한다고 했다. 그리고 늙어서야 매화와도 같은 격조를 얼추 지니게 되었다고 겸손하게 말했다.

1837년 11월 26일 학서가 화경당和敬堂에서 타계한 후, 헌종은 예조정랑 이용민李容敏을 보내어 다음 제문祭文을 영전에서 읽어 애도하게 했다.

유령惟靈은 퇴계의 학통이 이어지고, 서애의 덕업이 성대하여, 교목이 꽃을 펼쳐 팔엽八葉[서애의 8대손]의 경사에 미쳤네. …… 임금의 근신近臣으로 예원에 이름이 빛났으며, 옥서에 임명되어 경서를 끼고 세자시강원에 출입했네. 『규화명선奎華名選』에 강제講製가 실리고, 임금의 총애가 융숭했으며, 『주자백선』을 하사받아, 선왕의 뜻을 체득하고 연찬했네. 문학과 정사로, 전후에 은혜가 두터웠으며, 외방 고을 맡아 부모 봉양 완수하고 치적 이뤄 칭송이 넘쳐났네. …… 재주와 학문을 펴지 못하고, 어찌 갑자기 세상을 떠났는가? 암서[퇴계선생이 강학하던 암서헌]와 옥연[서애선생이 강학하던 옥연정사]이 심학心學의 유래된 곳이니, 편질篇帙을 존숭하여 보위하노라니,

슬픔을 어이 견디랴?[107]

학서는 학문에서 실공實工을 중시했다. 정조의 학문 기획을 정면으로 비판하지는 않았으나, 초계문신 시절에 작성한 시문을 현시顯示하려는 의식은 없었다. 수석을 차지한 시문의 경우도 수습해 두지 않았다. 이것을 보면 학서는 정조의 학문 기획이나 문체 정책에 대해 비판적이었으리라 짐작된다.

[107] 柳台佐,「柳台佐賜祭文」, 화경당 소장, 祭文 381「柳台佐賜祭文」, "惟靈, 陶山統承, 豐原業盛, 喬木甥榮, 八葉延慶. ……邇班簪筆, 藝苑剡名. 玉署雷肆, 出入橫經. 奎華講製, 嘉獎彌隆. 考亭百選, 仰體磨礱. 文學政事, 前後恩紱. 專城養遂, 絃誦化溢.……抱蘊未展, 何遽零落? 巖棲玉淵, 由來心學. 尊衛篇帙, 曷任傷盡?

참고문헌

1. 원전

柳台佐,『鶴棲先生文集』, 웹DB, 유교넷.

柳台佐,「壬子疏廳日錄」, 웹DB, 유교넷.

延安李氏, 〈쌍벽가〉, 화경당 소장.

『豊山柳氏世譜』, 豊山柳氏門中宗會, 2007.

『풍산류씨 충효당』, 한국국학진흥원, 2009.

『풍산류씨 화경당(북촌댁)』, 한국국학진흥원, 2014.

화경당 소장 고문서.

『영조실록』

『정조실록』

『承政院日記』

『日省錄』

『內閣日曆』

金鍾秀,『夢梧集』, 한국문집총간 245, 민족문화추진회, 1999.

徐命膺,『保晩齋集』, 한국문집총간 233, 민족문화추진회, 1999.

尹愭,『無名子集』, 한국문집총간 256, 민족문화추진회, 1999.

李家煥,『錦帶殿策』; 정선용 옮김,『국역 금대전책』, 국립중앙도서관, 2011.

李德懋,『青莊館全書』;『국역 청장관전서』, 민족문화추진회, 1980.

李晩秀,『屐園遺稿』, 한국문집총간 268, 민족문화추진회, 1999.

李書九,『惕齋集』, 한국문집총간 270, 민족문화추진회, 1999.

正祖,『弘齋全書』, 한국문집총간 262-7, 민족문화추진회, 1999 ;『국역 홍재전서』, 민족문화추진회, 1998-2000.

丁若鏞,『(정본)여유당전서』, 다산학술재단, 2012.

蔡濟恭,『樊巖集』, 한국문집총간 235-6, 민족문화추진회, 1999.
徐有榘 원저, 정명현 · 민철기 · 정정기 역,『임원경제지 - 조선 최대의 실용백과사전』, 씨앗을 뿌리는 사람들, 2012.

승정원일기, http://sjw.history.go.kr
유교넷, www.yukyo.net
한국고전번역원, http://itkc.or.kr

2. 논저

김경희,「『樊巖集』 해제」, 한국고전번역원.
김동석,『조선시대 시권 연구』, 한국학중앙연구원 한국학대학원 고문헌관리학전공 박사논문, 2013.6. 성우,「정조대 영남 남인의 중앙 정계 진출과 좌절」,『다산학』 2, 2012.
김성애,「『臨汝齋集』 해제」, 한국고전번역원, 2012.
김성우,「정조대 영남남인의 중앙 정계 진출과 좌절」,『다산학』 2, 2012, 184-186쪽.
김수현,「하회를 품고 있는 화경당 이야기」,『풍산류씨 화경당(북촌댁)』, 한국국학진흥원, 2014.
김수현,「鶴棲 柳台佐의 삶과 문학」,『동양학』 64, 단국대학교 동양학연구원, 2016, 1~17 쪽.
김학수,「17세기 서애 류성룡가의 학풍과 그 계승 양상」,『퇴계학과 유교문화』 55, 2014.
김형수,「풍산류씨 충효당의 가계와 고전적」,『풍산류씨 충효당』, 한국국학진흥원소장 국학자료 목록집, 2009.
심경호,『정약용의 국토 사랑과 경영론』, 국토연구원, 2011.12.30.
심경호,「정약용 시문의 계년 · 호조를 통한 신 정본 제작 방안」, 한국학중앙연구원 고등연구소 인문정신문화연구센터 학술 심포지움: 21세기 다산학 연구의 방향과 과제-다산 시대를 넘어서, 2015.12.22.(화) 10:00-18:30, 한국학중앙연구원 문형관 대회의실(B107호)

심경호, 「정조의 문체정책과 제술 부과」, 『진단학보』 127, 진단학회, 2016.12.

이미진, 「正祖의 聯句詩 창작과 그 의미- 弘齋全書에 수록된 작품을 중심으로-」, 『대동한문학』 41, 대동한문학회, 2014, 411~458쪽.

이병훈, 「1800년에 작성된 풍산류씨 學稧案 해제」, 유교넷.

이수건, 「嶺南學派의 歷史的 機能과 그 限界」, 『嶺南學派의 形成과 展開』, 일조각, 1995.

이수건, 『영남학파의 형성과 전개』, 일조각, 1995.

장유승, 「『活水翁遺稿』 해제」, 한국고전번역원, 2013.

한국국학진흥원 편, 『국역 조선후기 영남사림일기』, 2010.

〈부록〉

〈표〉 1794~1800년 초계문신 課試 실시 상황

<table>
<tr><td>1794년 6월 13일</td><td>去五月朔課試書題題「九老會圖」·「三星圖」·「八道都圖」, 上梁文「華城城樓」·「得中亭」·「華淸館」, 題副望上梁文, 首望落點 ●去五月朔課試榜(上梁文):崔光泰·趙萬元·黃基天·曺錫中·柳遠鳴·柳台佐·李勉昇·李東萬·姜浚欽·尹致永·權晙題·吳泰曾·金熙洛.</td></tr>
<tr><td>1794년 6월 23일</td><td>原任直提學金憙直提學徐龍輔率抄啓文臣設講會于內閣.</td></tr>
<tr><td>1794년 8월 27일</td><td>應製試券 考下. 賦의 曺錫中과 洪樂浚을 比較케 함. ●應製榜(箋):崔光泰·吳泰曾·權晙·黃基天·徐俊輔·宋冕載·金近淳·李勉昇(賦)·曺錫中·洪樂浚·趙萬元·姜浚欽·李東萬·洪命周·金熙洛·尹致永·柳台佐·具得魯.</td></tr>
<tr><td>1794년 9월 5일(기축)</td><td>今九月初五日抄啓文臣去六月朔親試 ○熙政堂에서 日次儒生 殿講 및 抄啓文臣 親試·上齋生 應製. 詔題「擬漢命列侯諸將毋敢隱朕各言其情」·賦題「謂公曁曁公來于于」. ○更試御題賦「好飭千官待有秋」·表「擬皇明進士等謝每當試士之日輒於禁中親製其題以我不當壯元及第」, 限申初.</td></tr>
<tr><td>1794년 9월 初6일</td><td>更試御題「眉州遠景樓上樑文取償衆之人錢作樂醉飽」·限明日申時.</td></tr>
<tr><td>1794년 9월 初9일</td><td>抄啓文臣親試 御題「擬六國群臣賀從合箋」●新舊選親試榜:崔光泰·徐俊輔·權晙·曺錫中·姜浚欽·安廷善·黃基天·金近淳·李東萬·柳遠鳴·吳泰曾·丁若鏞·李弘達·柳台佐·尹致永·嚴耆·李勉昇·具得魯·申星模·沈鍙·宋祥濂·尹寅基·尹持訥·宋知濂·丁若銓·尹行直·韓耆裕·閔致載·趙萬元·洪樂浚.</td></tr>
<tr><td>1794년 10월 初7일</td><td>諸道民事로 朔課之抄啓講試를 못했는데 16일 儒生日次殿을 初九日에 春塘臺에서 행하고 去六月朔七月朔課講도 병설하라 명함.</td></tr>
<tr><td>1794년 10월 9일(계해)</td><td>春塘臺에서 초계문신 課講, 日次儒生 殿講, 上齋儒生 應製, 專經文臣 전강, 文臣製述, 表題「擬唐淮西士女等謝於耕不食織不裳之餘賜以繒布左飧右粥」·賦題「黎民不饑不寒」. ●今十月初九日去六月朔課講榜(大學自傳七章至傳十章):申絇一通二略略·徐俊輔二略一粗略·宋冕載一略二粗粗·金近淳純粗·洪命周純粗.</td></tr>
<tr><td>1794년 11월 17일(신축)</td><td>초계문신 去七月親試. 表題「擬周大人進衆維魚矣實維豐年之占」.</td></tr>
</table>

1794년 11월 23일	親試百句賦題「不寐聽金鑰」"過限已久・尤爲駭然. 此題限以五更・使之限內製進事・判下."
1794년 11월 24일	抄啓文臣去八月朔課講比較 御題五言四韻律詩「白馬驕不行」. 抄啓文臣十二月朔課試 御題賦「英姿颯爽來酣戰」. 課試都計劃比較 御題七言四韻律詩「輕寒不入宮中樹」. 今 ●十一月二十四日來十二月朔課試榜(賦):李東萬・徐俊輔・姜浚欽・金熙洛・曺錫中・金近淳・李勉昇・宋冕載・柳台佐・申絢・尹致永・具得魯・洪命周・崔光泰・黃基天・權晙・柳遠鳴・吳泰曾・趙萬元.
1794년 11월 27일(신해)	春塘臺에서 초계문신 來十二月親試 箋文「擬內閣抄啓文臣等請於正至及慶節得與起居之列」. 黃基天이 三上으로 수석. 五言四韻律「大雪滿弓刀」과 五言四韻律「青驄馬」로 서너 사람 비교.
1795년(정조 19) 윤2월26일(무신)	千五門에서 去一月抄啓文臣親試. 七言四韻律「蟠桃一朶獻千祥」・押千字. 黃基天・徐俊輔・李勉昇이 모두 二下이므로 比較. 七言四韻律「堯顙喜瞻天北極」・押天字. 이면승이 二下一로 거수.
1795년 4월 7일(정해)	丹楓亭에서 新選舊選抄啓文臣親試 및 試射. 表題「擬漢群臣賀意豁如也」(西班)・賦題「意豁如也」(東班).
1795년 4월 8일(무자)	초계문신 三月親試 試券을 考下.
1795년 4월 10일(경인)	親試優等抄啓文臣 및 加抄文臣應製・御題「賴有此耳賦」. ●應製榜(賦):申鳳朝・金處巖・崔光泰・洪奭周・金熙周・曺錫中・嚴耆・姜浚欽.
1795년 4월 13일	抄啓文臣去三月朔課試 ●今四月十三日去三月朔課試榜(啓):徐俊輔・崔光泰・權晙・嚴耆・曺錫中・黃基天・洪樂浚・李勉昇・宋冕載・尹致永(律賦)・金處巖・金近淳・申鳳朝・李東萬・洪命周(策)・洪奭周・吳泰曾・金熙周・金熙洛・姜浚欽・柳遠鳴・柳台佐・具得魯.
1795년 4월 26일	以明日去正月四月朔專經文臣四月朔日次儒生殿講・親臨抄啓文臣進箋. 上齋生製述儒生頒賞.
1795년 4월 27일(정미)	『正始文程』을 上齋應製入格儒生에게 반사. 抄啓文臣四月朔親試와 專經文臣殿講. 賦題「何異太常妻」・詩題「羅浮夜半見赤波千萬里湧出黃金輪」(七言古詩나 排律). ●親試榜(賦):曺錫中・權晙・申鳳朝・金熙洛・柳台佐・申絢・權知成均館學論李勉昇・洪樂浚・李東萬. 更義盈庫直長金處巖(七言古詩):具得魯・洪奭周・藝文館檢閱吳泰曾・司僕寺正崔光泰・黃基天・姜浚欽・徐俊輔・柳遠鳴. 更宋冕載・權知成均館・學論尹致永, 外洪命周(七言二十韻排律):嚴耆・金近淳.
1795년 8월 14일(임진)	摛文院에서 去二月親試, 賦題「沛公北鄉坐項王東鄉坐」・七言二十韻排律「項羽兵四十萬號百萬在鴻門沛公兵十萬號二十萬在霸上」.

1795년 8월 23일(신축)	誠正閣에서 去正月朔課講. 辨題「理有善惡」· 說題「才說性時便已不是性」.
1795년 8월 27일(을사)	去二月課講 比較試券 考下. 說題「且取他長處」.
1795년 8월 28일(병오)	去閏二月課講 比較 試券 考下. 賦題「同安聞鐘」.
1795년 10월 21일(무술)	春塘臺에서 抄啓文臣試射 · 九月親試 · 策題「還餉」. 10일까지 제진.
1795년 11월 5일(임자)	閏二月九月親試. 賦 수석 申鳳朝. 九月 親試에서 宋祥濂이 策 三中一로 거수. 閏二月親試는 申鳳朝이 二中으로 거수.
1795년 11월 11일(무오)	一月課試 試券 考下. 說題「惟精惟一允執厥中」. 모두 外等.
1795년 12월 7일(갑신)	抄啓文臣七月朔親試. 御題策「經術」.
1795년 12월 11일	今十二月初十日抄啓文臣去六月朔親試在家製進 親臨考試 ●今十二月初十日去六月朔親試在家製進 親臨考試榜(致詞樂章七言長篇):吳泰曾 · 具得魯 · 黃基天 · 洪奭周李東萬趙萬元權晙 · 曹錫中 · 柳遠鳴李勉昇司僕寺正崔光泰 · 尹致永宋冕載洪命周 · 金熙周七言律詩 · 申絢姜浚欽 · 金履永申鳳朝 · 洪樂浚 · 金近淳 · 金處巖 · 李英發 · 金熙洛 · 柳台佐.
1795년 12월 17일	九月朔課試 내일 설행. 九月朔課試書題望七言四韻律詩「老枝擎重玉龍寒」押龍 · 「雲裏帝城雙鳳闕」押雲 · 「陽春白雪曲」押春. 首望落點.
1795년 12월 18일	十一月朔親試 御題七言古詩「太虛爲室明月爲燭與四海諸公幷處」押虛 · 賦「五相一漁翁」, 限申時, 自願製進 ○六月朔課試書題望五言四韻律詩「八駿圖」押圖 · 「文章接」押文 · 「龜船」押船, 首望落點 · 限人定 ○七月朔課試書題望五言四韻律詩「去作人間兩」押人 · 「鐵笛亭」押亭 · 「五曲山高雲氣深」押深, 副望落點 · 限二更 ○十月朔課試書題望七言四韻律詩「大樹將軍」押軍 · 「陳驚座」押驚 · 「趙倚樓」押樓, 首望落點 · 限明日開門時 ○十一月朔課試書題望七言四韻律詩「日中爲市」押中 · 「以雲紀官」押雲 · 「河出圖」押圖, 首望落點 · 限明日午時 ○十二月朔課試書題望七言四韻律詩「寬大書」押寬 · 「迎春東郊」押東 · 「洞庭春色」押春, 首望落點. 限明日申時.
1795년 12월 19일(병신)	閣臣入直諸臣應製. 抄啓文臣親試課試. 十月親試賦題「顧而樂之行歌相答」. 六月課試五言四韻律「八駿圖」. 七月課試 五言四韻律「鐵笛亭」. 八月課試比較五言四韻律「五色筆」. 九月課試七言四韻律「老枝擎重玉龍寒」. 十月課試 七言四韻律「大樹將軍」. 十一月課試七言四韻律「日中爲市」.

1795년 12월 20일	春塘臺에서 抄啓文臣當朔親試 및 自四月至當朔課講. 五言四韻律詩題「春帖」韻自願. 限辰時.
1796년 1월 16일(계해)	明政門 親試, 試題「正月甲子奎開賦」.
1796년 8월 3일(을해)	明政門에서 초계문신 親試와 문신製述. 초계문신 試題「擬金絲堂爲上樑文」, 문신箋題「擬秦賀百里奚智」, 賦題「第四廳舍人」.
1796년 9월 17일	九日朔, 誠正閣에서 親試 및 課講. 表題「擬漢汲黯謝不問招之不來之罪」, 限午時. 不嫻四六者는 文으로 製進. ○抄啓文臣試券 考下. 모두 表題「擬漢汲黯乞不去」를 在家製進하라 명. ●今九月十七日去三月朔課講榜(論語自公冶長止雍也):申絢粗·洪奭周粗·黃基天粗·金履載粗, 以上背講倍劃, 徐俊輔不.
1796년 9월 18일(경신)	去四月親試更試試券을 考下. 表題「擬漢汲黯乞不去」.
1796년 9월 19일(신유)	四月朔親試再次更試書題. 抄啓文臣(班首)崔光泰承命出題, 七言四韻律詩題「不醉無歸」, 限一吸草.
1796년 10월 16일	明日抄啓文臣五月朔親試 ○正月朔課試長望, 排律落點. 二月朔課試長望, 敎書落點.
1796년 10월 17일(기축)	熙政堂에서 抄啓文臣親試課講. 賦題「東都賓問於西都主人」, 表題「擬漢太史令司馬遷進帝紀以下三百篇」. 去四月去五月課講. ●今十月十七日去四月朔課講榜(論語自述而止泰伯):洪奭周·徐俊輔·黃基天·金履載·申絢·姜浚欽·金近淳·洪命周(以上背講倍劃) ○今十月十七日去五月朔課講榜(論語自子罕止鄕黨):徐俊輔·黃基天·洪奭周·金近淳·申絢·姜浚欽·洪命周·金履載(以上背講倍劃).
1796년 11월 初7일	今十一月初七日去五月朔課試榜 ●去五月朔課試榜(箋):洪奭周·崔光泰·金履永·徐俊輔·權晙·金近淳·黃基天·柳遠鳴·吳泰曾·李勉昇·金處巖·金履載·洪樂浚·李東萬·宋晃載·曹錫中·姜浚欽·柳台佐·李英發·洪命周·申絢·趙萬元. ◯去六月朔課試榜(箋):金近淳 외.
1796년 11월 17일	便殿에서 去七月朔親試·七月朔八月朔課講. 賦題「秦風如秋聲朝氣」, 限午時 ○去七月朔課試五言四韻律詩題「有草生庭」○去六月朔親試 七言四韻律詩題「單于夜遁逃」.
1796년 11월 18일	春塘臺에서 新舊選抄啓文臣三月朔親試 및 試射. 策問題「南靈草」, 限明日門限製進. 九月朔親試 兼行令.
1796년 11월 21일	八月朔課試書題望七言四韻律詩題「忽憶戴安道」落點 ○去正月朔親試更試七言十韻排律題「大雪」○二月朔親試再次更試「明德疑題」.
1796년 11월 27일	今十一月二十日新舊選抄啓文臣去三月朔親試榜(策) ●新舊選抄啓文臣去三月朔親試榜(策):崔光泰 외.

1796년 11월 28일	去正月朔親試更試榜(七言十韻排律), 今十一月二十八日去二月朔親試更試榜(疑), 今十一月二十八日去三月朔親試更試榜(賦), 今十一月二十八日去四月朔親試更試榜(傳) ●去正月朔親試更試榜(七言十韻排律):黃基天 · 曹錫中 · 金處巖 · 權晙 · 洪奭周 · 徐俊輔 · 申絢 · 洪樂浚 · 李東萬 · 金熙洛 · 宋晃載 · 姜浚欽 · 柳遠鳴 · 金熙周 · 李英發 · 李勉昇 · 洪命周 · 金近淳 · 金履載 · 柳台佐 ◯去二月朔親試更試榜(疑):申絢 외 ◯去三月朔親試更試榜(賦):權晙 외 ◯去四月朔親試更試榜(傳):徐俊輔 외.
1796년 11월 30일	抄啓文臣八月朔親試比較題「兕觥銘」· .「間似忙忙似間貴似賤賤似貴詞」, 竝限再明日開門時 ○今十一月二十九日抄啓文臣去十月朔親試榜(銘), 去六月朔親試更試榜(歌), 去七月朔親試更試榜(歌), 去八月朔課試比較榜(五言絶句), 同日再次比較榜(銘), 同日計劃榜, 課講榜(銘) ●今十一月二十九日去十月朔親試榜(銘):曹錫中 외 ○去六月朔親試更試榜(歌):申絢 외 ○去七月朔親試更試榜(歌):柳台佐 외 ○去八月朔課試比較榜(五言絶句):徐俊輔 외 ○同日再次比較榜(銘):權晙(句句佳作二倍劃三上) 외 ○同日計劃榜:十七分權晙 외 ○課講榜(銘):姜浚欽 외.
1796년 12월 2일(계유)	十一月朔親試. 箋題「擬晉欒鍼請攝飮子重」. 四六文 대신 文 제작 가능.
1796년 12월 初4일	抄啓文臣去八月朔親試更試比較榜(銘) ●今十二月初二日去八月朔親試更試比較榜(銘):曹錫中 · 金處巖 · 徐俊輔(詞) · 李勉昇 · 權晙 · 洪樂浚.
1796년 12월 初10일	今十一月十八日 春塘臺에 親臨하여 新舊選抄啓文臣三月朔試射 설행.
정조 21년 (1797) 2월 10일(신사)	誠正閣에서 去正月親試, 箋題[擬本朝鑄字所進鄕飮儀式鄕約條例」. 洪奭周 三中으로 거수.
1797년 2월 28일(기해)	春塘臺에서 春到記, 文臣製述, 專經武臣試射, 抄啓文臣親試. 箋題「楚晉郤至請蒙甲冑敢肅使者」로 초계문신 · 제술문신 · 유생 製進. 論題「牛千足」으로 제술문신 제진. 초계문신은 箋題와 論題 중 자원 제진.
1797년 3월 24일(갑자)	新舊 초계문신 親試 및 試射.表題「擬漢群臣賀丞相曹參遊園中聞吏舍醉歌呼反取酒歌呼相應和府中無事」. 宋祥濂과 權晙이 三中이라 比較.
1797년 7월 1일(무진)	七月朔親試는 試題로 재가제진케 함.
1797년 8월 26일(임술)	春塘臺에서 八月朔親試. 箋題「擬沛(漢)張良請使人先行爲五萬人具食」, 限申時.

1797년 8월 27일	八月朔親試試券 考下. 以「擬慕華館上樑文」爲比較題 ●今八月二十七日親試榜(箋):黃基天・金處巖・洪奭周・吳泰曾・嚴耆・柳台佐・曺錫中・徐俊輔・宋冕載・金履永・金履載・李存秀・洪樂浚・李勉昇・洪命周・姜浚欽・李英發・李東萬・趙萬元 ○同月二十九日比較榜(上樑文):洪奭周・金處巖・黃基天 ○同日計劃榜:六分洪奭周, 二分黃基天・金處巖, 一分吳泰曾・嚴耆・柳台佐. 以上倍劃.
1797년 9월 初2일	八月朔親試更試 御題賦「吾語子遊」・在家製進・限初四日午前.
1797년 9월 26일(임진)	春塘臺에서 초계문신 親試 및 試射. 七言古詩「龍門有遺歌」・賦題「巴陵酒醉洞庭秋」.
1797년 10월 初3일	十月初二日去八月朔課試榜(策):洪奭周・金熙洛・黃基天・金履載洪樂浚曺錫中柳台佐嚴耆宋冕載李英發洪命周姜浚欽徐俊輔・李存秀承政院注書金履永・吳泰曾違・金處巖京畿都事趙萬元承政院注書柳遠鳴儀仗庫郎廳具得魯 ○今十月初二日抄啓文臣去九月朔課試榜(上樑文):金處巖 외.
1797년 10월 10일(을사)	十月親試. 表題「擬宋越州守臣請禁盜湖爲田者」・記題「臥龍齋」・賦題「會稽之石幾倍之」・詩題「三江之上兩山之間疏爲二門小溢則縱其一大溢則盡縱之」・論題「請湖爲田者始息」. 自願製述.
1797년 10월 11일	十月十一日親試榜(表):徐俊輔・嚴耆・李勉昇・李存秀(賦)・申絢・洪樂浚・李英發・宋冕載. (詩):黃基天・吳泰曾・姜浚欽・金近淳・柳遠鳴. (論):洪命周・具得魯・洪奭周・金履載. (記):曺錫中・金熙洛・柳台佐・金處巖 ●抄啓文臣 正月以後親試課試는 시행하지 말도록 下敎. 抄啓文臣正月朔親試更試賦題「若以鼻語」・在家製進하도록 하교.
1797년 10월 18일(계축)	上齋生應製試券과 去二月親試再試試券 考下. ○ 초계문신을 內閣과 鑄字所에서 나누어 시취. 내각 응시 詩賦同題「東坡曰月出於東山之上山谷曰左丘明」, 自願製進, 限左丘明. 주자소 응시 詩賦同題「山谷曰鑿壁借燈東坡曰孔光」. 自願製進. ●抄啓文臣去二月朔親試更試榜(내각응시, 賦):曺錫中・金處嚴・李英發・申絢・趙萬元・洪樂浚・柳台佐・洪命周 (詩):姜浚欽・金履載・金近淳 (주자소 응시, 賦):李勉昇・嚴耆・金熙洛・李東萬 (詩):吳泰曾・黃基天・徐俊輔・洪奭周・李存秀・宋冕載.
1797년 10월 21일	去四月朔親試. 前日內閣應試 文臣은 鑄字所로, 鑄字所應試 文臣은 內閣으로 이동. 內閣應試文臣은 詩賦題「西淸帷幄久立彷徨」, 鑄字所應試文臣은 詩賦題「聞長樂鼓鍾恍如夢寐」.
1797년 10월 22일(정사)	四月再次親試・五月親試 試券 考下. 五月 내각응시 箋題「擬本朝宣傳官等謝諭以龍頭鳳尾鵝黃竹葉卽刻進呈」. 五月 주자소응시 箋題「擬本朝都摠制黃衡謝於御樓之辰諭以黃衡眠起矣」.

1797년 12월 初2일	去九月朔親試更試 및 去八月朔課講. 律賦題「雪」. 강서『朱書百選』●去八月朔課講榜(朱書百選第一編):曺錫中・金近淳・申絢・李英發・洪奭周・李勉昇・柳台佐・姜浚欽・黃基天・金履載・具得魯・徐俊輔・李存秀・洪命周.
1797년 12월 初3일	正月朔課試題五言六韻律「玄酒味方淡」, 三月朔課試七言六韻律「二之日其同」, 四月朔課試「量田議」, 五月朔課試「今古文辨」落點.
1797년 12월 初6일	去九月朔親試更試榜(律賦):金近淳외 ○同日去正月朔課試榜(五言六韻律詩):李勉昇 외 ○同日去一月朔課試榜(七言六韻律詩):洪奭周 외 ○同日去四月朔課試榜(議):洪奭周 외 ○同日去五月朔課試榜(辨):洪奭周 외.
1797년 12월 7일	춘당대에서 柑製 更試 및 親試課講. 「擬齊群臣賀卽墨絳繒之功因釁鐘易羊之心」으로 柑製 및 親試의 箋題. ●去九月朔課講榜(朱書百選自第二編止第三編):黃基天・金近淳・徐俊輔・金履載・洪奭周・申絢・李存秀・姜浚欽 ◯同日去十月朔課講榜(朱書百選第三編):洪奭周純略 외 ◯同日去十一月朔課講榜(朱書百選自第三編止第四編):洪奭周純通 외.
1797년 12월 初9일	抄啓文臣去六月親試七言律詩題「槐陰滿庭」. 去閏六月朔親試五言律詩題「石鼓」, 限人定・在家製進. ○去六月朔親試榜(七言律詩) ○去閏六月朔親試榜(五言律詩) ○去七月朔親試榜(箋) ●去六月朔親試榜(七言律詩):金近淳・李勉昇・洪奭周・金履永・吳泰曾・金履載・曺錫中・柳台佐・金熙洛・金處巖・嚴耆・李東萬・趙萬元・徐俊輔・李英發・姜浚欽・具得魯・李存秀・宋冕載・黃基天・洪命周 ◯去閏六月朔親試榜(五言律詩):金履永 외 ◯去七月朔親試榜(箋):金履永 외.
1797년 12월 10일	八月朔親試題「辨杏有青枝」七言律詩・押枝.
1797년 12월 11일	去三月朔親試更試比較榜(說) ○同日計劃榜 ●去三月朔親試更試比較榜(說):金熙洛・洪奭周 ◯同日計劃榜:六分金熙洛・五分洪奭周.
1797년 12월 12일	去六月朔課試榜(七言律詩) ●今十二月十一日去六月朔課試榜(七言律詩):李勉昇・曺錫中・金履永・徐俊輔・洪命周・趙萬元・金熙洛・嚴耆・吳泰曾・姜浚欽・柳台佐・金履載・金處巖・宋冕載・金近淳・李東萬・具得魯・李英發・李存秀・洪奭周・黃基天.
1797년 12월 14일	十月朔親試更試書題七言律詩「春帖」・韻'櫳東同翁'(公同). 月課試書題도 同題五言律詩・韻'春人新身'. ●今十二月十三日去八月朔親試榜(七言律詩):李勉昇・吳泰曾・宋冕載・李存秀・金近淳・金履載・金履永・曺錫中・洪奭周・姜浚欽・柳台佐・金處巖・黃基天・嚴耆・趙萬元・柳遠鳴・金熙洛・具得魯・李東萬・徐俊輔・李英發・洪命周.

1797년 12월 15일	去十月朔課試榜(五言律詩) ●今十二月十四日去十月朔課試榜(五言律詩):金履永・徐俊輔・趙萬元・金近淳・曺錫中・吳泰曾・金履載・李存秀・嚴耆・李東萬・李勉昇・姜浚欽・柳遠鳴・金熙洛・宋冕載・洪奭周・具得魯・洪命周・柳台佐・黃基天・李英發・金處巖.
1797년 12월 17일	去十一月朔親試題「且教人靜坐賦」, 在家製進・限明日申時. ○十一月朔課試書題望七言律詩「春色先歸」・「十二樓三王」・「如春花滕」, 首望落點. ●今十二月十八日抄啓文臣去十一月朔親試榜(賦):具得魯・金熙洛・柳台佐・一金履永・趙萬元・李英發・李存秀・金近淳・柳遠鳴・金履載・洪奭周・姜浚欽・李東萬・嚴耆・李勉昇・金處巖・吳泰曾・宋冕載・黃基天・洪命周・曺錫中・徐俊輔 ○同日去十一月朔課試榜(七言律詩):柳台佐 외.
1797년 12월 19일	今十二月朔課試書題望五言律詩「稱彼兕觥」・「桃符」・「栢葉酒」, 末望落點. ○春塘臺에서 親試課試課講. 七言律詩題「稱彼兕觥」. ●抄啓文臣課講榜(朱書百選自第四編止第六編):洪奭周・具得魯 ○同日比較榜:洪奭周純略, 具得魯純不 ○同日十二月朔親試榜(七言律詩):金履載・徐俊輔・吳泰曾・金處巖・柳台佐・金履永・李勉昇 ○同日十二月朔課試榜(五言律詩):金熙洛・曺錫中・嚴耆・金近淳・趙萬元・金履永・姜浚欽・徐俊輔・李勉昇・吳泰曾.
1797년 12월 20일	今丁巳年親試都計劃榜:三十三分半金履載 외 ○今丁巳年課試都計劃榜:十六分金熙洛 외 ○今丁巳年課講都計劃榜:二百三十一分半洪奭周 외.
1798년(정조 22) 3월 10일(갑술)	去正月親試. 賦題「民曰雨我公田君曰駿發爾私」. 嚴耆 三下로 거수.
1798년 3월 初10일	上齋生應製御題, 抄啓文臣親試同題, 賦「擬周命仲山甫補袞職詔」○去正月朔親試榜(賦) ●去正月朔親試榜(賦):嚴耆・洪奭周・李東萬・金近淳・李存秀・徐俊輔・金熙洛・宋冕載・洪命周・曹錫中・柳遠鳴・申絢・金履載・金處巖・具得魯・李英發.
1798년 3월 15일	去正月朔親試更試榜(上樑文) ●今三月十四日去正月朔親試更試榜(上樑文):金履載 외.
1798년 4월 12일(병오)	便殿에서 초계문신 親試와 課講. 箋題「擬本朝湖南道臣請修劉仁軌所築帶方城以重關防」.『史記英選』제1편 강.
1798년 4월 14일	去二月朔課試序題「鄕禮合編」・「賞花釣魚宴」・「講製節目」, 三望入啓, 末望落點.
1798년 7월 初3일	抄啓父臣七月朔親試題「均役十目說」, 限初六日申時.

1798년 8월 初9일	去七月朔課試長望入啓, 議落點.「靈星壽星祭議」·「一經講議」·「戶布議」, 三望入啓, 首望落點.
1798년 8월 14일(을사)	초계문신 親試. 議題「水利」. 金處巖이 삼하로 거수.
1798년 8월 19일(경술)	去四月親試更試. 更試題「常語辯」. 具得魯가 次上一로 거수. ●去四月朔親試更試傍(辯):具得魯·洪奭周·李存秀·李勉昇·申絢·嚴耆·金履永·曹錫中·金啓溫·黃基天·姜浚欽·李東萬·金熙洛·柳遠鳴·金處巖·宋晃載·柳台佐·(白文)李英發·洪命周.
1798년 8월 19일	去四月朔親試再次更試題「潛虛圖說」, 限明日辰時. ●今八月二十日去四月朔親試再次更試傍(說):金啓溫·李勉昇·金履永·柳遠鳴·曹錫中·金熙洛·申絢·黃基天·姜浚欽·柳台佐·洪奭周·李東萬·具得魯·李存秀·嚴耆·(白文)金處巖
1798년 9월 19일(기묘)	초계문신 親試와 試射. 去三月親試箋題「擬本朝鑄字所進新印五倫行實」, 九月親試賦題「楓宸」.
1798년 9월 27일	新舊選抄啓文臣三九月朔親試試券 考下. ●新舊選抄啓文臣去三月朔親試榜(箋):金履永宋祥濂·李魯春·金處巖·金近淳·曹錫中·權晙·李弘達·沈象奎·朴崙壽·洪奭周·宋知濂·柳遠鳴·姜浚欽·趙得永·李顯默·李存秀·金啓溫·黃基天·李儒修·洪秀晩·金履載·沈奎魯·丁若銓·李基慶·李羲甲·尹寅基·申絢·朴宗京·徐有聞·趙萬元·金熙華·柳台佐·嚴耆·朴鍾淳·李英發·申潡·尹持訥·韓用鐸·李東萬·尹致永·洪命周 ○今九月二十七日新舊選抄啓文臣親試榜(賦):宋祥濂·李儒修 외.
1798년 11월 23일(임오)	誠正閣에서 去十月親試. 歌題「牛戴牛」. 洪奭周가 三中으로 거수.
1798년 12월 8일(정유)	便殿에서 五月朔親試 및 二月三月四月五月朔六月七月朔課講. 七言古詩題「乾坤二卦講玉淵三峽」. ○去五月朔課試書題望「一日茅棟成」五言四韻律 落點, 六月朔課試書題望「冠玉」七言四韻律 落點.
1798년 12월 9일(무술)	便殿에서 親試課講. 賦題「奏事延和殿」. 去八月課講은 申絢, 去九月課講은 洪奭周, 去十月課講은 黃基天, 去十一月課講은 金啓溫이 通을 맞아 거수. ○親試 嚴耆三上으로거수. ○去十月朔課試書題望「水車」五言四韻律 낙점. 去十一月朔課試書題望「三冬文史」七言四韻律 落點. ●今十二月初九日去九月朔課試榜(教書):金啓溫·李弘謙·黃基天·柳台佐·金近淳·李勉昇·曹錫中·金熙洛·姜浚欽·李存秀·洪奭周·申絢·金履載·洪命周·趙萬元·金熙周·李東萬·柳遠鳴·李英發 ○去十月朔課試榜(五言四韻律):李勉昇 외.

1798년 12월 10일(기해), 11일(경자)	便殿에서 去十一月親試. 七言四韻律詩題「魚龍出聽」. 11일(경자) 去十一月親試課試 試券 考下. ●七言四韻律詩「魚龍出聽」는 李勉昇이 二下로 거수, 七言四韻律詩「三冬文史」는 趙萬元이 三上一로 거수.
1798년 12월 12일	今十二月十二日親試榜(賦) ●親試榜(賦):金近淳 · 黃基天 · 姜浚欽 · 金處巖 · 李存秀 · 嚴耆 · 李勉昇 · 柳台佐 · 金啓溫 · 曹錫中 · 柳遠鳴 · 金熙洛 · 申絢 · 鄭取善 · 洪命周 · 李東萬 · 金履載 · 金熙周 · 李英發 · 洪奭周 · 李弘謙.
1798년 12월 15일(갑진)	今戊午年親試都計劃榜:金近淳十八分年姑少準職代熟馬一匹面給. 曹錫中 · 李勉昇 · 金履載 · 申絢 · 姜浚欽 · 黃基天 · 金處巖 · 嚴耆 · 金啓溫 · 李存秀 · 柳台佐 · 趙萬元 · 洪奭周 · 柳遠鳴 · 李英發 · 金熙洛 · 金熙周 · 李弘謙 · 李東萬 · 洪命周 · 金履永 · 徐俊輔 · 具得魯 · 宋冕載.
정조 23년 (1799) 4월 初2일	御熙政에서 去二月朔親試. 箋題「擬齊巖下貫珠者謝賜牛酒」. ●去二月朔親試榜(箋):金近淳 · 金處巖 · 李弘謙 · 姜浚欽 · 柳台佐 · 金啓溫 · 李存秀 · 洪奭周 · 洪命周 · 鄭取善.
1799년 4월 初3일	去二月朔親試更試御題「霽月光風樓記」●今四月初三日去二月朔親試更試榜(記):李存秀 · 金啓溫 · 李弘謙 · 洪奭周 · 金處巖 · 姜浚欽.
1799년 4월 初7일	春塘臺에서 新舊選抄啓文臣三月朔親試 및 試射. 表題「擬漢張騫進葡萄」.
1799년 4월 初8일	新舊選抄啓文臣去三月朔親試榜(表) ●今四月初八日新舊選抄啓文臣去三月朔親試榜(表):嚴耆 · 洪奭周 · 李存秀 · 金啓溫 · 李羲甲 · 金近淳 · 趙得永 · 金處巖 · 姜浚欽 · 宋知濂 · 金熙華 · 金履載 · 趙萬元 · 李東萬 · 柳台佐 · 李弘謙.
1799년 5월 初2일	去正月朔課試試題望詔「擬漢徙齊楚豪傑大族於關中」· 「擬漢却千里馬」· 「擬唐賜近臣細葛香羅」, 末望落點. ●今五月初四日課試榜(詔):金啓溫 · 趙萬元 · 李存秀 · 洪奭周 · 金熙洛 · 李弘謙 · 洪命周 · 姜浚欽 · 柳台佐 · 李英發.
1799년 5월 22일	抄啓文臣去二月朔課試榜(箋) ●今五月二十二日去二月朔課試榜(箋): · 李英發 · 李存秀 · 姜浚欽 · 金啓溫 · 趙萬元 · 洪奭周 · 金近淳 · 柳台佐 · 洪命周 · 李弘謙.
1799년 6월 初4일	六月朔抄啓文臣親試題「擬農政上疏」, 在家製進, 限再明日.
1799년 6월 12일	更試御題「飯牛牛亦肥」賦 · 「夜夜筭緡眠獨遲」七言二十韻排律. ●今六月十二日更試御考榜(賦):趙萬元 · 金熙洛 · 李英發 · 柳台佐 · 金啓溫 · 李存秀, (詩)金近淳 · 金履載 · 姜浚欽 · 洪奭周 · 李弘謙 · 洪命周.
1799년 6월 13일	再試御題「乘舟歸鹿門」賦 · 「代孟浩然夜歸鹿門」七言古詩 ●今六月十三日再試御考榜(賦):趙萬元 · 柳台佐 · 李存秀 · 金啓溫 · 金熙洛 · 李英發 (詩)金履載 · 姜浚欽 · 洪命周 · 金近淳 · 李弘謙 · 洪奭周.

1799년 6월 14일	三試御題「遂亦奇士」賦·「勝處輒念鵝湖約」七言古詩 ●今六月十五日三試御考榜(賦):趙萬元·金啓溫·李存秀·柳台佐·李英發·金熙洛 (詩):洪奭周·李弘謙·姜浚欽·金近淳·洪命周·金履載.
1799년 6월 25일	抄啓文臣應試故寔條例. 親課試各體試製를 강화해서 親試에서 '故寔'命題를 分日製進케 함.
1799년 7월 初6일	抄啓文臣去二月朔課講榜(故寔/大學十五條) ●今七月初六日去二月朔課講榜(故寔大學十五條):金近淳·具得魯·金熙洛·柳台佐·洪命周·洪奭周·李英發·姜浚欽·金啓溫·李存秀·李弘謙 ○同日計劃榜:金近淳·具得魯·金熙洛·柳台佐·洪命周·洪奭周·李英發·姜浚欽·金啓溫·李存秀·李弘謙.
1799년 8월 初7일	抄啓文臣去三月朔課講榜(故寔/朱子大全十條/國朝故事三條) ●今八月初七日去三月朔課講榜(故寔/朱子大全十條/國朝故事三條):金熙洛·洪奭周·柳台佐·金啓溫·姜浚欽·金近淳·申絢·李英發·具得魯·李弘謙·金履載·李存秀·洪命周·曹錫中 ○同日計劃榜:金熙洛·洪奭周·柳台佐·金啓溫·姜浚欽·金近淳·申絢·李英發·具得魯·李弘謙·金履載·洪命周·李存秀·曹錫中.
1799년 9월 12일	摛文院에서 專經文武臣殿講, 文臣製述, 儒生殿講, 抄啓文臣親試. 五言十韻排律題「郎君玉樹高」, 賦題「讀書偏愛夜長時」.
1799년 9월 24일	抄啓文臣親試.「雅誦」으로 序策을 짓게 함. 秋到記同題. 在家製進.
1799년 12월 初4일	今三月朔四月朔五月朔講製試官二望, 鄭大容·李晩秀 落點. ○五月朔課試書題望七言四韻律詩「社翁」·「雨麥浪」·「秧馬」, 首望落點, 限今日申時. ○三月朔課試書題望箋「擬本朝群臣賀用甲寅字重印四書輯釋」·「擬本朝御醫康命吉進濟衆新編」·「擬本朝籌司諸臣進籌謨類輯」. 首望은 三月朔落點, 副望은 四月朔落點. ●今十二月初四日去五月朔課試榜(七言四韻律詩):李存秀·金近淳·曹錫中·姜浚欽·洪奭周·金啓溫·柳台佐·金熙洛·洪命周·李弘謙·李英發.
1799년 12월 初5일	抄啓文臣去三月朔課試榜(箋) ●今十二月初五日去三月朔課試榜(箋):洪奭周·金近淳·金啓溫·李存秀·曹錫中·洪命周·李弘謙·姜浚欽·柳台佐·李英發.
1799년 12월 初6일	去四月朔課試榜(箋) ●去四月朔課試榜(箋):金近淳·曹錫中·金啓溫·洪奭周·李英發·姜浚欽·李弘謙·李存秀·柳台佐·洪命周.

1799년 12월 初7일	去六月朔課試書題望七言四韻律「諸峯羅立似兒孫」·「淸簟疏簾看奕棋」·「萬顆勻圓訝許同」, 首望落點, 限明日午時. 去七月朔課試書題望上梁文「寒泉精舍」·「白鹿洞書院」·「安樂窩」, 副望落點, 限明日申時. 去八月朔課試書題望五言四韻律「白日到羲皇春」·「星帶草堂」·「新梢纔出墻」, 副望落點, 限明日三更. 三題를 再明日 開門 때 함께 呈券하게 함. 去九月朔課試書題望七言四韻律「又臥旗亭送夕陽」·「早晩燕然刻頌詩」·「忽憶南山射虎時」, 首副望落點. 副望은 十月朔課試題로 함. 去十一月朔課試書題望箋「擬齊群臣賀宴晉候投壺擧矢曰寡人中此與君代興亦中之」·「擬魯群臣賀晉韓起見易象春秋曰周禮盡在魯」·「擬楚群臣賀屈完如齊師語方城以爲城漢水以爲池」, 首望落點.
1799년 12월 初9일	去七月朔親試는 今番 御製賡韻으로 申時까지 製進하게 함. ○去七月朔親試榜(賡韻五言四韻律詩):洪奭周 · 金啓溫 · 曹錫中 · 金履載 · 金熙洛 · 李英發 · 姜浚欽 · 柳台佐 · 李弘謙 · 洪命周 · 李存秀.
1799년 12월 初10일	春塘臺에서 新舊選抄啓文臣去九月朔親試와 秋等試射. [試官:沈煥之 · 徐龍輔 · 鄭大容 · 徐榮輔 · 金祖淳 · 沈象奎] 七言十韻排律題「撤鹽和羹梅」.
1799년 12월 11일	去八月朔親試七言四韻律題「不是尋行數墨人」. 去十一月朔親試賦題「讀書猶自力愛日似兒時」. ●去八月朔親試榜(七言四韻律):金熙洛 · 李英發 · 曹錫中 · 洪奭周 · 金近淳 · 金啓溫 · 柳台佐 · 金履載 · 李弘謙 · 李存秀 · 姜浚欽 · 洪命周 ◯同日新舊選抄啓文臣去九月朔親試榜(七言十韻排律):曹錫中 등 ◯同日去十月朔親試榜(賦):曹錫中 등 ◯今十二月十二日去五月朔親試榜(策):李英發 등 ◯同日去六月朔親試榜(上疏):李英發 등 ◯同日去十一月朔親試榜(跋):金啓溫 등 ◯同日去六月朔課試榜(七言四韻律):金近淳 등 ◯同日去七月朔課試榜(上梁文):金熙洛 등 ◯同日去八月朔課試榜(五言四韻律):金近淳 등 ◯同日去九月朔課試榜(七言四韻律):柳台佐 등◯同日去十月朔課試榜(七言四韻律):姜浚欽 등 ◯同日去十一月朔課試榜(箋):金啓溫 등.
1799년 12월 13일	十二月朔課試題中 副望 五絶, 末望 七絶로 課試更試에서 製進하게 함.

정조대 류이좌의 초계문신 활동

김 문 식(단국대학교 교수)

Ⅰ. 머리말

학서鶴棲 류이좌柳台佐, 1763~1837는 서애西厓 류성룡의 후손으로 태어나 정조 대에 규장각奎章閣 초계문신抄啓文臣에 발탁되어 학문과 시문을 연마한 영남의 남인계 사족士族이다. 그가 초계문신으로 활동한 1790년대는 정조가 주도하는 개혁정치가 본격적으로 전개되고, 규장각을 중심으로 하는 국가적 편찬사업도 활발하게 전개된 시기였다. 이러한 때에 류이좌는 규장각에 소속되어 정조와 직접 접촉하면서 학문을 익히고 시문을 습득하는 과정을 거쳤다.

이희재李彙載, 1795~1875는 류이좌와 정조의 만남을 다음과 같이 기록하였다.

> 벼슬길에 오른 처음에 정묘正廟, 정조가 다스리는 크고 밝은 기회를 만났다. 초계문신에 선발되어 내각內閣, 규장각에 들어가 예림藝林에서 명성을 날렸으니, 학문과 덕행이 뛰어난 사대부들과 함께 노닌 것이 전후 7년이 되었다. 서로 어울리며 환하게 화합이 되고 국왕의 돌봄이 더욱 두터웠으나 당시에는 바로 쓰이지 않았다. 이는 그의 재주를 아껴 외직에서 관리로서의 능력을 대략 시험하고, 얼마 있다가 안으로 불러들여 국왕의 계책을 보필하는 책임을 맡기려 하셨던 것이다.[1]

---

[1] 『鶴棲先生文集』 권20, 附錄, 「行狀[李彙載]」.
"釋褐之始, 遭値正廟鴻朗之會. 選入內閣, 蜚英藝林, 與彬彬之賢士大夫, 翶翔上下, 首尾七載. 契合昭融, 聖眷彌篤, 而當時之未嘗驟用. 蓋惜其才也, 方將略試吏事, 不日召還, 畀以黼黻王猷之責."

이를 보면 류이좌는 초계문신에 선발된 후 정조의 보살핌을 받고 당대의 명사名士들과 어울리며 장차 국왕의 개혁정치를 보필할 인재로 성장하였다

본고는 류이좌의 초계문신 활동을 집중적으로 검토하여 정조의 교육정책이 동시기 영남 사족에게 어떤 영향을 미쳤는지를 살펴보려고 한다. 이를 위해 먼저 류이좌의 가계와 생애를 정리하고, 다음으로 초계문신 류이좌가 받은 교육 과정과 활동상을 검토하며, 마지막으로 그가 제시한 학문관과 경세 방안을 살펴보려고 한다.

본고에서는 주로 류이좌와 정조의 문집을 활용하였으며, 실록이나 『일성록日省錄』 같은 연대기 자료를 보완적으로 사용하였다. 본고는 18~19세기에 걸친 역사적 전환기에 영남 사족들의 활동을 전반적으로 조망하는 차원에서 류이좌의 초계문신 활동을 집중적으로 검토한다.

II. 가계와 생애

류이좌는 선조 대에 영의정을 역임한 류성룡柳成龍, 1542~1607의 8세손이다. 류성룡은 1590년선조 23에 광국공신光國功臣에 책록되고 풍원부원군豊原府院君에 봉해졌으며, 1604년선조 37에 호성공신扈聖功臣에 책록되고 다시 풍원부원군에 봉해졌다. 이후 그의 봉사손奉祀孫 4대가 군君으로 봉해져서 류성화柳聖和는 풍양군豊陽君, 류운柳澐은 풍창군豊

昌君, 류종춘柳宗春은 풍은군豊恩君, 류상조柳相祚는 풍안군豊安君으로 습봉襲封되었다. 이중에서 류이좌의 증조부인 류성화는 산음 현감을 역임하고 호조 참판에 증직되었으며, 조부인 류운은 황간 현감을 역임하였다. 백부인 류종춘은 1791년정조 15에 류성룡의 봉사손으로 의금부 도사都事를 역임하였고, 종형從兄인 류상조는 1794년정조 18에 과거에 급제한 후 병조판서, 오위도총부 도총관 등을 역임하였다.

류이좌의 부친인 류사춘은 첨지중추부사僉知中樞府事 겸 오위도총부 부총관에 증직되었고, 모친은 예조판서를 지낸 연안延安 이지억李之億의 따님으로 정부인貞夫人에 증직되었다. 외조부인 이지억은 1604년에는 호성공신에 책록되어 연원군延原君에 봉해진 이광정李光庭의 후손이다. 다음의 〈표 1〉은 지금까지 살펴본 류이좌의 가계를 정리한 것이다.

〈표 1〉 류이좌의 가계도[2]

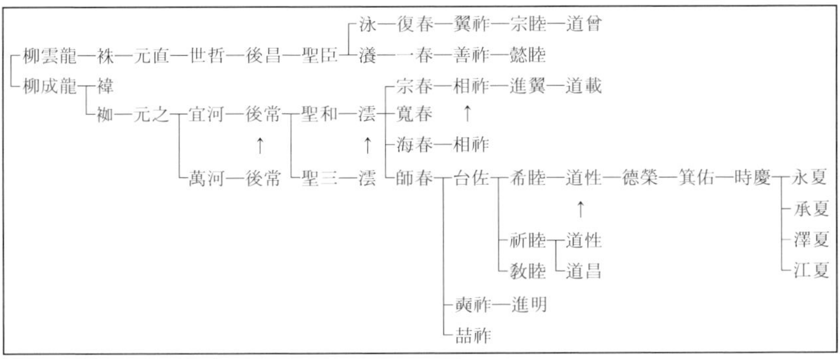

---

2 和敬堂에서 제공한『豐山柳氏世譜』과 金貞云,『17~18세기 경상도 북부지역 사족의 친족관계 연구 : 일기에 나타난 혼인과 제사를 중심으로』, 경북대학교 박사학위논문, 2016, 211쪽을 참조하여 작성함.

류이좌의 생애는 성장기1763~1794, 정조 대의 사환기1794~1800, 정조 이후의 사환기1800~1837로 구분하여 볼 수 있다.[3]

먼저 성장기는 서울에서 류사춘과 연안 이씨의 첫째 아들로 태어나 과거 시험을 준비하고, 문과에 급제할 때까지의 시기다. 류이좌는 1763년영조 39 12월 4일에 서울 나동羅洞에 있던 외가에서 태어났다. 그는 어릴 때 모친에게 경전의 글자를 배웠고, 7세에 백부 류종춘에게 학문을 배웠다. 이때 그는 서울에서 채제공蔡濟恭을 만났으며, 채제공이 그의 문장을 시험하였다. 체제공은 류이좌의 모친인 연안 이씨와 내외 형제간이었다.

1792년정조 16에 류이좌는 영남 유생들이 사도세자의 복권을 요청하는 영남만인소嶺南萬人疏를 올릴 때 사소寫疏로 참여하였다가 희정당熙政堂에서 정조를 만났고,[4] 훗날 영남만인소를 작성하여 올리는 과정을 정리한 『천휘록闡揮錄』을 작성하였다. 이 무렵 류이좌는 삼종조三宗祖인 류규의 선릉宣陵 임소에서 『심경』과 『근사록』, 주자서를 배웠고, 1794년정조 18 2월에 종형 류상조1763~1831와 함께 문과에 급제하였다.[5] 그의 홍패紅牌를 보면 병과 제5인으로 급제하였고, 홍패가 작

---

[3] 류이좌의 생애는 호조참의 李彙載가 작성한 「行狀」, 아들 柳祈睦이 작성한 「家狀」, 병조판서 柳相祚가 작성한 「墓誌銘」과 함께 『朝鮮王朝實錄』, 『承政院日記』, 『日省錄』 등 연대기를 참고하였다. 이하 상세한 註는 생략함.

[4] 『百世陽結錄』 上.
"嶺人李堣等一萬五十七人, 聯名上疏. 臣以寫疏進, 卽閏四月二十七日也. 上御熙政堂 … 寫疏金宗華, 金熙周, 柳台左 … 以次入侍."

[5] 『豐山柳氏世譜』를 보면 柳相祚는 1763년(영조 39) 2월 21일 生, 류이좌는 1763년 12월 4일 生이다.

성된 날짜는 3월 10일이다.[6]

다음으로 정조 대의 사환기는 초계문신에 선발되어 학문을 수련하고 국가 행사에 참가하면서 장차 크게 쓰일 인재로 성장하던 시기다. 이무렵 정조는 생부 사도세자의 완전한 복권을 준비하면서 이를 적극 지지하던 영남의 인재들을 선발하고 있었다.[7] 류이좌는 문과에 급제한 당일에 창덕궁 편전에서 정조를 만났다.[8] 다음은 두 사람이 처음으로 만나서 나눈 대화이다.

> 정조 : "너는 서애西厓, 류성룡의 몇 세世냐?"
>
> 류이좌 : "8세손입니다."
>
> 정조 : "류상조와는 몇 촌寸이냐?"
>
> 류이좌 : "4촌입니다."
>
> 정조 : "그저께 알성시謁聖試와 한 구절이 같은데 누가 가져온 것이냐?"
>
> 류이좌 : "신臣이 가져온 것입니다."
>
> 정조 : "며칠 사이에 종형제가 연달아 합격하니 매우 가상하다." 얼굴을 들라고 명령하고 "너의 외가는 누구냐?"
>
> 승지 : "고 판서 이지억李之億의 외손입니다."
>
> 정조 : "처가는 누구냐?"

---

6 柳台佐는 1794년 2월 21일에 熙政堂에서 개최된 三日製 시험에서 三下의 점수를 받아 直赴會試의 혜택을 받았고, 2월 29일에 열린 慶科 庭試에서 丙科 47人에 포함되어 급제하였다. 이때 거주지는 안동으로 나타난다(『日省錄』 正祖 18년 2월 21일(己卯) ; 2월 29일(丁亥)).

7 김성우는 정조가 1793년(정조 17) 이후 柳台佐, 金熙洛, 金熙周를 초계문신으로 발탁하고, 柳相祚를 동부승지에 임명하는 등 영남 남인을 적극적으로 발탁한 사실을 주목했다(「정조 대 영남 남인의 중앙 정계 진출과 좌절」, 『다산학』 21, 2012, 197~99쪽).

8 『日省錄』 正祖 18년 2월 29일(丁亥).

류이좌 : "고 대사헌 이세택李世澤이 처조부입니다."

정조 : "한림권점翰林圈點에 들어가야겠구나."[9]

1794년 8월에 정조는 다시 류이좌를 소환하였다. 이보다 앞서 승지 이익운李益運이 영남 지역을 방문했다가 고가古家의 문적文籍들을 수집해 왔으며, 여기에는 임진왜란 때 이여송李如松을 비롯한 명나라 장수들이 류성룡에게 주었던 서첩書帖 2권과 화첩畫帖 1권이 포함되어 있었다. 이 서화첩은 류성룡의 봉사손인 류종춘 집안에서 보관하던 것이었다. 정조는 서화첩을 열람한 후 서문을 작성하였고, 영중추부사 채제공에서 자신의 서문을 베껴 쓰고 별도의 발문을 작성하게 하였다.[10] 정조는 서화첩을 돌려보낼 때 초계문신 류이좌를 불러 보내게 하였다.[11] 정조는 서화첩 서문에서 자신이 장용영壯勇營을 설치한 것은 류성룡이 경기 지역에 군사 1만 명을 양성해야 한다고 주장한 것과 합치되고, 화성의 축성 방식도 그의 계책에 의지한 바가 많았다고 하였다.

일찍이 그의 유집遺集을 가져다 보고 수집하여 실용에 조처하려고 생

9 『鶴棲先生文集』 권20, 附錄, 「家狀[柳祈睦]」.

10 蔡濟恭은 작성한 跋文은 그의 문집에 나온다(『樊巖先生集』 권56, 跋, 「御製柳文忠公[成龍]家藏皇朝諸將書牘畫帖跋文後奉敎敬跋」).

11 『日省錄』 正祖 18년 8월 30일(甲申).

"予謂榮輔曰 … '柳文忠家『天將書畵帖』, 亦有題卷之文, 使領府書進, 又使領府製跋文, 各作一帖矣. 果已依此擧行乎?' 榮輔曰, '序文書進及作帖等役, 才已告完, 方自內閣請出奎章之寶, 安寶後, 出給伏計矣.' 予曰, '筵退後安寶, 今日內出送. … 柳文忠家所下者, 招致抄啓文臣柳台佐, 付送也.'"

각하였다. 근기近畿 지역의 여러 고을에 군사 1만 명을 양성해야 한다는 설은 장용영의 새로운 제도와 은연중에 합치되어, 장용영을 설치하고 시행하는 규모를 그의 설에 따라 실시한 것이 많았다. 화성을 쌓을 때 장수丈數를 계산하고 높낮이를 헤아리며 토산물을 바치는 거리를 따지고, 모든 담장은 일제히 우뚝하게 하며, 종횡으로 교차하는 큰길은 모두가 질서 있게 하였다. 많은 사람들이 마음을 모아 城을 이룩하여 役事를 권면하려고 치는 북소리가 감당하지 못하게 한 것도 고故 상신相臣, 柳成龍이 남겨 준 계책에 많이 의뢰하지 않음이 없었다.[12]

류이좌는 초계문신으로 있으면서 다양한 활동을 하였다. 또한 그는 과거에 급제한 직후 승정원의 사변가주서事變假注書가 되었다가 가주서, 주서로 승진하였고, 사간원 정언과 사헌부 지평을 역임하였다. 1795년정조 19에 가주서 류이좌는 영돈영부사 유언호俞彦鎬에게 왕명을 전달한 후 함께 조정으로 돌아왔으며,[13] 1798년정조 22에 주서 류이좌는 강원도 간성으로 가서 우의정 심환지沈煥之에게 국왕의 전유傳諭를 전달하였다.[14] 1800년정조 24 3월에 그는 부여 현감에 부임하였고, 정조가 위독하다는 소식을 듣고 상경하던 중 이천利川에서 정조의 승하 소식을 들었다. 이후 류이좌는 1년간 소식素食을 하며 자신이 초계문신으로 강제講製한 글과 정조의 은유恩諭를 묶어 『백세운결록百世隕結錄』3책을 편찬하였다.[15]

---

[12] 『弘齋全書』 권55, 雜著2, 「題文忠公柳成龍家藏皇朝諸將書畫帖」.

[13] 『日省錄』 正祖 19년 1월 13일(丙申) ; 14일(丁酉) ; 15일(戊戌).

[14] 『日省錄』 正祖 22년 9월 10일(庚午).

[15] 『百世隕結錄』은 현재 上, 中 2책이 전해진다.

마지막으로 정조 이후의 사환기는 내외의 관직을 오가며 다양하게 활동한 시기다. 류이좌는 부여 현감으로 2년간 근무한 후 서울로 와서 수찬修撰, 부교리副校理, 헌납獻納에 임명되었다. 1803년순조 3에는 북평사北評事로 부임하여 현지의 학문을 일으켰고, 1804년에 서울로 돌아와 장령掌令, 부교리, 사성司成, 사간司諫, 집의執義에 임명되었다. 1807년에 안변 부사가 되었고 2년 후에 서울로 돌아와 사간, 교리, 부교리에 임명되었다. 1811년 홍경래 난이 일어났을 때 그는 홍문관에서 근무하였고, 1813년순조 13에는 홍문관 부교리로 순조의 경연에 참석하여 『소학』과 『성학집요聖學輯要』를 강의하였다. 1814년에는 현풍 현감이 되어 양친을 모시고 부임하였다가 양친의 상을 연달아 만났고, 1819년순조 19 효명세자孝明世子, 翼宗의 가례嘉禮 때 선교관宣敎官으로 참여하고 정3품 통정대부에 올랐다. 1820년에는 김해 부사로 부임하여 2년 동안 선정을 펼쳤고, 시강원 보덕輔德이 되어 효명세자의 교육에 참여하였다.

류이좌는 1822년 이후에도 계속 관직에 임명되었으나 관리로 활동하지 않는 은거기에 들어갔다. 1829년순조 29에 그는 가선대부종2품로 오위도총부 부총관에 승진하여 고향으로 돌아와 분황焚黃을 하였다. 이때 부친과 모친이 추증되었고, 류이좌는 부친의 가장家狀과 모친의 묘지墓誌를 작성하였다.[16] 이후 그는 우부승지, 예조참판, 호조참판, 동돈녕부사同敦寧府事 등에 임명되었지만 사직하고 나가지 않았다.

만년에 그는 자신의 학통을 분명히 하는 편찬 작업을 하였다. 1818

[16] 『鶴棲先生文集』 권19, 「先考僉樞府君家狀」; 권16, 「先妣贈貞夫人李氏墓誌」.

년순조 18에 그는 채제공의 억울함을 풀어줄 것을 청하는 상소문을 올렸고,[17] 1824년에는 채제공의 『번암집樊巖集』을 간행하고 그 판각을 봉정사鳳停寺에 보관하였다. 『번암집』을 간행하는 과정을 보면, 1823년 간행을 논의할 때는 풍안군 류상조가 참판 김희주金熙周와 함께 도도감都都監이 되어 사업을 주도하였고, 1824년에는 류상조가 도도감, 류이좌가 도감으로 활동하며 간행 사업을 이끌었다.[18]

1831년순조 31 겨울에 류이좌는 정경세鄭經世의 연보를 개정할 때 그 조례條例를 정하여 권두卷頭에 두었다. 이때 류이좌는 자신이 거처하던 집의 당호를 화경당和敬堂이라 정했으며, 그 기문記文에서 화경당은 류성룡 종가宗家의 충효당忠孝堂과 짝을 이룬다고 밝혔다.[19] 1837년헌종 1에 그는 도산서원에서 『퇴계집退溪集』을 중간重刊하려 할 때 동주洞主로 추천되었다. 이때 그는 그전에 발간되지 못한 12권까지 수집하여 함께 간행하려 했지만 뜻을 이루지 못하였고, 11월 26일에 화경당에서 사망하였다.

1839년헌종 5 11월 2일, 헌종은 예조정랑 이용민李容敏을 파견하여 그의 죽음을 애도하는 제문을 내렸다. 헌종은 류이좌가 이황李滉의 학통을 이어받고 류성룡의 덕업을 성대하게 하였으며, 정조 대에 초계문신으로 문학과 정사에 참여하며 국왕의 칭찬을 받았고, 순조와

---

17 『鶴棲先生文集』 권3, 疏, 「樊巖蔡文肅公伸理疏[戊寅代士林作]」(1818).

18 『刊所日記』 1823년 9월 초순; 11월 8일; 22일; 1824년 1월 17일; 3월 1일; 5월 12일; 6월 21일.

19 『鶴棲先生文集』 권10, 記, 「和敬堂記」.

"忠孝之扁, 吾宗家已有所揭, 而和敬字, 實亦忠孝上一箇塗轍. 和以事親則孝, 敬以事君則忠, 書揭于堂. 日夕瞻慕, 以寓警省焉, 則宜爾室家, 樂爾妻孥, 內外族戚, 親疎賓客, 無所忤怒. 而先君遺敎之意, 其在斯矣."

헌종 대에 원로元老, 채제공의 의리를 펴는데 심혈을 기울이고 국가의 위급한 일이 있으면 공의公議를 주도했다고 평가하였다.[20]

1802년순조 2에 부여 현감 류이좌는 족질族姪 류의목柳懿睦, 1785~1833을 만나 과거 공부에 몰두할 것을 당부하였다.[21] 오랫동안 조정의 세신世臣으로 있으면서 과거를 하지 않아도 가격家格을 유지하였지만, 이제는 과거에 합격해야 집안을 유지할 수 있다는 당부였다. 정조가 사망한 후 남인계 인사들이 대거 실세失勢하는 상황에서, 그는 과거 급제의 필요성을 절실하게 느끼고 있었다.

> 과거는 문호門戶를 유지하는 물건이다. 만약 과거가 아니면 어떻게 양반이라 하겠는가? 지금 우리 집안으로 말하면, 여러 대 동안 모두 과거 학업을 하지 않았던 것은 옛날과 거리가 멀지 않아 유택遺澤이 사라지지 않았기 때문이었다. 지금은 세대가 더 내려옴에 벼슬이 점차 멀어졌으니, 과거 학업에 힘을 다하지 않을 수 없다. 지난날 내가 젊을 적에 과거에 힘쓰면서 마음으로 대과大科를 바랄 수는 없지만 소과小科는 그래도 힘쓸 수 있을 것이라 생각했다. 지금 이렇게 급제한 것은 실로 생각이 미치지 못했던 것이다. 너는 반드시 착실히 힘써라.[22]

---

20 『柳台佐賜祭文』(1839. 11. 2).
"惟靈, 陶山統承, 豊原業盛. 喬木男榮, 八葉延慶. … 玉署雷肆, 出入橫經, 奎章講製, 嘉獎彌隆. 詡以簡靜, 勉之孝忠, 文學政事, 前後恩紱. … 逮事兩朝, 顚髮白紛. 伸理元老, 臺章未徹, 士類推重, 斷斷腔血. 國家有事, 時來羽儀, 節次緋金, 公議攸歸."
『鶴棲先生文集』에는 "詡以簡靜 勉之孝忠" 부분이 "考亭百選 仰體磨礱"으로 나온다(권 20, 附錄,「賜祭文」).

21 柳台佐와 柳懿睦의 친밀한 관계에 대해서는 김명자,「순조 재위기(1800~1834) 하회河回 풍산류씨豊山柳氏의 현실 대응과 관계망의 변화」,『국학연구』 29, 2016, 88~89쪽.

22 柳懿睦,『河窩日錄』(김정민 박세욱 김명자 등 옮김,『할아버지와 함께한 시간들, 하와일

19세기에도 류이좌는 꾸준히 관리로 발탁되었다. 그러나 그가 속한 남인계 인사들의 중앙 진출이 제한된 상황에서 뚜렷한 행적을 보이기는 힘들었다.[23] 차남 류기목柳祈穆은 그가 훌륭한 군주를 만나 한 시대를 경륜하려는 뜻을 가졌으나 지방관으로 뛰어난 업적을 보였을 뿐 중앙에서는 뜻의 만분지일도 펴지 못했다고 하였다.[24]

Ⅲ. 초계문신의 교육 과정

1. 시강試講과 시제試製

류이좌는 6년 1개월 동안 초계문신으로 있으면서 초계문신의 교육 과정을 성실히 이수하였다. 초계문신의 교육 과정은 시강試講, 課講과

록』, 한국국학진흥원, 2015, 381쪽).

[23] 김성우는 1800년의 仁同作變으로 영남 남인의 몰락이 시작되고, 1801년의 신유박해로 기호 남인의 몰락이 시작되었다고 하였다(「1800년 '인동 작변(仁同作變)'을 둘러싼 다중의 시선들」, 『역사와 현실』 82, 2011). 그러나 김명자는 19세기에 풍산 류씨는 과거와 사환을 통한 외부세계와의 소통을 통해 영남의 고립을 극복하려 했다고 본다(앞의 논문, 2016, 100~102쪽).

[24] 『鶴棲先生文集』 권20, 附錄, 「家狀[柳祈睦]」.
"而策名之始, 受知正廟, 以經術得進, 蓋亦爲之兆也. 不幸中道泣弓, 未展所蘊. 僅施之於中晩者, 惟有州郡絃歌, 鄕里誦慕, 爲一時之所矜式而已. 其於堯舜君民黼黻經綸之志, 則卒無以究其萬一, 庸非天哉. 府君常以是爲恨, 與嶺中僚友, 約書奎章閣四字銜於身後旐面, 以志其不忘恩遇. 嗚呼晞矣."

시제試製, 課試로 구분되며, 시강 교재는 사서삼경四書三經과 『사기史記』이고, 시제의 문체는 논論, 책策, 서序, 기記, 설說, 의議, 변辨, 제발題跋, 자문咨文, 주문奏文, 표表, 전箋, 계啓, 조詔, 제制, 고誥, 반교문頒教文, 교서敎書, 비답批答, 노포露布, 격檄, 상량문上梁文, 잠箴, 명銘, 송頌, 찬贊, 배율排律, 율시律詩, 고시古詩, 부賦, 律賦 등이 있었다. 시강은 매월 2회씩 이문원摛文院에서 실시하고, 시제는 매월 1회씩 집에서 문장을 작성하여 제출하였다.[25]

정조는 여기에 더하여 국왕이 매월 1회씩 초계문신을 시험하는 친림시강親臨試講, 親講과 친림시제親臨試製, 親試를 두었고, 날씨가 춥거나 더울 때에는 집에서 국왕의 어제조문御製條問에 답하는 시강과 국왕의 어제御題에 답하는 시제를 실시하였다.[26] 초계문신이 어제조문에 답하는 시강은 특별히 '경사강의經史講義'라 하였다. 이렇게 시험한 결과 연속해서 3~4차례 수석이나 말석을 차지하면 상벌을 시행하고, 매년 연말이면 12개월의 성적을 종합하여 방榜을 내고 상벌을 시행하였다.[27]

류이좌가 초계문신의 시강과 시제에 참가하여 상품을 받은 기록은 꾸준히 나타난다. 다음의 〈표 2〉는 그가 참가한 시강과 시제를 정리한 것이며, 시사試射 결과도 함께 정리하였다.[28]

25 『奎章閣志』 권2, 教習, 「講製」.

26 『奎章閣志』 권2, 教習, 「親臨」.

27 『奎章閣志』 권2, 教習, 「賞罰」.

28 〈표 2〉는 주로 『日省錄』에 나타난 사항을 정리하였다.

〈표 2〉 류이좌가 참가한 시강과 시제

일시	講製	성적	상품	비고
1794. 11. 23	擬本朝內閣印進御定朱書百選(箋)	2下 (수석)		10월 親試, 3개월 課講, 11월 課試
1795. 4. 7	賦 100韻	3中 (수석)	紙 筆 墨	律詩, 賦, 罰射
1795. 10. 21	還餉(策) 試射	- 5발	- 箭竹 40개	『御製還餉策問』 간행 試射. 9월 親試
1795. 11. 16	虎視何雄哉(七言四韻律)			1~2월 課試의 追試
1795. 12. 26	都計劃	25分	紙 3, 筆 6, 墨 2	
1796. 11. 28	親試(已發未發之性)	2下	鼠皮 耳掩 1개	
1796. 11. 29	庸作歌(次韻)			親試의 更試, 課試
1796. 12. 10	玄圭(七言四韻律)	3下1 (수석)		12월 親試, 9월 試射, 春塘臺
1796. 12. 11	都計劃	34分	虎皮 1벌	熙政堂
1797. 3. 24	試射	3발		親試, 試射
1797. 12. 20	親試 課試 課講	32分 9分반 196分	虎皮 1벌 紙 1, 筆 3, 墨 1 紙 3, 筆 5, 墨 2	都計劃(親試, 課試, 課講)
1798. 12. 15	親試 都計劃	14分반	紙 2, 筆 3, 墨 2	
1799. 4. 7	試射(柳葉箭 8巡)	2발	箭竹 20개	
1799. 6. 15	飯牛牛亦肥(賦)	6分반	別壯紙 1권, 簡紙 30幅, 筆 5, 墨 2, 端午扇 2把, 淸暑六和湯 1貼, 香薷散 5貼	更試(賦 排律 古詩) 6월 12일~14일
1799. 12. 13	冬至至後日初長(七言四韻律) 虞百姓等謝命契數敎得免飽食煖衣則近於禽獸(表) 魚虎(五言四韻律) 梅花若爲賦(五言絶句) 投壺(五言四韻律) 蹴踘(七言四韻律) 六博(七言四韻律)	3下 2下 (수석)		11월 親試, 7번 비교

1799. 12. 15	親試	38分	別壯紙 1, 壯紙 2, 筆 3, 墨1	都計劃(親試, 課試, 課講)
	課試	22分	別壯紙 1, 壯紙 2, 筆 3, 墨1	
	課講	62分반	豹皮 1벌	

〈표 2〉를 보면 초계문신의 시강과 시제는 매월 규칙적으로 진행되지 않았다. 제때 시행하지 못한 시강과 시제를 한꺼번에 시행하는 경우가 나타나기 때문이다. 그러나 매년 12월에 실시하는 도계획都計劃은 정기적으로 시행되었다.

류이좌는 전箋에서 1번, 부賦에서 2번, 율시律詩에서 1번 등 수석을 4번이나 차지할 정도로 시문의 작성에 뛰어났다. 그가 특별히 이엄耳掩을 하사받은 1796년 11월의 친시는 정조가 『대학』에 나오는 명덕明德을 심心으로 볼지 성性으로 볼지를 질문한 문제였다.[29] 정조는 류이좌가 미발未發·이발已發의 설을 밝히는데 훌륭했다고 칭찬하고 서

29 『弘齋全書』 권56, 雜著3, 「問明德[抄啓文臣親試]」.

"明德, 心耶性耶? 心是大人赤子之心耶? 性是本然氣質之性耶? 若謂本然則何以爲生之謂性, 若謂氣質則何故言天命之性耶? 赤子大人之心純善, 則心之惡者, 當屬於何? 心體本自虛靈, 明固知覺, 德亦釋之以心耶? 下一德字, 便不可單以心稱之. 玉溪本心之喩, 近世儒者如李文成輩, 甚味之, 此乃文成見得之卓乎. 然本心之所以爲明德, 明德之不獨爲心性, 皆可一一歷擧而指陳歟? 未發曰性, 已發曰情, 則明德固不可偏屬之性歟? 心自有善有惡, 則明德亦不可泛稱曰心歟? 純善無惡者, 性也, 而程子何以言理有善惡歟? 或曰, '理字當作合字看', 或曰, '記錄之誤', 何說爲得? 欲聞的確之論."

이상의 정조 질문은 『鶴棲先生文集』에도 수록되어 있다. 다만 『鶴棲先生文集』에서는 후반부의 "未發曰性~欲聞的確之論" 부분이 "性有未發已發, 明德謂之心不可. 心亦有善有惡, 明德謂之性亦不可. 性豈有善惡? 而程子何以言理有善惡, '理作合字看', 或謂之'記錄之錯', 此說何如? 心固有出入, 而說心者或言其發與未發, 又何意歟?"로 되어 있어, 글자의 出入이 있다(권8, 「大學問對[抄啓應製]」).

피鼠皮 이엄을 하사하였다.[30]

2. 경사강의經史講義와 초계고식抄啓故寔

류이좌는 정조와 초계문신이 문답을 주고받는 경사강의와 초계고식에도 참여하였다. 경사강의는 정조가 내린 조문에 일일이 답변하는 것으로, 류이좌는『중용』의 서문과 편제篇題, 본문 33장을 상세하게 분석하는 중용강의中庸講義에 참여하였다. 또한 정조는 1794년에 선발된 초계문신에게『대학』,『주자대전朱子大全』, 국조고사國朝故事,「龍飛御天歌」『國朝寶鑑』를 대상으로 하는 초계고식을 실시하였다. 이는 초계문신이 먼저 대상 서적을 읽어가면서 자신의 견해를 밝히면 정조가 이를 읽고 비답批答을 내리는 방식으로 진행되었다. 경사강의가 경서와 역사서『資治通鑑綱目』의 내용을 세밀하게 분석하는 연구라면, 초계고식은 대상 서적을 읽으면서 현실적인 경세 방안을 제시한 것이 특징이다.

정조 대의 초계문신은 1794년에 24인, 1795년에 6인의 문신을 선발한 이후에는 1800년에 14인의 문신을 선발할 때까지 추가 선발을 하지 않았다. 따라서 류이좌가 초계문신으로 활동했던 1794~1800년에는 그가 포함된 갑인선甲寅選, 1794년 초계문신이 집중 수련을 받았다. 다음의 〈표 3〉은 류이좌가 참여한 경사강의와 초계고식을 정리

30『鶴樓先生文集』권8,「大學問對[抄啓應製]」(1796).
"批曰. 發揮明德之未發已發, 奇哉奇哉. 始信嶠南學者之實地著力."
정조의 칭찬은『正祖實錄』에도 같은 내용이 나온다(권45, 正祖 20년 11월 己巳(28일)).

한 것이다.

〈표 3〉 류이좌가 참여한 경사강의와 초계고식

분류	과목	시행	초계문신	선발
經史講義	中庸講義	1797	金近淳 李存秀 趙萬元 徐俊輔 曹錫中 李勉昇 **柳台佐** 洪樂浚 柳遠鳴 金熙洛 具得魯 宋冕載 申絢 姜浚欽 洪命周 黃基天 李東萬	1794
			金履載	1790
			金處巖 李英發 洪奭周	1795
抄啓故寔	大學	1799	金近淳 李存秀 **柳台佐** 金熙洛 具得魯 姜浚欽 洪命周	1794
			李英發 洪奭周 金啓溫 李弘謙	1795
	朱子大全	1799	金近淳 李存秀 金熙洛 **柳台佐** 具得魯 申絢 姜浚欽 洪命周	1794
			金履載	1790
			李英發 洪奭周 金啓溫 李弘謙	1795
	國朝故事	1799	金近淳 李存秀 **柳台佐** 金熙洛 具得魯 申絢 姜浚欽	1794
			金履載	1790
			李英發 洪奭周 金啓溫 李弘謙	1795

〈표 3〉을 보면 대부분 1794년에 선발된 초계문신이고, 1790년에 선발된 김이재金履載와 1795년에 선발된 이영발李英發, 홍석주洪奭周, 김계온金啓溫, 이홍겸李弘謙이 동참하였음을 알 수 있다. 류이좌가 참여한 경사강의와 초계고식은 정조와 류이좌의 문집에 수록되어 있다.[31]

[31] 柳台佐가 참여한 經史講義와 抄啓故寔은 『弘齋全書』에서는 권82(經史講義19○中庸3), 권129(故寔1, 「大學」), 권131(故寔3, 「朱子大全 二」), 권134(故寔6, 「國朝故事」), 『鶴棲先生文集』에서는 권5~7(「中庸講義條對[抄啓應製]), 권8(「大學故寔[抄啓應製], 「朱子大全故寔[抄啓應製], 「國朝故寔[抄啓應製]」)에 수록되어 있다.

IV. 국가적 행사 참여와 서적 편찬

1. 국가적 행사의 참여

규장각의 초계문신은 국가적 행사에 참여한 후 국왕과 시를 수창酬唱하는 경우가 많았다. 류이좌는 초계문신의 자격으로 네 차례 국가 행사에 참여한 것이 확인된다. 그가 참석한 행사는 1795년정조 19 6월 18일 창경궁 명정전明政殿에서 거행된 자전慈殿, 혜경궁 회갑 진찬進饌,[32] 1796년 3월 2일 황단皇壇, 大報壇에서 거행된 제향,[33] 1796년 6월 18일 영춘헌迎春軒에서 열린 혜경궁 생신 진찬進饌,[34] 1800년정조 24 2월 1일 왕세자순조의 관례冠禮와 책례册禮행사였다.[35]

1796년 3월의 황단 제향에는 제관祭官 43인을 비롯하여 명나라 사람으로 조선에 이주한 이여송李如松의 후손 3인, 이여매李如梅의 후손 4인, 황공黃功의 후손 6인, 조선의 충량인忠良人인 김응하金應河의 후손 9인, 홍익한洪翼漢의 후손 3인, 이순신李舜臣의 후손 23인 등 총 1,057인이 참여하고 정조의 시에 화답하는 시를 바쳤던 성대한 행사였다.[36] 이날 정조는 숙종과 영조가 황단 제향을 거행할 때 지은 지감

32 『日省錄』 正祖 19년 6월 18일(丁酉).

33 『日省錄』 正祖 20년 3월 2일(戊申).

34 『日省錄』 正祖 20년 6월 18일(壬辰).

35 『日省錄』 正祖 24년 2월 1일(甲申).

36 『日省錄』 正祖 20년 3월 2일(戊申).

운志感韻을 따서 다음과 같은 시를 지었다.[37] 정조는 청나라가 들어선 후 조선에서만 명 황제의 제사를 지내는 상황에서 만절필동萬折必東의 정성을 따르겠다고 노래했다.

> 황제가 동순東巡하심을 어슴푸레 보는 듯해라
> 사모하는 단목壇木에 왕의 봄을 붙였네.
> 산하의 북쪽 끝까지 제하諸夏가 무너졌으니
> 우리 동국만 희생과 술의 제향을 드리네.
> 수십 권 춘추 의리는 묵혀진 지 오래인데
> 삼천리 접역鰈域, 조선에서 관건冠巾을 보전하였네.
> 재계와 제복 엄숙히 하고 정화수를 살피니
> 만절필동萬折必東의 남은 정성을 힘써 따르련다.
> 玉輅東巡怳見親, 依依壇木寄王春.[38]
> 山河極北淪諸夏, 牲醴吾東享肆陳.
> 數十麟經淹日月, 三千鰈域葆冠巾.
> 齋衣肅穆監明水, 萬折餘誠志事遵.[39]

이날 초계문신으로 참석한 부정자副正字 류이좌는 정조의 어제시에 화답하여 다음의 시를 지었다. 정조의 대명의리를 따라 황단 제향을 계속하겠다는 다짐이었다.

> 해마다 동번東藩에서 보은의 제사를 직접 하시니

[37] 『正祖實錄』 권44, 正祖 20년 3월 戊申(2일).

[38] 『鶴棲先生文集』에서는 "依依壇木記王春"으로 나오지만 『弘齋全書』를 따름.

[39] 『弘齋全書』 권7, 詩3, 「皇壇親享日, 敬次兩朝御製韻」(1796).

시절이 거듭하여 집서執徐, 1796의 봄이 되었다.
백년의 예악禮樂이 중국에서 끊어졌으나
칠묘七廟의 의례를 동방에서 드리네.
북극 별들은 우위羽衛, 국왕의 의장에 임하였고
동으로 흐르는 강한江漢은 의건衣巾을 씻었도다.
운소雲韶, 순 임금 음악의 아홉 곡조 정색하고 뵙는 듯
국왕의 마음을 영원히 따르리.
歲歲東藩報祀親, 天時重屬執徐春.
百年禮樂中朝缺, 七廟儀文左海陳.
北極星辰臨羽衛, 東流江漢濯衣巾.
雲韶九闋愀如見, 惟願宸心永世遵.[40]

1796년 6월의 진찬은 62회 생신을 맞은 혜경궁을 축하하는 행사였다. 1년 전 혜경궁 회갑 때 창경궁 명정전에서 성대한 잔치를 열었던 정조는 이번에는 영춘헌에서 혜경궁에게 표리表裏를 올리는 행사를 거행했다. 이 행사에는 7세가 된 원자元子, 순조도 당계唐髻에 청포靑袍, 흑화자黑靴子를 갖추고 참여하였다. 행사 후 정조는 내전內殿에서 혜경궁께 음식을 올렸고, 행사에 참여한 신하에게도 음식을 내렸다.

이 날 정조는 1795년 윤2월에 화성행궁華城行宮의 낙남헌落南軒에서 열린 회갑연에서 지었던 시의 운자를 따서 시를 지었고, 규장각 각신閣臣, 승지, 사관史官, 2품 이상의 문신과 무신들에게 갱진시賡進詩를 지으라고 명령하였다.[41] 다음은 정조의 시로 해마다 혜경궁의 장수

[40] 『鶴棲先生文集』 권1, 詩, 「進皇壇親享, 次兩朝御製韻[奎章閣講製抄啓時]」.
[41] 『正祖實錄』 권44, 正祖 20년 6월 壬辰(18일).

를 기원하는 잔치를 열겠다고 노래했다.

> 자궁慈宮, 혜경궁의 많은 경사가 예전보다 빛나서
> 채의綵衣를 입고 춤추며 헌수연獻壽筵을 거듭 여네.
> 탁 트인 집에 봄을 맞아 봄이 늙지 않으리니
> 삼가 이 모임을 해마다 가져야겠네.
> 椒塗衍慶自光前, 綵舞重開獻壽筵.
> 軒敞迎春春不老, 恭將此會又年年.[42]

이날 승문원承文院의 권지부정자權知副正字 류이좌는 정조의 시에 화답하여 다음의 시를 지었다. 원자가 할머니의 생신에 참석한 것을 축하하며, 혜경궁의 장수를 기원하는 내용이었다.

> 장수하신 모후 앞에서 원량元良을 안으니
> 낙남헌의 화기和氣가 이 자리에 거듭했네.
> 신하들은 내의곡萊衣曲을 다투어 연주하고
> 반태盤泰의 상서로움으로 만수무강을 송축하네.
> 提抱元良壽母前, 洛南和氣又斯筵.
> 侍臣競奏萊衣曲, 盤泰休祥頌萬年.[43]

이상에서 보듯 초계문신 류이좌는 국가적 행사에 참여하여 정조의 시에 화답하는 시를 지었다.

---

[42] 『弘齋全書』 권7, 詩3, 「迎春軒, 奉觴志喜, 用洛南前韻」(1796).

[43] 『鶴棲先生文集』 권1, 詩, 「賡進御製迎春軒奉觴志喜, 用洛南軒前韻.[奎章閣講製抄啓時]」.

2. 국가적 편찬 사업과 서적 배포

정조는 1777년정조 1에 국립 출판사에 해당하는 교서관校書館을 규장각에 소속시키고 다수의 활자를 제작하여 국가적 편찬 사업을 전개하였다.[44] 정조는 규장각 각신과 초계문신을 실무진으로 참여시켜 서적의 편집, 교정, 인쇄를 감독하게 하였다. 그리고 규장각에서 서적이 출판되면 각신과 초계문신에게 배포하였다.

초계문신 류이좌는 이러한 국가적 편찬 사업에 참여하였고, 규장각에서 출판된 많은 서적을 배포 받았다. 그는 1794년 4월에 초계문신이 되면서 강제講製 규정을 정리한 『문신강제절목文臣講製節目』을 하사받았다. 류이좌는 김희락金熙洛, 1761~1803과 함께 이 책을 하사받고 감격하여 다음의 시를 지었다. 국왕이 지도하는 초계문신에 선발되어 '규장지보奎章之寶'가 선명하게 찍힌 서적을 받으니, 후손들에게 전해지는 가보가 될 것이라 노래한 시였다.

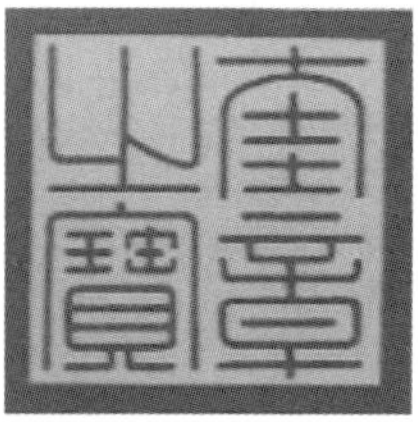
규장지보

봉래蓬萊 영주瀛洲에서 어떻게 초야의 신하를 생각하고
사심 없이 시우時雨를 내리시니 사물마다 새롭네.
하늘의 붉은 구름이 궁궐에 드리웠고
규장각 서책들은 관리들을 경계하네.

---

[44] 『群書標記』를 보면, 정조 대에 御定書 89종 2,490권과 命撰書 64종 1,501권을 합하여 총 153종 3,991권의 서적이 편찬되었다(『弘齋全書』 권179~184).

문文과 무武를 겸했으니 규모가 원대하고
달마다 열흘마다 직접 점검하시네.
규장지보奎章之寶 글자가 환하게 빛나니
오랜 세월이 지나도 자손의 보배 되리.
蓬瀛那意草萊臣, 時雨無私物物新.
天上紅雲垂禁籞, 閣中黃卷警簪紳.
兼文兼武規模遠, 望朔望旬照撿親.
寶篆煒煌奎閣字, 千秋留作子孫珍.[45]

류이좌는 규장각에서 이뤄지는 편찬 사업에 꾸준히 참여하였다. 1797년정조 21에 그는 『주서백선朱書百選』, 『팔자백선八子百選』, 『사기영선史記英選』의 교정에 참가하였다. 이때 정조는 규장각에 설치된 주자소鑄字所에 이 책들을 내려 자신이 정한 구두句讀를 달고 각신과 승지, 초계문신에게 교정을 보게 하였으며, 류이좌도 여기에 참여하였다. 정조가 정한 구두를 달고 교정하는 작업은 3월 9일부터 4월 4일까지 진행되었다.[46] 얼마 후 정조는 주자소에 『주자어류朱子語類』를 내려 1769년영조 45에 계방桂坊, 세자시강원의 신료에게 정하게 했던 구두를 옮겨 적게 하였다. 규장각 각신과 초계문신이 작업에 참여하였고, 류이좌는 안정복安鼎福이 작성한 『주자어류』 제26권의 구두와 현토懸吐를 옮겨 적고 교정하였다. 이는 5월 12일부터 22일까지 진행되었다.[47]

---

[45] 『鶴棲先生文集』 권1, 詩, 「祇受內賜節目一冊, 與金叔明[熙洛], 感賦一律」.
金熙洛은 1792년(정조 16)에 정조가 陶山書院에서 실시한 賓興科에서 선발되었으며, 1794년에 류이좌와 함께 抄啓文臣으로 선발된 인물이었다.

[46] 『日省錄』 正祖 21년 4월 4일(甲戌).

[47] 『日省錄』 正祖 21년 5월 22일(辛酉).

1797년 6월에 류이좌는 어정서御定書를 교열校閱, 감인監印, 선사繕寫한 공을 인정받아 용주선향龍柱扇香 1개, 청심환 3환, 제중단濟衆丹 10정을 하사받았다. 이때 규장각 각신과 초계문신들이 교정한 서적에는 『오경백선五經百選』5책, 『주서백선』3책, 『팔자백선』3책, 『사기영선』4책, 『육주약선陸奏約選』2책, 『율영律英』, 『두율분운杜律分韻』2책, 『육율분운陸律分韻』13책, 『두율구등杜律句謄』2책, 『육율구등陸律句謄』8책, 『육률분운』 초본草本 2책, 『당시제해唐詩題海』103책, 『춘추좌씨전春秋左氏傳』10책, 『향례합편鄕禮合編』2책, 『오륜행실도五倫行實圖』4책 등이 있었다.[48]

류이좌는 정조대에 편찬된 서적에 대한 전문箋文을 작성하였다. 그는 정조가 1794년에 혜경궁의 장수를 기원하려고 노인 75,100여 인人의 나이를 합하여 5,898,200여 세가 되는 것을 정리한 『인서록人瑞錄』에 대한 전문을 작성하였다.[49] 또한 그는 1797년에 간행된 『향례합편』에 대한 전문을 통해 정조가 삼대의 풍속을 회복하려고 향음주례鄕飮酒禮와 향약鄕約 제도를 정리한 이 책을 편찬하였고, 자신도 책을 간행하는 말석에 참여하였다고 하였다.[50]

류이좌와 특별한 인연이 있는 서적은 1797년정조 21에 간행된 『오륜행실도』였다. 류이좌는 정조가 이 책을 간행할 때 주자소에서 근무한 인연으로 1건을 하사받았다. 그의 양친은 이 책을 소중히 다루며 자손들에게 교육시키게 하였으나 아쉽게도 장녀인 최실崔室이 빌려

---

[48] 『日省錄』 正祖 21년 6월 24일(癸巳).

[49] 『鶴棲先生文集』 권11, 箋, 「擬本朝『人瑞錄』老人七萬五千一百餘人, 進壽五百八十九萬八千二百歲箋[抄啓應製]」.

[50] 『鶴棲先生文集』 권11, 箋, 「擬本朝鑄字所進鄕飮儀式鄕約條例箋[抄啓應製]」. "伏念臣等, 鋟梓末官, 獻芹微悃. 一勺蠡海, 縱乏藝諫之姿, 三終鹿鳴, 庶效升歌之頌."

간 후 제1책을 잃어버렸다. 1820년순조 20에 김해 부사로 부임한 류이좌는 관아에서 『오륜행실도』의 완질을 발견하고, 서화를 잘 하는 사람에게 제1책에 있는 '규장지보奎章之寶'와 명제지서命除之書를 그대로 그려 채우게 하였다. 이때 류이좌는 나머지 3책의 표지도 교체하려 했다가 아우柳奭祚의 글씨라 그대로 두었다.[51]

다음의 〈표 4〉는 초계문신 류이좌에게 배포된 규장각 도서를 정리한 것이다.[52]

〈표 4〉 류이좌에게 배포된 서적 목록

서명	시기	內賜記	근거	비고
文臣講製節目		1794. 4.	도서	檢校直閣 徐
御定朱書百選	1794. 12.	1794.	행장, 도서	陶山書院, 玉山書院 1건 檢校待敎 沈
正始文程		1795. 4.	도서	檢校直閣 李
御製還餉策問	1795.	1795. 9. 8	도서	
御定奎章全韻	1796. 8. 11		일성록	
御定史記英選	1796. 12. 25	1796.	일성록	
鄕禮合編	1797. 6. 2		일성록	
御定陸奏約選	1797. 윤6. 12	1797.	일성록	
五倫行實圖	1797. 7. 20		일성록	
杜律分韻	1798. 7. 22	1798. 7.	일성록, 도서	檢校直提學 李
太學銀杯詩集	1799. 3. 28	1799. 3.	일성록, 도서	直提學 李
雅誦	1799. 10. 3		일성록	
春秋左氏傳	1799. 11. 15		일성록	조윤형 번각본
濟衆新編	1799. 12. 11		일성록	
御定杜陸千選	1799. 12. 28		일성록	

[51] 『鶴棲先生文集』 권9, 序, 「內賜五倫行實圖」.
柳台佐의 아우 柳奭祚(柳奭佐)는 1768년(영조 44)에 태어나 1803년(순조 3)에 사망했기 때문에 이때는 이미 故人이었다.

[52] 현존 도서의 內賜記는 한국국학진흥원, 『풍산류씨 화경당(북촌댁)』, 2014를 참조하였다.

Ⅴ. 주자학과 퇴계 학설의 존중

류이좌는 초계문신의 교육 과정을 거치면서 주자학과 퇴계 학설을 존중하는 태도를 보였다.

먼저 정조는 중용강의에서 주자 학설에 심각한 의문을 제기하였으나, 류이좌는 이를 지지하고 준수하였다. 다음의 경우가 그 사례에 해당한다.

> 정조 : "종기宗器에 대해 정현鄭玄의 주석에서는 종묘의 제기라 하고, 『중용장구』에서는 선세先世에 소장한 그릇으로 적도赤刀나 대훈大訓 같은 것이라 하였다. 그러나 『춘추좌씨전』에서 말한 '종기를 중시한다.'는 것이나 『국어國語』에서 말한 '그 관官에서 종기를 갖추지 못했다.'는 것은 모두 제기로 말한 것이니, 정현의 설은 본래 근거하는 바가 있다. 그런데 주자가 반드시 지금의 해석으로 고친 것은 어째서인가?"
>
> 류이좌 : "종기宗器는 제기祭器라고 한 정현의 설은 미안합니다. 『주례』에서 '천부天府는 조묘祖廟에서 수장한 것을 관장한다.' 하였으니 국가의 옥진대보기玉鎭大寶器를 보관하는 것입니다. 대제大祭가 있으면 꺼내어 진열해 놓으니 그저 국용國容의 미관을 위해서만이 아니라 선왕께서 평소에 살펴보신 수택手澤이 있기 때문에 진열하여 그 분이 살아계심을 상징하는 것입니다. 중략 『좌전』과 『국어』에서 비록 제기라 하였으나 주자가 반드시 선세에 보관했던 중기重器라 한 것은 선왕 예의禮意의 아름다움을 깊이 체득했다고 할 수 있습니다."[53]

---

[53] 『鶴棲先生文集』 권7, 「中庸講義條對3[抄啓應製]」(1797). 「제19장」 #2.

정조 : "'조빙이시朝聘以時'에 대해 『중용장구』는 중략 대개 『예기』「왕제」편과 「빙의聘義」편의 글에 의거하였다. 그러나 「왕제」편의 글은 모두 고례古禮를 잡다하게 열거하여 반드시 주가周家의 전례가 된다고 할 수는 없다. 「빙의」편에서 말한 것은 또 제후諸侯들이 서로 방문하는 예이니 천자에게 조빙朝聘하는 것을 말하는 것이 아니다. 그러니 주자가 이것에 의거하여 해석한 것은 과연 경문經文의 본지에 어긋나는 것이 없겠는가?"

류이좌 : "경전에 수록된 것이 이처럼 서로 어긋나니 지금 갑자기 절중折中할 수는 없습니다. 그러나 주부자朱夫子가 이미 「왕제」편의 글로 공자가 애공哀公에게 고한 말을 해석하였으니, 조빙의 예는 반드시 「왕제」편의 말이 정론에 부합한다고 할 수 있습니다. 정현과 공영달孔穎達은 자대숙子大叔, 春秋 시대 鄭나라 大夫의 말에 근거하여, 「왕제」편의 이 말에 진晉 문공文公이 패도로 다스리던 것이 섞였다고 하였으니 어찌 그리 잘못되었습니까? 공자께서 이미 문왕과 무왕의 정치로 그 군주에게 고했는데 주자가 무엇 때문에 왕조의 구전舊典을 버리고 백국伯國의 제도를 근거로 말했겠습니까? 이는 주가周家가 다스리던 것인데 자대숙을 빌려와 말하니 한유漢儒들이 경을 더럽힌 잘못이 이와 같습니다."[54]

정조 : "이 책『중용』에서 장章을 나눈 것은 의심할만한 것이 많다. 중략 장을 나누고 구句를 분석하는 것은 예로부터 전주가箋註家들이 조심스럽게 여겼던 것이다. 더구나 주자처럼 한 치의 틀림도 없는 분명한 분이 어찌 여기에 조금이라도 미진한 것이 있겠는가? 반복하여 연구해 봐도 끝내 요령을 얻을 수 없으니 여러 군자들과 한 번 강론해 보고 싶다."

"「제19장」#2"이란 표현에서 "「제19장」"은 朱子가 『중용』 본문을 33章으로 구분한 것에서 제19장에 해당하며, "#2"는 정조의 두 번째 질문에 대해 류이좌가 답변한 것을 의미한다. 이하 동일함.

[54] 『鶴棲先生文集』 권7, 「中庸講義條對3[抄啓應製]」(1797). 「제20장」#3.

류이좌 : "이 책의 장을 나눈 사례에 있어서는 저의 소견으로 감히 말할 수 없는 것이 있으니 그저 주자의 훈訓을 존신尊信하고 발명할 뿐입니다. 중략 게다가 부자夫子, 공자의 말을 자사子思가 인용하고 자사의 말을 주자가 해석하였으니, 어찌 조금이라도 미진한 뜻이 그 사이에 있겠습니까? 주자의 훈訓을 그르다 하고 억지로 별도의 문호를 세우려는 것은 결단코 따를 수 없습니다.[55]

이상에서 정조는 정현 같은 한유漢儒의 학설에는 연원이 있으므로 소홀히 할 수 없고, 주자가 『중용』의 원문을 장章과 절節로 세분細分한 것도 이해되지 않는 점이 있다고 하였다. 정조는 한학의 성과도 어느 정도 인정하면서 『중용장구』에 있는 주자의 해석을 모두 따르지 않는 입장이었다. 그러나 류이좌는 한유의 견해는 잘못된 것으로 경經의 본지를 어지럽혔고, 『중용』은 공자의 발언을 자사가 인용한 것을 주자가 제대로 해석하였으므로 주자의 설을 믿고 따른다는 입장이었다. "주자의 훈訓을 존신尊信하고 발명할 뿐이라"는 발언은 그가 주자학을 존중하는 학자였음을 보여준다.

류이좌는 주자의 학설에 변화가 있고, 주자의 만년晩年 주장이 정론定論이라고 판단하였다.

정조 : "주자가 중화中和를 논한 것은 그 말을 여러 번 바꾸었다. 중략 그의 초년과 만년의 차이와 옳고 그름의 까닭을 하나하나 상세하게 말할 수 있는가?"

류이좌 : "주부자朱夫子가 중화를 논한 것은 과연 신설과 구설이 다릅니

---

55 『鶴棲先生文集』 권7, 「中庸講義條對3[抄啓應製]」(1797). 「제26장」 #1.

다. 중략 성상께서 물으신 것에서 제1조와 제2조는 초기와 중기의 학설이고 제3조는 후기의 학설입니다. 중략 뒷날 왕양명王陽明이 주자가 폐기했던 초기의 학설을 주워 모아 주자가 미발未發이 발發의 주재主宰라 하니 바로 발發했으나 미발未發이 있다는 것은 두 가지 시기를 말하여 옳지 않다.'고 하였으니, 어찌 그렇게 망령되었습니까.[56]

정조 : "주자가 일찍이 중화中和의 뜻을 논하여 '사람이 사는 것은 모두 이발已發인데, 이발일 때 미발未發이 그 사이에 존재하니 비은費隱과 비슷하다.'고 하였고, 또 『주자어류』에서는 '화和 안에 비費가 있고 은隱이 있으니, 중中을 은隱이라 하고 화和를 비費라 하면 안된다.'고 하였다. 전후의 학설이 이처럼 다르니 어느 것을 따라야 하는가?"

류이좌 : "주부자의 중화에 대한 구설은 진실로 만년에 스스로 그 잘못을 깨닫고 중화를 나누어 동정動靜으로 고쳤습니다. 그 때문에 『주자어류』에는 '중中을 은隱이라 하고 화和를 비費라 하면 안된다.'는 학설이 있으니 그의 잘못을 분명히 한 것입니다.[57]

류이좌 : "'반드시 당연히 해야 할 일을 하되 그 보람을 미리 기대하지 않으면[必有事焉而勿正] 마음은 바로 솔개가 하늘을 날고 물고기가 못에서 뛰는 것[鳶飛魚躍]과 같이 활발活潑하다'는 것은 주자의 구설이고, '반드시 당연히 해야 할 일을 하되 마음에 일정한 주견主見이 있은 연후에 도체道體의 묘妙를 볼 수 있다'는 것은 주자의 신설입니다. 중략 『중용혹문』의 논의가 이러할 뿐만 아니라 초설初說과 만설晩說이 다르니 만년의 학설을 정론定論으로 삼아야 합니다."[58]

---

56 『鶴棲先生文集』 권5, 「中庸講義條對1[抄啓應製]」(1797). 「제1장」 #17.

57 『鶴棲先生文集』 권6, 「中庸講義條對2[抄啓應製]」(1797). 「제12장」 #2.

58 『鶴棲先生文集』 권6, 「中庸講義條對2[抄啓應製]」(1797). 「제12장」 #7.

이상에서 정조와 류이좌는 주자의 중화中和 해석에서 초년, 중년, 만년의 설에 차이가 있음을 잘 알고 있었다. 류이좌는 주자가 만년에 주장한 학설이 정론이므로 이를 따라야 하며, 왕양명이 주자의 초기 학설을 바탕으로 주자를 비판한 것은 왕양명의 잘못이라고 보았다. 류이좌의 이러한 견해는 양명학을 반대하는 것으로 이어졌다.

정조 : "여기서 '천명天命과 솔성率性은 도심道心을 말한다.'고 하였다. 성性과 심心이 과연 이처럼 구별이 없다면 왕양명의 '심즉리心卽理 심즉도心卽道'라는 학설에 대해 또한 무엇 때문에 한꺼번에 일어나 비난한 것인가? 대저 강서학파江西學派, 王陽明 학파가 돈오설頓悟說에 깊이 빠져 끝내 총령葱嶺의 기미氣味를 면하지 못한 것은 바로 심을 성性이라 여긴 데 있다. 나정암羅整菴, 羅欽順 등의 학자들이 저들의 그릇됨을 크게 배척한 것도 심心과 성性에 분별이 없다고 한 것일 따름이다."

류이좌 : "'도심유미道心惟微'는 순舜과 우禹의 말이고 '천명솔성天命率性'은 자사子思의 말입니다. 마음에서 마음으로 전해진 지결旨訣은 전후가 하나이며, 오직 자양紫陽, 주자만이 이를 밝혀 그 뜻을 '자사의 이런 훈訓은 바로 순과 우의 이런 훈訓이라.'고 하였습니다. 지금 만약 이것으로 심心이 성性이라는 논의와 비교한다면 미안합니다. 중략 위에서 이미 도道는 성명性命에 근원하였다고 하였으니 심과 성의 구별은 이미 분명히 밝혔습니다. 그것을 왕양명 무리의 심즉리 심즉도란 학설과 비교하면 서로 거리가 멀 뿐만이 아닙니다."

정조 : "존덕성尊德性과 도문학道問學은 어느 것이 무겁고 어느 것이 가벼운가? 어느 것이 먼저이고 어느 것이 나중인가? 육상산陸象山이 존덕성 세 글자로 별도의 문호를 세우고 강학講學을 모두 폐지하자, 한 번 변하

고 두 번 변하면서 거리가 더욱 멀어졌고, 강서파江西派에 이르러 거듭하여 돈오頓悟의 설에 깊이 빠져 주자와 육상산의 학문이 거의 천하를 반분하였다. 이를 조정하는 논의를 한 사람들은 '주자는 도문학의 뜻이 많고 육자陸子, 陸象山는 존덕성의 뜻이 많다.'고 하였다. 주자의 가르침은 본래 궁리窮理에 힘쓰지만 매번 '궁리 이전에 반드시 먼저 본원을 함양해야 한다.'고 하였으니, 어찌 존덕성의 공부를 빠뜨린 적이 있겠는가? 저 육씨의 이른바 거경居敬이라는 것은 오직 간이簡易함을 숭상하고 부질없이 사색하는 것을 면치 못하니 이것을 존양存養이라 할 수 있겠는가?"

류이좌 : "육씨는 오직 간이함을 숭상하고 그저 허정虛靜을 일삼았으니 이미 도문학이 아니고 존덕성에도 능하지 못합니다. 주자는 독서 궁리하여 본원을 함양하였으니 이미 도문학을 이루었고 존덕성도 빠뜨린 적이 없습니다. 이것은 유학이고 저것은 불교이며, 이것은 정正이고 저것은 사邪이며, 이것은 공평하고 저것은 사한邪狠하니, 많이 분별하지 않아도 알 수가 있습니다."[59]

이상에서 정조와 류이좌는 공통적으로 육상산과 왕양명의 학설을 비판하였다. 또한 류이좌는 주자는 도문학과 존덕성을 모두 이뤘지만 육상산은 어느 것도 이루지 못했고, 왕양명의 학설은 강서학파에 이르러 불교에 빠졌다고 비판하였다.

류이좌는 주자의 본지를 제대로 밝힌 학자는 이황李滉이라 보고 그의 학설을 자주 인용하였다.

정조 : "인심人心과 도심道心이 유가儒家의 논란거리가 된 지 오래되었

[59] 『鶴棲先生文集』 권7, 「中庸講義條對3[抄啓應製]」(1797). 「제27장」 #4.

다. 중략 우리나라 유학자에 이르러 그 학설이 더욱 번잡해졌다. 인심은 기氣가 발發하고 리理가 승乘하며 도심은 리가 발하고 기가 수隨한다는 것은 퇴도退陶 이황의 학설이고, 인심과 도심이 모두 기가 발하고 리가 승乘하며, 발하는 것은 기이고 발하게 하는 것은 리라는 것은 율곡栗谷 이이李珥의 학설이다. 중략 오늘날에 이르러 사단四端 칠정七情이니 인심 도심이니 하는 변론들이 아득히 안개 낀 바다와 같아 끝까지 이치를 따져 볼 수도 없게 되었다. 과연 반복하여 토론하면서 하나하나 상세히 상고할 수 있겠는가?"

류이좌 : "대개 불상잡不相雜 불상리不相離하는 것이 이理와 기氣인데 혼륜설渾淪說과 분개설分開說이 있어 어느 한쪽을 폐할 수 없습니다. 이 때문에 이문순李文純, 李滉은 '리와 기는 본래 불상잡 불상리한다.'고 하였습니다. 분리하지 않고 말하면 혼연히 일물一物이 되어 그것이 불상잡하는 것을 알지 못하고, 합하지 않고 말하면 판연히 이물二物이 되어 그것이 불상리하는 것을 알지 못합니다. 혼륜설에 나아가 분개설을 겸하여 말한 것이 이와 같습니다. 이는 문순이 창시한 말이 아니며, 실제로 위에서 말한 형기의 사욕에서 생겨난 것도 있고 성명의 올바른 것에서 근원한 것도 있다는 훈訓을 따른 것입니다.[60]

정조 : "말하는 사람들이 이 장章의 위아래 2절은 모두 공자의 말이라 하였다. 중략 그러나 경문經文을 반복하여 생각해 보니 위의 1절은 바로 『논어』에 있는 '군자는 의義에 밝고 소인은 리利에 밝다.'는 것과 말뜻이 비슷하고, 아래의 1절은 위 글의 남은 뜻을 거듭 풀이한 것에 불과할 뿐이다. 성인聖人의 말은 정결하고 간오簡奧하니, 스스로 말하고 스스로 그 뜻을 풀이하지는 않았을 것이다. 위의 1절은 공자의 말로 보고 아래의 1

[60] 『鶴棲先生文集』 권5, 「中庸講義條對1[抄啓應製]」(1797). 「中庸序」 #2.

절은 자사子思의 말로 보아야 할 것 같은데 어떠한가?"

류이좌 : 이 장은 위의 2구句와 아래의 4구가 모두 공자의 말입니다. 이문순이황이 말하길 '군자지중용君子之中庸 이하는 주자도 모두 공자의 말이라 생각했기 때문에 자사의 말이라 하지 않았다. 채침蔡沈의 말도 그저 하나의 설이니 반드시 맞는 것은 아니다.'라고 하였습니다.[61] 하나의 장 안에 두 성인의 말이 있었다면, 주자가 장구章句를 훈석訓釋할 때 반드시 '우이자용愚而自用'장처럼 절을 따라 분별하였을 것입니다.[62]

이를 보면 류이좌는 이황과 이이의 이기理氣 논쟁에서 이황의 설을 강하게 지지하고, 이황의 학설이 주자의 정론定論이며 특히 이황은 주자 만년의 정론을 따랐다고 주장하였다. 주자의 학설은 이황이 제대로 밝혔고, 자신은 이황의 학설을 따라 주자를 이해한다는 입장이었다. 이러한 그의 주장은 주자에서 이황을 거쳐 자신에게 이어진다는 학통 의식을 표현한 것으로 이해된다. 정조도 주자서를 잘 드러낸 것은 이황이며 『주자서절요朱子書節要』를 보면 이황이 주자학의 충신임을 알 수 있다고 인정하였다.[63] 류이좌는 이러한 정조에게 답하면서 이황의 학설을 적극적으로 활용하였다.

류이좌는 주자학을 비판하는 명·청대의 학술을 강하게 비판하고

---

[61] 『退溪先生文集』 권40, 書, 「答審姪問目[中庸]」.
"君子之中庸一節, 蔡氏以爲子思釋孔子之言, 然否? '君子之中庸'以下, 朱子亦以爲孔子之言, 故不云子思之言. 蔡氏之說, 特備一說, 未必爲是."

[62] 『鶴棲先生文集』 권6, 「中庸講義條對2[抄啓應製]」(1797). 「제2장」 #5.

[63] 『鶴棲先生文集』 권8, 「朱子大全故寔[抄啓應製]」(1799).
"批曰. 實是表章朱子書者, 李文純也. 觀於『節要』, 眞所謂朱門之忠臣. 溪門『講錄』之手書與否, 今何足辨釋."

그 책들을 불태워야 한다고 주장하였다. 주자학을 헐뜯는 왕양명王陽明, 진헌장陳獻章, 모기령毛奇齡의 책이 조선에 들어와 퍼지는 상황에서 이단의 학설을 근절시켜야 성인聖人의 책을 밝힐 수 있다는 이유에서였다.

> 주자서朱子書는 바로 공자·자사·맹자·정자程子의 책입니다. 중략 그렇지만 신이 듣건대 명·청 이래로 왕양명王陽明, 백사白沙, 陳獻章, 모기령毛奇齡이 주자서를 거짓으로 무함하였으며, 근자에 해동으로 유전流傳되어 여항閭巷에서 경박하고 신기한 것을 좋아하는 무리들이 다투어 책을 외워서 물든 자가 없지 않다고 합니다. 이제 성학聖學이 밝게 닦여져 해가 중천에 떴을 때와 같으니, 어찌 이런 문자를 상자 속에 숨겨두고 주색朱色을 해치는 자색紫色, 곡식의 싹을 해치는 잡초가 되도록 하겠습니까? 반드시 널리 수색하고 찾아 불덩이에 던져 편언척자片言隻字라도 후세에 전해지지 않게 한 후에야, 이단의 설이 영원히 뿌리 뽑히고 옛 성인들의 책이 내세에 더욱 밝아질 것입니다. 전하께서는 유념하시기 바랍니다.[64]

정조는 주자학을 비판하는 서적을 불태우자는 건의에 동의하지 않았다. 정조는 정학인 주자학을 밝히면 사학邪學은 저절로 사라질 것이고, 왕양명이나 모기령 같은 사람도 주자학이란 정학의 세계로 복

---

[64] 『鶴棲先生文集』 권8, 「朱子大全故寔[抄啓應製]」(1799).
"朱子之書, 卽孔子子思孟程之書也. … 雖然臣嘗竊聞之, 明淸以來, 如陽明·白沙(陳獻章)·毛奇齡, 矯誣朱子之書, 近或流傳於海東, 閭巷浮靡好新之輩, 不無爭誦其書而擩染之者. 際玆聖學修明如日中天之時, 豈可使此等文字, 藏置於篋笥之中, 以爲亂朱之紫, 害苗之莠哉. 其必廣搜極覓, 秉畀炎火, 片言隻字, 毋得傳後然後, 異端之說, 永拔根柢, 前聖之書, 益復煥明於來世矣. 惟殿下留神焉."

귀했을 것으로 보았다.

> 우리 도道가 행해지고 정학이 밝아져 온 세상 사람이 집집마다 수사洙泗를 배우고 정주程朱를 배우면, 저 피음사둔詖淫邪遁한 설은 바로 햇살에 눈 녹듯 사라질 것이다. 그런데 어찌하여 굳이 그 책을 불태우고 그 사람들을 바른 사람으로 만들겠는가? 왕양명의 학문은 참으로 추하고 어긋난 견해지만, 그 자신은 세상에 드문 호걸이었다. 만약 주부자朱夫子 시대에 있었더라면 반드시 창을 버리고 명령을 따랐을 것이고, 모기령을 유비有庳에서 투항하게 하여 사문斯文을 바로잡았을 것이다.[65]

이를 보면 류이좌는 주자와 이황의 학설을 정학으로 존중하고 충실히 따랐지만, 정조는 주자학을 인정하면서도 명 · 청의 새로운 학문을 비교적 개방적으로 수용하고 있었다.

---

[65] 『鶴棲先生文集』 권8, 「朱子大全故寔[抄啓應製]」(1799).
"吾道行, 正學明, 使一世之人, 家洙泗而戶程朱, 則彼詖淫邪遁之說, 直是見晛之雪, 何必火其書而人其人哉? 至於陽明之學, 誠有醜差之見, 而亦自是間世豪傑. 若在朱夫子之世, 則必當投戈從命, 毛奇齡宜投之有庳, 以正斯文."
원문의 "有庳"는 『鶴棲先生文集』에서는 "有北"으로 나오지만 『弘齋全書』에 따라 수정한다. 有庳는 舜이 자신을 죽이려던 이복동생 象을 봉해 준 지역의 이름이다.

VI. 경세 방안의 건의

류이좌는 정조와 문답을 주고받는 가운데 국가를 경영할 경세經世 방안을 건의하였다. 정조가 초계문신의 강제를 실시한 이유가 이들의 학문을 단련시켜 국가에서 필요로 하는 인재로 키우기 위해서였고,[66] 초계문신의 급선무는 실심實心으로 실학實學을 하고 실사實事를 실천하는 일이었다.[67] 류이좌는 정조의 정책을 충실히 따르면서 정조의 통치 방식에 대한 지적을 하였다. 정조가 학문을 연마하고 서적을 출판하는 일에 지나치게 몰두하는 문제가 있다고 보았기 때문이다.

> 지금 전하께서 독송讀誦하는 공부에 밤낮으로 더욱 독실하고 편집하는 일에 좌우로 수응應酬하십니다. 승필承弼의 직책에는 묘당廟堂이 있고 보불黼黻의 직임에는 내각이 있습니다. 큰 강령을 총리總理하는 외에는 모든 일을 좌우의 신하들에게 맡겨 수고로워야 할 신하와 편안해야 할 임금의 입장이 뒤바뀌는 일이 없게 하시면, 심신을 수습하고 건강을 보존하는 방도에 만의 하나라도 도움이 있을 것입니다.[68]

---

[66] 『弘齋全書』 권129, 故寔1, 「大學」.
"予之設置講製, 蓋欲使諸文臣, 澡行礪躬, 劬書績文, 爲國家需用."

[67] 『弘齋全書』 권129, 故寔1, 「大學」.
"予之心, 卽爾等之心. 爾等之心, 卽一國之心. 一國之心, 卽萬古之心. 以實心講實學, 以實學行實事, 卽今日之急先務."

[68] 『弘齋全書』 권131, 故寔3, 「朱子大全 二」.

근래 전하께서 비점批點과 권점圈點을 찍어 초록하고 선집選集하는 일은 글의 깊은 맛과 뜻을 섭취하여 사람들이 보기 편하게 촬요撮要를 만들려는 뜻에서 나왔습니다. 후세에 군사君師의 책임을 가진 자리에 있는 사람이 혹 전하께서 깊이 연마하신 것에 미치지 못하고 그저 간편함만을 좋아한다면, 장남헌張南軒이 인仁을 말한 것을 유취類聚하여 학자들이 지름길을 좋아하고 속성을 바라는 마음을 열었던 일이 없겠습니까?[69]

이를 보면 류이좌는 정조가 밤낮으로 독서에 열중하고 서적을 편집하는 일에 바빠 건강을 소홀히 하는 것을 경계하였다. 국왕은 큰 강령만 지휘하고 실무는 묘당廟堂과 내각內閣의 관리에게 맡겨야 한다고 보았기 때문이다. 또한 정조는 경서나 주자서의 선본選本을 많이 편찬했는데, 류이좌는 후대 국왕이나 학자들이 간편하고 쉬운 길만 찾지 않을까 우려하였다. 이에 대해 정조는 『상서』「무일無逸」편에서 보듯 국왕은 편안할 겨를이 없는 존재이며, 선본을 편찬하는 것은 분량이 많은 책을 여러 번 볼 수 없어 시의時宜에 맞는 조처를 하였다고 답변하였다. 그러면서 정조는 류이좌의 지적이 훌륭하다고 녹피鹿皮 1령領을 상으로 주었다.[70]

류이좌는 교육 제도와 과거 제도에 대해 문제를 제기하였다. 그는 장차 국왕이 될 원자元子 교육에 각별하게 신경을 쓰라고 건의하였다. 정조는 숙종의 선례를 따라 날마다 새로워지는 모범을 보이고,

---

69 『鶴棲先生文集』 권8, 「朱子大全故寔[抄啓應製]」(1799).

70 『鶴棲先生文集』 권8, 「朱子大全故寔[抄啓應製]」(1799).

"批圈抄選之簡便爲弊, 爾言是矣. 竊附博約之一端, 學者知得此意, 不以辭害義可也. 爾能拈出目下事爲問, 可嘉可嘉. 特賜鹿皮一領, 以勵諸人之含糊者. 今人不若古人, 鉅編大帙之千百遍誦讀, 勢誠難能. 目今時措之方, 莫過於就簡處多遍數, 余之微意, 政亦在是."

세자 책봉례와 성균관 입학례를 앞둔 원자를 위해 훌륭한 스승을 구하라는 요청이었다.

> 우리 숙종대왕께서는 성학聖學이 깊고 밝아 여러 왕 중에서 뛰어나셨습니다. 명명덕明明德과 신민新民의 공부가 처음부터 끝까지 한결같아 칠정七情의 잠箴이 있고 사물四勿의 제題가 있습니다. 중략 바라건대 전하께서는 성탕成湯의 반명盤銘의 뜻을 따라 이루시되, 성조聖祖, 숙종께서 일신당日新堂이라 편액하신 일을 따르시어, 이미 새로워진 것을 가지고 스스로 새롭게 하시고, 이것으로 원량元良을 교유敎諭하는 방도로 삼으소서.[71]

> 지금 강학청講學廳에 뽑힌 윤대관輪對官을 보니 문음文蔭 몇 사람에 불과합니다. 책봉하고 입학하는 성대한 의례가 며칠이 안 되어 거행될 것입니다. 반드시 정폐庭陛에 있는 현인賢人을 두루 시험하고 시골에 있는 선비를 널리 물어서, 정밀하게 가리고 가려 좌우에서 함께 거처하는 직책을 준 다음에야, 예덕叡德이 더욱 새로워지고 교화와 마음이 이루어질 것입니다. 우리 동방의 억만년 무궁한 사업이 여기에 달려 있습니다.[72]

류이좌는 규장각과 성균관 교육에도 불만이 있었다. 그는 당시 교육이 심성心性을 수양하는 데 관심을 두지 않아, 사서四書나 『심경』, 『근사록』 같은 책을 가까이 하지 않고, 규장각 교육도 시詩와 부賦는 표절하고, 역사서와 문집은 기송記誦을 주로 하여, 역시 심성을 함양하는 효과가 없다고 보았다. 이에 그는 성균관 유생에게 경전經傳과

---

71 『鶴棲先生文集』 권8, 「大學故寔[抄啓應製]」(1799).

72 『鶴棲先生文集』 권8, 「朱子大全故寔[抄啓應製]」(1799).

정주程朱의 유집遺集을 익히고, 매월 혹은 매 10일마다 강송講誦하게 함으로써, 본성을 함양하는 공부를 해야 한다고 건의하였다.[73] 이를 보면 그는 심성의 수양을 중시하는 성리학에 학문적 기반을 두고 있었다.

류이좌는 과거 제도에 변화가 필요하다며 국왕이 관학館學의 유생을 선발하는 친시親試를 건의하였다. 그의 방안은 제술과製述科에서는 첫째 날 국왕이 관학 유생의 책策이나 표表를 시험하고, 다음날 오경五經, 역사서, 『근사록』에서 문제를 뽑아 시험하여 성적 우수자를 선발하여 급제시키는 것이었다. 또 명경과明經科에서는 초시에서 강講을 시험하고, 회시會試에서 제술을 시험하여 선발하는 방식이었다.[74] 류이좌의 제안은 기왕의 과거와 비슷하지만 『근사록』을 시험하고 국왕의 친시를 강조한 것이 특징이다.[75]

---

73 『鶴棲先生文集』 권8, 「大學故寔[抄啓應製]」(1799).
"臣竊觀賢關之上, 所以策勵而勸奬之者, 不過乎章句藻繪之末而已. 爲士者亦不留意於心性文字, 如四子 · 『心』 · 『近』等書, 看作笆籬邊物. 程夫子所謂'學校禮義相先之地, 而月使之爭, 人心日渝, 士風日薄'者, 不幸而近之矣. 雖以內閣講製之事言之, 若詩若賦, 未免剽竊, 之史之集, 專務記誦, 未見有優游涵泳薰陶變化底實效. … 伏願殿下, 推明德新民之義, 懋躬行心得之要, 泮宮多士之課業, 必以經傳及洛建諸子遺篇, 爲旬月講誦之資, 亦須專尙文義, 反覆討論, 消除氣習, 涵養本原."

74 『鶴棲先生文集』 권8, 「國朝故寔[抄啓應製]」(1799).
"於萬幾之暇, 親臨帳殿, 招集館學儒生, 出殿策或散表. 翌日, 又抽問五經 · 四書 · 『心』 · 『近』 等書於被選諸人, 從多畫賜第. 明經科則以講爲初試, 會試亦取製述, 人才之掄選, 庶幾不至淆亂矣."

75 柳台佐의 家學으로 보면, 柳雲龍과 柳成龍은 모두 스승 李滉으로부터 『근사록』을 배웠다(안병걸, 「풍산류씨 가문의 학문 전통과 가학 계승–류중영과 그 후손들의 학문」, 『국학연구』 35, 2018, 171~176쪽). 그러나 같은 남인계 인사였던 丁若鏞이 제안한 文科의 經史 과목을 보면 『近思錄』은 아예 빠져 있었다(김문식, 「다산 정약용의 인재선발론」, 『茶山學』 31, 2017, 75~92쪽).

류이좌는 언로를 개방하여 모든 관리가 언관言官이 되어야 한다고 주장하였다. 그는 세조가 사관史官에게도 말을 하라고 한 고사를 거론하며, 정조에게 직위가 낮은 사람의 말도 포용하라고 건의하였다.

> 사관史官이란 신하는 품질品秩은 낮지만 명색이 역사서를 담당하는데 설어暬御나 고사瞽史 같은 무리에도 비기지 못하였으니, 사관 김이용金利用의 말은 후세에 겉치레만 중시하는 견해를 면하지 못했습니다. 그런데도 성조聖祖, 세조께서 실언한 벌주罰酒를 주셨으니 참으로 대성인께서 묻기를 좋아하고 도움을 구하는 정성에서 나온 것입니다. 중략 전하정조께서 가까운 곳을 살피는 도리는 반드시 널리 묻고 가려내기에 힘써야 합니다. 말은 천賤하지만 정밀하게 가리고, 사람은 한미하지만 너그럽게 받아들이며, 천 번을 생각하여 하나를 얻으면 반드시 날마다 조치하는 방도에 조금이라도 보탬이 되는 것이 없지 않을 것입니다.[76]

> 아, 지금 세상에도 간관諫官이라 불리는 사람들이 있지만, 부드럽게 아양을 부리며 혀를 굳게 닫는 풍조가 거의 습관이 되어 하루하루가 심해집니다. 중략 바라건대 전하께서는 사기士氣를 북돋으시고 언로를 열어 천명天命이 영원히 계속될 근본으로 삼으십시오.[77]

류이좌는 모든 관리의 언로를 열라고 요청했지만, 정조는 문반으로 시종신侍從臣을 역임한 지방관에게만 자기 고을의 폐단을 보고하

---

[76] 『鶴棲先生文集』 권8, 「國朝故寔[抄啓應製]」(1799).

[77] 『鶴棲先生文集』 권8, 「國朝故寔[抄啓應製]」(1799).
"噫, 今之世, 亦有官以諫爲名者, 而軟巽媚悅緘金結舌之風, 幾於成習, 日甚一日. … 伏願殿下, 鼓士氣, 開言路, 以爲祈天永命之本焉."

라고 명령하였다. 1798년정조 22 7월의 일이다.[78] 류이좌는 정조의 조치에 반발하였다. 음직이나 무반 출신 관리 중에도 시무時務를 잘 알고 사리에 밝은 자가 있는데, 국왕이 이런 명령을 내리면 의견을 낼 기회가 없어진다는 것이 이유였다. 정조는 자신은 관리들의 입을 막은 적이 없다며, 모든 관리에게 보고하게 하면 문서가 쌓일 것인데 그 난잡함을 감당할 수 있겠냐고 되물었다.[79] 정조와 류이좌는 방법상 차이는 있었지만 모든 관리의 언로를 열어야 한다는 데는 의견이 일치하였다.

류이좌는 당대의 현실 문제를 해결하기 위한 구체적 방안을 제시하였다. 그는 국가의 재용財用이 부족하고 백성들의 생계가 고갈된 것은 탐관오리 때문이라며, 탐학貪虐한 관리를 징계하기 위해 그 아들, 사위, 아우, 조카까지 연좌시켜 관직에 등용하지 않도록 엄벌해야 한다고 주장하였다. 이에 정조는 급선무 중의 하나라며 그 건의를 수용하였다.[80]

---

78 김문식,「18세기 국왕의 소통 방식」,『韓國實學硏究』28, 2014, 166~7쪽.

79『弘齋全書』권131, 故寔3,「朱子大全 二」.

"迺者, 聖明申命守土諸臣, 各陳其州弊. 而文臣之曾經侍從者外, 若蔭若武, 不能自達. 其中亦必有識時務達事理者, 一欲謦欬於天聽, 而怵畏不敢者矣. 其必明降聖旨, 一例許通, 不以人微而疏斥焉. / 芻蕘之言, 聖人擇焉, 今之蔭武, 亦何嘗禁止其口. 而若欲別出令式, 使人人進一封琅函, 則公車之日積, 將不勝其猥雜, 爾不識堂陛之所以遠於地乎?"

"/" 표시의 앞부분은 류이좌가 건의한 것이고 뒷부분은 정조의 답변이다. 이하 동일함.

80『鶴棲先生文集』권8,「國朝故寔[抄啓應製]」(1799).

"『大典通編』, 貪贓被論者, 觀察使啓聞. 今之國用上貧, 而民產下罄者, 實由於汙吏之肆行也. 莫若申明懲貪之典, 有犯者子婿弟姪, 勿敍東西班正職, 有廉白者, 輒施褒賞之恩, 使知懲勸, 然後民國之財用, 庶幾無上下俱困之嘆矣. / 烹阿賞卽墨, 齊國所以大治, 爾言可謂急務之一."

류이좌는 정조가 관심을 기울이던 화성華城을 육성시키는 방안으로 주변 지역의 군액軍額을 이속移屬시킬 것을 제안하였다. 그는 화성의 인구를 늘리려면 재물로 사람을 모으는 것이 급선무라며, 토지가 좁은 화성의 소출만으로는 많은 군민軍民을 유지할 수 없으므로, 화성 주변 5개 읍의 군액을 이속시키면 재물로 사람을 모으는 도리를 실천할 수 있다고 하였다. 정조는 이 건의를 수용하였다.[81]

류이좌는 충청도에서 경상도로 넘어가는 요충지인 조령鳥嶺 지역의 수세收稅 폐단이 심각함을 알렸다. 이곳은 산지로 둘러싸여 백성들은 화전火田으로 생계를 겨우 유지하는데, 관리와 서리들이 항상 세금을 거둬 이익을 차지하니 관방關防을 중시하고 인민을 모으는 방법이 아니라는 보고였다. 류이좌는 이 지역 세금을 즉시 면제시킬 것을 요청하였고, 정조는 묘당廟堂에서 조사하여 보고하라고 명령하였다.

류이좌 : "신臣이 문희聞喜, 聞慶의 조령진鳥嶺鎭을 지나간 적이 있는데, 이 진은 바로 남로南路의 목구멍에 해당하는 곳입니다. 그런데 성안에 모집

---

[81] 『鶴棲先生文集』 권8, 「國朝故寔[抄啓應製]」(1799).
"是知仁民愛物之施, 莫先於聚人以財. 而其所以聚之者, 亦必有本末緩急之序. 徇其末者, 竭其智力而不足, 得其本者, 運以一心而有餘. 相土地之宜, 厚制產之源者, 聚民之本也. 築室家之居, 按軍民之籍者, 聚民之末也. 我聖祖當日得民之衆, 亦豈非有得於先本後末者乎? 今我殿下, 行仁以孝爲所, 重設新邑, 八域之民, 擧皆感應而慕悅之, 欲受一廛之居, 思效維星之拱. … 雖然, 臣嘗歷觀之, 土地之品非不肥沃, 而幅圓猶欠狹小, 溝渠之鑿非不深廣, 而灌注有難周徧. 以若土地之出, 接濟許多軍民, 决不可比屋贍足, 必須別般講究, 別般區劃. 如五邑軍額之通融移屬然後, 方可有得於聚人以財之道, 而仁民愛物, 厥施斯普. 三百州芸芸職職, 益見于于來集矣. 惟殿下深念焉. / 批曰. 第一條, 全州等地舊蹟之引諭於華城, 爾言果有理."

해 둔 백성들 중 살길이 막막한 자들이 산에 불을 놓아 밭을 만들어 생계의 밑천으로 삼습니다. 서리書吏와 군교軍校들은 여기에 세금을 거두고, 성장城將은 그 이익을 독점하며, 수령은 그 고혈膏血을 짜냅니다. 비록 황폐한 지 오래된 곳이라도 한번 세금을 매기면 계속 세금을 거두어, 해마다 그렇게 하지만 그 실정을 생각해 보지 않습니다. 즉시 도신道臣, 관찰사에게 조사 심문하고 세금을 견감하거나 폐지시키게 하여, 곤궁한 백성들이 살 곳을 보존하는 방책으로 삼으소서."

정조 : "조령은 남로의 제일 관방으로, 임진왜란 때 지키지 못했던 것도 인화人和가 지리地利만 못했기 때문이다. 진鎭의 백성도 백성인데 보살펴 주지는 못할망정 가렴주구苛斂誅求를 일삼다니 도신과 수령의 죄이다. 묘당廟堂에서 네가 진달한 조목들을 해당 도에 관회關會하여 즉시 구휼하고 안정시킬 방도를 강구하여 보고하라."[82]

이를 보면 류이좌는 초계문신으로 활동하면서 실제로 국가를 경영할 경세 방안을 건의하였고, 그 중 일부는 실현되기도 하였다. 정조가 실학實學을 하고 실사實事를 실천하기 위해 초계문신을 양성하였다면, 류이좌는 정조의 그런 의도를 충실하게 실천한 영남 출신의 인재였다.

[82] 『弘齋全書』 권131, 故寔3, 「朱子大全 二」.

VII. 맺음말

류이좌가 초계문신으로 활동한 1790년대는 정조의 개혁정치가 본격적으로 전개된 시기였다. 정조는 1789년에 사도세자의 묘소를 화산花山 아래로 옮기고 화성을 육성하는 방안을 추진했다. 사도세자를 완전히 복권시키려는 장기 계획이 시작된 것이다. 그런데 1791년에 진산사건이 발생하면서 서학을 수용했던 남인계 지식인이 정치적 타격을 받았다. 채제공을 영수로 했던 남인계는 정조가 사도세자의 묘소를 옮기고 화성을 건설할 때 가장 적극적인 지지 세력이었다.

정조는 남인계 세력의 약화를 만회하기 위해 영남에 있는 남인 세력을 주목하였다. 정조는 1788년에 무신란戊申亂 때 영남 지역의 의거를 기록한 『무신창의록戊申倡義錄』을 경상감영에서 인쇄하여 배포하게 하고, 1792년에 도산서원에서 별시別試를 실시하여 영남의 인재를 선발하고 『교남빈흥록嶠南賓興錄』을 간행 배포하게 하였으며, 1794년에 영남 지역 명문가의 문적文籍을 열람한 후 어제서문御製序文을 지어주고, 1796년에 자신이 편집한 『오경백편五經百篇』의 교정과 필사를 영남 유생과 영리營吏에게 맡기고 상을 준 일, 1798년에 영남 출신 인물들의 행적을 정리한 『영남인물고嶺南人物考』를 편찬하게 한 것은 영남의 남인 세력을 키우려는 의도가 있었다. 1792년에 영남 남인들은 정조에 화답하여 사도세자의 복권을 주장하는 영남만인소를 올렸다.[83]

류이좌가 1794년에 문과에 급제하고 초계문신에 선발된 것은 정조

[83] 정조의 영남 남인에 대한 조치는 김문식, 『정조의 제왕학』, 태학사, 2007, 435~49쪽.

의 이런 조치들이 한창 진행되던 시기였다. 류이좌는 문과에 급제하기 전에 영남만인소에 참가하였고, 그가 문과에 급제할 때는 사촌형이자 류성룡의 봉사손奉祀孫인 류상조도 함께 급제하였다. 또한 그가 초계문신에 선발될 때에는 도산서원 별시에서 선발된 김희락도 초계문신이 되었고, 그는 초계문신에 선발된 직후에 정조가 서문을 짓고 채제공이 발문을 쓴 명나라 장수들의 서화첩을 가지고 고향집으로 내려갔다. 류이좌가 초계문신으로 활동한 배경에는 정조와 채제공의 후원이 있었다.

이휘재는 정조와 류이좌의 관계를 '군신이사생君臣而師生'이라 하였다.[84] 정조가 국왕이자 스승인 군사君師라면, 류이좌는 정조의 신하이자 학생이라는 의미였다. 류이좌는 정조가 마련한 초계문신의 교육 과정을 이수하면서 경서를 익히고 문장력을 키웠으며, 혜경궁 진찬이나 황단 제향과 같은 국가적 행사에 참여하여 정조의 시에 화답하는 시를 지어 올렸다. 또한 그는 규장각에서 주관하는 편찬 사업에 참여한 공로로 규장지보奎章之寶가 선명하게 찍힌 서적을 하사받았다. 류이좌는 정조대 규장각의 초계문신으로 활동하며 학자와 관리로서의 능력을 갖추어 나갔다.

류이좌는 정조와 경서를 토론하면서 주자학을 존숭하고 퇴계의 학설을 강하게 지지하는 성향을 보였다. 정조도 주자학을 정학으로 규정하고 퇴계의 학설을 인정하였으나 존중하는 정도에서는 류이좌가

---

[84] 『鶴棲先生文集』 권20, 附錄, 「行狀[李彙載]」.
"葢公淹貫經籍, 明練典故. 凡於聖問之及, 雖倉卒敷對, 而因文傅義, 鑿鑿中窾, 輒蒙上聖之褒諭如此. 論者以爲當時契遇, 實君臣而師生也."

더 강하였다. 류이좌는 정조에게 경세 방안을 건의하였고 그중 일부는 실현되었다. 그는 정조가 학문 연구와 서적 편찬에 몰두하는 것을 경계하고, 당대의 교육 제도나 과거 제도를 개혁할 필요가 있다고 생각하였다. 또한 그는 모든 관리의 언로를 개방하고 탐관오리를 강하게 징계할 것을 요청하였으며, 화성을 육성시킬 방안과 조령 지역의 폐단을 바로잡을 것을 건의하여 정조의 허락을 받았다.

류이좌는 남인계 세력을 키우려는 정조의 의도를 따라 초계문신으로 선발되었고, 국왕의 개혁정치를 실천할 수 있는 인재로 성장한 영남 출신의 명문 사족이었다.

참고문헌

1. 자료

『朝鮮王朝實錄』

『承政院日記』

『日省錄』

『奎章閣志』

『退溪先生文集』

『弘齋全書』

『樊巖先生集』

『鶴棲先生文集』

『百世隕結錄』

『刊所日記』

『河窩日錄』

『豐山柳氏世譜』

『柳台佐賜祭文』

2. 저서와 논문

김정민 · 박세욱 · 김명자 등 옮김, 『할아버지와 함께한 시간들, 하와일록』, 한국국학진흥원, 2015.

한국국학진흥원, 『풍산류씨 화경당(북촌댁)』, 2014.

김명자, 「순조 재위기(1800~1834) 하회河回 풍산류씨豊山柳氏의 현실 대응과 관계망의 변화」, 『국학연구』 29, 2016.

김문식, 『정조의 제왕학』, 태학사, 2007.

김문식,「18세기 국왕의 소통 방식」,『韓國實學硏究』 28, 2014.
김문식,「다산 정약용의 인재선발론」,『茶山學』 31, 2017.
김성우,「1800년 '인동 작변(仁同作變)'을 둘러싼 다중의 시선들」,『역사와 현실』 82, 2011.
김성우,「정조 대 영남 남인의 중앙 정계 진출과 좌절」,『다산학』 21, 2012.
金貞云,『17~18세기 경상도 북부지역 사족의 친족관계 연구 : 일기에 나타난 혼인과 제사를 중심으로』, 경북대학교 박사학위논문, 2016.
안병걸,「풍산류씨 가문의 학문 전통과 가학 계승 - 류중영과 그 후손들의 학문」,『국학연구』 35, 2018.

석호 류도성의 생애와 학문

허 권 수(경상대학교 명예교수)

Ⅰ. 머리말

석호石湖 류도성柳道性은 조선 말기 영남 유림을 대표하는 선비였다. 그는 서애西厓 류성룡柳成龍으로부터 전해 오는 가학家學을 잘 계승하여 영남에서 가장 영향력 있는 인물로서, 유학사회에 큰 족적을 남겼다. 영남 남인 사이의 고질이던 병호시비屛虎是非를 융합시킴으로서 그의 역량을 발휘하였다. 본고에서는 그의 일생을 살펴보고 나아가 그의 학문의 특징을 살펴보고자 한다.

Ⅱ. 석호 류도성의 생애

석호 류도성은 자字는 선여善汝, 석호石湖는 호號인데, 송만노인松灣老人, 수신옹須愼翁 등의 호도 있다.

1. 가계

본관은 풍산豐山이다. 조선 초기 류종혜柳從惠가 풍산에서 하회河回로 옮겨와 자리 잡았다. 이 분은 서애 류성룡의 6대조이다. 서애는 석호의 10대조였다. 서애의 손자는 현감을 지낸 졸재拙齋 류원지柳元

之이다. 그 현손은 동지중추부사 풍창군豐昌君 나옹懶翁 류운柳澐인데, 곧 석호의 고조이다. 증조는 지중추부사 류사춘柳師春이다. 조부는 학서鶴棲 류이좌柳台佐로 정조正祖 때 규장각奎章閣 강제문신講製文臣으로 뽑혔고, 원임原任 가선대부嘉善大夫 예조참판禮曹參判이다.

부친은 통덕랑通德郎 류희목柳希睦인데, 석호가 태어나기 전에 별세했으므로 석호에게 영향을 끼칠 수 없었다. 모친은 진성이씨眞城李氏와 진양강씨晋陽姜氏이다. 진성이씨는 퇴계의 후예로 참판을 지낸 이태순李泰淳의 딸이다.

생부는 류기목柳祈睦인데 통훈대부通訓大夫 예안현감禮安縣監을 지냈다. 생모는 우복愚伏 정경세鄭經世의 후손인 참봉叅奉 정상진鄭象晋의 따님이다.

2. 생애 편년

석호 류도성은 1823년 12월 28일 안동부 하회에서 류기목의 장남으로 태어나서 조부 학서의 명으로 백부 류희목의 사자嗣子가 되었다.

5세 때 조부 학서에게서『효경孝經』을 배웠다. 외우기 전에 이미 대의大義에 통했다. 하루는 인의예지仁義禮智 네 글자를 기둥머리 나무에 쓰고서 보고 자성自省하려는 뜻이 있었으므로 학서공이 사랑하며 기특하게 여겼다.

15세 때는 학서가 별세했으므로 더 이상 배울 수가 없었다.

30세 때는 과거공부를 포기하고 사환仕宦의 뜻을 끊고, 자신의 본래의 뜻을 이루었다[1].

42세 때는 생부 현감공이 별세했으므로 슬퍼하는 일과 장례 예절이 매우 지극하였다. 남긴 뜻을 받들어 전통을 잘 이어가는 것을 더욱 중시하였다. 현감공이 뜻을 두었으나 이루지 못 한 일을 정성을 다해서 몸소 실행에 옮겼다.

60세 때 추천으로 선공감繕工監 가감역假監役에 임명되었다. 얼마 있지 않아 경상감사 조강하趙康夏가 석호의 행의行誼를 아뢰자, 영의정 홍순목洪淳穆이 경연에서 요청하여 육품의 품계로 올려 전설사典設司 별제別提로 옮겨 주었다. 얼마 있다가 경상도 도사都事로 임명하였다. 산림山林의 인물이라고 중시하여 선발한 것이다.

61세 때 경상감사 조강하가 경상도 감영에 딸린 인재양성 기관인 낙육재樂育齋의 유생 선발을 석호에게 부탁한 일이 있었다. 석호는 자신의 식견이 얕아서 안 된다는 뜻으로 사양하였다[2].

73세 되던 1895년 단발령斷髮令이 내려 봉명사奉命使 이규진李圭鎭이 강제 집행하러 왔으나 석호의 위엄에 눌려 물러났다.

이 해 국모國母가 시해되어 의병이 사방에서 일어났다. 안동의 선비들도 크게 모여 거기에 호응했다. 석호는 국왕의 해산명령이 엄하고, 또 의병이 실질적인 효과가 없다는 면에서 신중론을 펼쳐, 집강소執綱所만 설치할 것을 주장했다. 여러 사람들이 석호의 말을 듣지 않고 석호를 의병장에 추대했지만, 석호는 사양했다.

77세 되던 1899년 생모 정부인鄭夫人의 상喪을 당했다.

1 『石湖集』 권7 附錄, 李中麟,「石湖行狀」.

2 『石湖集』 권2,「答巡相趙康夏」.

79세 되던 1901년 진령군眞靈君의 추천으로 관직에 나간 이유인李裕寅이 경상북도 관찰사에 임명되었다가 그에게 영합하는 아첨꾼들의 힘으로 병산서원屛山書院 원장院長 자리에 올랐다. 석호는 통문通文을 지어 돌려 박척駁斥하였는데, 그 뒤 마침 이유인은 남을 무함한 죄로 귀양가게 되어 일이 잘 끝났다[3].

80세 되던 해에 조정에서 우로優老의 예전禮典으로 통정대부通政大夫로 승진시키자, 대신이 아뢰기를, "유모柳某에게 노직老職으로 통정대부를 주는 것은 조정에서 대신臺臣을 대접하는 예禮가 아닙니다." 라고 하자, 고종은 비서원승秘書院丞에 임명하였다. 석호는 나라 일이 날로 그릇되어 가는데, 앉아서 우로의 예우禮遇를 입은 것 때문에 근심하고 탄식하는 마음을 가졌다.

83세 되던 1905년 을사늑약乙巳勒約의 소식을 듣고 통곡하면서 말하기를, "내가 대대로 벼슬하는 집안의 후예이면서 나라 일이 이 지경에 이른 것을 차마 보겠는가? 송장 같은 기운으로 부축 받아 길에 올라 대궐 아래 가서 죽을 수 없으니, 신하의 도리는 이에 다 사라졌도다."라고 했다. 피눈물로 상소를 써서 봉하여 아들을 시켜서 대궐에 바치게 했으나, 결국 배척당했다. 석호는 "내가 저 세상에 가서 조상을 볼 수 없겠다."라고 했다.

본래 담증痰症을 앓고 있었는데, 이 일로 인해서 더 심해졌다. 약도 들지 않고 7, 8개월 병석에 있었다. 이 해에 문중의 의장義庄 절목節目인 「동별소절목洞別所節目」을 기초하여 유사有司에게 주면서, "우리

[3] 『高宗實錄』 고종 44년 1월 21일.

류씨柳氏가 오늘날이 있는 것은 실로 의장소義庄所에 힘입은 것이다. 조상들의 아름다운 법규를 감히 체념體念하지 않아서 되겠는가? 내가 이 동별소를 만들려고 하는 것은, 종족宗族들의 길흉사에 필요한 것으로 보조할 수 있게 하려는 것이다. 여러분들도 이런 점을 생각하여 소홀히 하지 말고 실효가 있기를 바란다."라고 했다.

만년에 도산사원陶山書院 원장에 추대되었으나[4], 정확한 시기는 알 수 없다.

1906년 7월 17일 하회 집에서 별세하니, 향년 84세였다. 세상을 떠나면서 아들 류덕영柳德榮에게, "내가 헛된 이름으로 외람되게 나라의 은혜를 더럽혔다. 살아서는 나라에 조금의 보답도 없었으니, 죽음에 매우 부끄럽다. 내가 죽은 뒤 세속을 따라 부화浮華한 글로 꾸미지 마라"라고 당부했다. 장례를 간단하게 치룰 것을 당부했다. 좌우에서 울부짖자 석호는 손을 저으며, "나는 안정되게 조화造化 속으로 돌아가고자 한다"라고 하고는 편안하게 세상을 떠났다.

부고를 듣고 원근의 선비들이 달려와 통곡하면서, "우리 유도儒道가 끝났네. 후배들은 누구를 의지할꼬?"라고 했다. 고을과 도道의 선비들이 예장禮葬을 하려고 했으나, 아들이 유명遺命이라고 사양하였다.

4 『石湖集』 권2 「與李繼祖」.

3. 자품과 기질

석호는 어려서부터 기상이 우뚝하여 범아凡兒들과는 달랐다.[5] 자품資稟이 영매英邁하고 기국器局이 크고 굳세었다. 평소에 간엄簡嚴하고 신중하였고 말이 적었다. 바라보면 점잖았지만 사람을 상대할 때는 봄의 온화한 기운 같았다. 용모는 풍석豐碩하고 기국器局은 홍의弘毅했다. 강방정직剛方正直한 기운을 연충淵沖함으로써 유지했고, 삼가고 치밀한 법도를 충후忠厚로써 베풀었다.[6]

젊은 시절에는 성질이 거칠고 사나웠는데, 자신이 매섭게 다스리고 조심해서 나중에는 관대하고 느긋하게 되었다.

15세 때 조부 학서공의 상을 당하여 거상居喪하는 절차가 엄연하여 마치 노성老成한 사람 같았다. 마을에 신에게 푸닥거리하는 놀이가 있었는데, 멀지 않은 곳에서 광대 수십 명이 북을 치고 춤을 추는 등 시끄럽게 하였으나 석호는 일찍이 기를 기울이거나 눈길을 준 적이 없었다.

20세 쯤에 부친 현감공을 통해서 당시의 어떤 재상이 만나기를 요청했다. 그래서 석호가 그 집을 방문해 보았는데, 초헌軺軒 등이 뜰에 가득한 모습을 보고는 만나지 않고 돌아와 버렸다.

1895년 단발령이 내려 봉명사奉命使 이규진李圭鎭이 공갈을 하며 강제로 머리를 깎으려 하자, 사람들은 모두 두려워하여 피했다. 석호는 그 때 병석에 있었는데, 병든 몸을 억지로 일으켜 나가 이규진을 만

---

5 『石湖集』 권7 부록, 鄭昌默, 「石湖墓碣銘」.

6 鄭昌默, 「石湖行狀」.

났다. 이규진이 국왕의 칙명勅令을 받들어 삭발을 시행하려고 하자, 석호는 정색을 하여, "옛날 성왕聖王들의 4천 년 예교禮教와 수십 대 조종祖宗들의 전장典章을 하루아침에 헐어 부수는 것이 어찌 우리 임금님이 즐겨하는 일이겠소? 『시경』에서 '앞 시대 임금을 잊지 말라.' 고 했거늘, 지금이 바로 미미한 신하가 어리석음을 바칠 때요. 머리를 바칠 수는 있어도, 머리카락을 끊을 수는 없소."라고 했는데, 목소리와 기개가 모두 엄숙하자, 이규진이 두려워서 물러나고 감히 핍박하지 못 했다.[7] 그 뒤 이규진은 사람을 만나면 곧 "진정한 대군자大君子는 이 분 밖에 없었다."라고 칭송하였다.[8]

79세 때 1901년 병산서원 원장 자리를 차지한 이유인李裕寅을 아무도 어쩌지 못 했을 때, 석호는 분연히 일어나 통문을 돌려 그를 박척駁斥하였는데, 어떤 위기상황에도 태연하게 대처했다.

세속에 따라 맞추지 못 했다. 근거 없는 비방에 대해서는 일체 따지지 않으면서, "차라리 내가 다른 사람을 용납할지언정 다른 사람에게 용납을 받아서는 안 된다."라고 말했다.

석호는 산악 같은 기상에다 규벽圭璧 같은 정신으로 시예詩禮의 가정에서 태어나 널리 통한 재주가 있었다[9].

부친 현감공의 주선으로 관직에 진출하게 하려고 했으나, 석호는 뇌락磊落한 기질로 권세가에게 굽히지 않았다.

---

[7] 『石湖集』 권7, 부록「家狀」. 本考는「家狀」에서 인용한 내용이 많은데,『家狀』에서 인용한 경우 특별한 경우를 제외하고는 따로 註明하지 않는다.

[8] 李中麟,「石湖行狀」.

[9] 李中麟,「石湖行狀」.

4. 처신과 처사

새벽에 일어나면 먼저 가묘家廟에 참배하고 어버이에게 문안하였다. 물러나 서안書案을 정돈하고서 고전古典의 요지를 강구하였다.

집안의 일은 많고 적고 할 것 없이 어렵거나 쉽거나 가리지 않았고, 눈앞의 이해를 따지지 않고, 반드시 몸소 담당하여 알맞게 하였다. 후세에 화경당和敬堂 집안이 보전되어 온 것은 석호의 노력 덕분이었다.

무엇을 주고받을 때는 조금도 구차하지 않았다. 일찍이 의성義城의 아전이 술과 포를 싸가지고 와서 은근한 뜻을 전하였다. 석호는 옳지 않는 선물이라고 생각하여 물리쳤다. 나중에 알고 보니, 어사御史 이도재李道宰가 시킨 것으로서 석호를 시험해 보려는 것이었다.

정의와 이익의 구분에는 털끝만한 것에도 반드시 신중하였다.

사물을 처리함에 있어 한결같이 법도로써 헤아렸는데, 크고 작고 할 것 없이 반드시 이치에 합당한 것을 추구했다. 일상의 언행에서 특이한 모난 언행으로 세속과 달리하여 놀라게 하려고 하지 않았다. 그러나 큰 일에 임하여 큰 의리를 결단해야 할 때는 천인벽립千仞壁立의 기상이 있었다.

과거를 포기하고 재야에서 지내면서 유림儒林이 영수인 듯 제자를 많이 거느려 덕망이 높은 것처럼 보이게 할 수 있었으나, 석호는 빛을 감추고 겸비謙卑함으로써 스스로를 관리해 나갔다. 여러 선비들의 여망으로 유림의 영수 자리에 추대되었으나, 자칫하면 기세도명欺世

盜名의 죄를 범하게 되기 쉬울 것이라 생각하고 사양하였다[10].

의리의 관두關頭에서는 쇠를 자르는 듯한 용맹과 벽립천인壁立千仞의 기상이 있었다.

1895년 국모가 시해된 뒤 사방에서 의병이 일어났고, 안동 선비들도 모여 거기에 호응하려고 했다. 그런데 석호는 의병에 대해서는 신중론을 견지했다.

> 나라의 원수를 씻지도 못하고, 왕비의 시신을 보전하지 못 했으니, 지금은 바로 신하 된 사람들이 자기 몸을 돌아보지 않고 떨쳐 일어나야 할 때입니다. 그러나 위의 임금님께서 해산하라는 명령을 엄하게 내렸고, 아래로는 변란에 대응하는 대책이 없습니다. 이 일을 위해서 부득이한 때에는 먼저 집강소執綱所를 설치하는 것 만한 것이 없습니다. 안으로는 조건을 엄하게 하여 옳은 일 아닌 것은 엄하게 금하고, 밖으로는 충성스런 마음으로 나라를 위한다는 마음을 보인다면, 저 왜놈들이 돌아보고 꺼릴 것입니다. 그러지 않고 함부로 움직이면, 의병이라는 이름은 있지만, 그 실체는 없는 것이니, 전 영남에 수치를 기치고 도리어 백성들의 화를 불러올 것입니다.

여러 사람들은 석호의 말을 듣지 않고 도리어 석호를 의병장으로 추대하려고 했다. 그러나 석호는 자기 나이 80이고 1백 살의 노모가 있는 것을 이유로 사양하였다.

그 뒤 과연 석호가 말한 대로 왜놈들에게 공격할 구실만 제공하고 아무런 실적이 없자, 사람들이 석호의 선견지명에 탄복했다.

10 李中麟,「石湖行狀」.

부당한 술수로 진령군眞靈君에게 붙어서 고위 관직에 진출한 이유인李裕寅이 1901년 경상북도 관찰사에 부임하여서는 몇 몇 아첨꾼들을 등에 업고 병산서원屛山書院 원장에 올랐다. 그 권세의 불꽃이 다른 사람의 화복禍福을 마음대로 할 정도였으므로 어떻게 하기 어려웠다. 석호는 분연히 일어나, "몸 하나의 화환禍患을 생각해서 막중한 서원의 법규를 헐어 부수겠는가?"라고 하고는 즉각 통문을 내어 그를 박척駁斥했다.

이유인이 영남 유림들을 구함構陷하여 위기가 날마다 들렸지만, 석호는 태연했다. 그 때 병산서원의 유생 중에서 유만식柳萬植, 이중화李中華, 박해령朴海齡 등은 이유인이 비정상적인 방법으로 출세하여 유림의 중요한 소임을 함부로 차지한 것은 맑은 논의에 전혀 합당치 않는 것이라고 논박하였고, 도산서원 도회道會 석상에서 이유인이 원장으로 임명된 이름을 삭제해 버렸다. 피고 이유인은 이 때문에 유감을 품고 유만식 등과 그 외에 자기에게 빌붙지 않는 일반 유림들을 일망타진할 흉계를 비밀리에 꾸미던 참이었다.

사람을 협박하고 무함한 죄로 이유인은 재판에 회부되어 무기징역을 선고받았으나, 고종高宗의 특명으로 감형되어 유배형을 받았고, 이 일은 저절로 해결되었다[11].

류만식柳萬植은 서애의 막내아들 수암修巖 류진柳袗의 종손宗孫으로

---

[11] 『高宗實錄』 고종 44년 1월 21일. 被告李裕寅, 去辛丑春莅任慶尙北道觀察使時, 以嶺南儒林領袖地望占居之計, 陰嗾附己幾箇謟佞之徒, 圖得安東郡 屛山書院院長之任矣. 該院儒生中, 柳萬植 `李中華 `朴海齡等, 駁論以爲, 李裕寅以左道進身之人, 冒據儒林重任, 大不合於淸議, 陶山書院道會會席, 剔去被告李裕寅院長之任名矣. 被告李裕寅, 因此含憾柳萬植等及其外不附己之一般士流, 陰蓄一網打盡之兇計之際.

상주에 살았다. 이 일에 석호의 큰 아들 류덕영柳德榮도 이유인을 몰아내는 일에 가담하여 이유인의 구함構陷의 대상이 되어 있었다.

석호의 만년에 이르러서는 세속의 가치관이 워낙 변하여 어떻게 손을 쓸 수 없는 지경이 되었다. 석호는 세속의 변고에 관심을 줄이고 의연하게 신중하게 처신하면서 선철先哲들의 법도와 가르침 속에서 의미를 탐구하고 산수자연 속에서 거닐며 지냈다.

상주에 세거世居하는 우복愚伏 정경세鄭經世의 후손 가운데 일부가 노론들을 의식하고, 『우복연보愚伏年譜』를 새로 편찬하면서, 우복의 스승인 서애 류성룡을 지칭하여 '서애공西厓公'이라 하고, 우복의 사위인 동춘당同春堂 송준길宋浚吉을 '동춘선생同春先生'이라고 고치려고 했다. 석호는 그 일을 주관하려는 우복의 후손에게 그 부당성을 조목조목 지적하였다[12]. 석호의 논리에 굴복하여 결과적으로 간행하지 못했다.

정조 20년1796 이후 안동을 중심으로 한 퇴계학파는, 서애 류성룡의 우위를 주장하는 병산서원파屛山書院派와 학봉鶴峯 김성일金誠一의 우위를 주장하는 호계서원파虎溪書院派로 분열되어 80여 년 동안 고질이 되었다. 고종 7년1870에 이르러 조정의 명령으로 보합이 되긴 했지만, 안정이 되지 않았다.

비록 의리로 다투었지만 편사偏私한 당파를 이루어 괴격乖激하고 악착함이 풍속을 이루어, 연원이 있는 고가古家 사이에 서로 원수가 되고, 학술이 점점 타락하고 세상이 저급하게 되어 갔다. 그 이전

12 『石湖集』 권3, 「與愚山門中」.

에 퇴계의 종손 고계古溪 이휘녕李彙寧이나 퇴계의 후손 운산雲山 이휘재李彙載 같은 영향력 있는 인사가 영남의 고풍古風을 조제調劑 만회하려고 해도 결국 되지 않았다.

석호는 그 유폐流弊가 끝이 없을 것을 깊이 우려하였다. 호계파의 대학자 서산西山 김흥락金興洛도 협화協和의 뜻이 있어 석호를 신임했다. 1888년 봄에 향사당鄕射堂에서 모여 화해하고, 1890년에 세 가지 일을 강정講定하니, 곧 위차, 갑을甲乙, 기본이었다. 관계 기록인 『일기日記』 3통을 베껴 1통은 향당鄕堂에 보관하고, 나머지 2통은 호계서원과 병산서원에 보관하고 향연례饗宴禮를 행하고 마쳤다. 후일의 정안定案으로 삼아 분분한 논쟁을 해결하기 위한 것이었다.[13] 그러나 기예氣銳한 젊은이들 가운데는 그 계획을 자신들이 주관하지 않은 것을 싫어하여 온갖 침욕侵辱을 가하는 등 세력이 두려워할 만했으나, 석호는 소신이 확고하여 조금도 꺾이지 않았다. 정대正大하고 강직한 벽립천인壁立千仞의 기상을 볼 수 있는 일이었다.[14]

5. 효우孝友

석호가 늘 자제들에게 말하기를, “우리 집에 화경和敬이라고 편액을 붙인 것은, 바로 종가의 충효당忠孝堂의 뜻을 따른 것이다. 선조先祖께서 돌아가실 때, ‘충효 이외에는 할 일이 없다[忠孝之外無事業].’라고 하신 말씀이 바로 남긴 법도다. 졸재공拙齋公, 柳元之에 이르러 ‘졸성拙

13 『石湖集』 권7, 부록 「家狀」.

14 李中麟, 「石湖行狀」.

誠'이라는 두 글자로써 이어 네 글자의 가훈이 되어 대대로 전해 온다. 이 교훈을 실추시킬까 늘 두려워했다. 너희들은 그 이름을 돌아보고 그 뜻을 생각하여 유지해 가면서 쇠퇴하게 하지 말고, 조상들을 욕되게 하지 않아야 한다."라고 했다. '충효졸성忠孝拙誠'의 가훈을 잘 이어갈 것을 후대에게 당부했다.

생부 현감공은 천성이 엄준嚴峻하였는데, 석호가 공경하며 조심스럽게 그 뜻을 받들어 따라, 기뻐함을 얻게 되었다.

생모 정부인鄭夫人의 뜻을 받들어 기쁜 마음을 얻으려고 정성을 다했다. 아침저녁으로 아우 교리공校理公과 곁에서 정부인을 모시고서 옛날이나 지금 사람들의 훌륭한 말이나 착한 행실을 이야기 해 드리는 것을 일상으로 삼았다.

77세 때 1백세에 가까운 생모 정부인의 상喪을 당했다. 석호는 노년의 나이에도 조석朝夕의 제전祭奠을 직접 드리는 등 상례 절차를 애써 엄하게 지켜 나갔다. 그 결과 기력도 도리어 전보다 더 나아졌다.

아우 교리공이 일찍 세상을 떠나자 때때로 그 뜻 둔 일을 이루지 못 한 것을 슬퍼했고, 어머니를 자기 집으로 모셔 와서 돌아가실 때까지 모시면서 마음이 상할까 하여 여러 가지로 이해시키려고 했다. 그러나 자신은 남몰래 눈물을 흘렸다. 남겨진 조카들을 어루만져 자기 친자식처럼 했다.

두 누이가 일찍 세상을 떠나자 여러 생질들을 거두어 어루만져 부지런히 간절하게 교육하였다. 일가들을 다스리는 데는 은의恩義를 다했다.

제사에 정성을 다했는데, 풍성하고 깨끗하게 하여 모든 것이 예법에 맞게 했다.

조상의 묘소에 석물石物을 모두 뜻에 맞게 갖추었다. 증조부 유집遺集을 간행하고, 선대의 정자를 중수하고, 집안의 서원과 사우祠宇를 중수하는 등 조상의 뜻을 잘 계승하여 완성했다. 대대로 전해 오는 책이 적지 않았는데, 얇은 것은 배접을 하고 떨어진 것은 기워 감실龕室에 넣어 애호하며 보관하였다. 유도儒道를 보호하는 책은 반드시 힘을 다해서 사서 비치해 두고, 문인이나 자제들을 시켜서 편장篇章을 나누어 베껴서 참고하게 했다. 이런 것이 가학을 이어 후대에게 전수해 주려는 석호의 뜻이었다.

6. 사우師友

석호는 서애 류성룡 이래로 전해오는 가학을 계승했으므로 가문 밖에서는 사사師事한 학자가 없었다. 석호의 가학은, 서애에서부터, 수암修巖 류진柳袗, 졸재拙齋 류원목柳元睦, 서호西湖 류성화柳聖和, 나옹懶翁 류운柳澐, 외재畏齋 류종춘柳宗春을 거쳐 학서鶴棲 류이좌柳台佐에게 이어졌고, 학서의 학문이 그 손자인 석호에게 이어졌다. 다른 한 갈래의 학맥으로는, 수암의 학문이 무첨無忝 정도응鄭道應, 입재立齋 정종노鄭宗魯를 거쳐 학서에게로 이어졌다. 무첨과 입재立齋는 서애西厓의 제자인 우복愚伏 정경세鄭經世의 후손들이다.

정헌定軒 이종상李鍾祥은 생부 류기목柳祈睦의 친구인데, 석호가 어릴 때 찾아뵈었을 때, 가학에 힘쓰도록 면려하였다. 나중에 조부 학서가 별세한 뒤에, 석호는 정헌을 찾아가 학서의 묘갈명墓碣銘을 요청했다.

운산雲山 이휘재李彙載는 퇴계의 10대손이고, 청벽靑壁 이수연李守淵의 현손이다. 생원시에 장원하였고, 관직에 나가 벼슬이 한성부漢城府 우윤右尹에 이르렀다. 문집『운산집雲山集』이 있다. 석호는 운산의 인물됨을 칭송하여, '우리 유림의 영광전靈光殿 같은 존재로서, 옛 모습과 순수한 마음은 영남에서 제일인자'라고 하였다[15]. 『운산집』을 간행할 때, 석호는 문집 교감校勘하는 일을 맡았다.[16]

이휘재의 손자인 의병장 운포雲浦 이중린李中麟은 석호와 사돈간이다. 석호의 맏아들 류덕영柳德榮이 곧 그 사위이다.

서계西溪 김재찬金在燦은 본관이 광산光山으로 예안禮安 오천烏川에 살았다. 강고江皐 류심춘柳尋春의 문인으로 문장으로 이름이 있었다. 문집『서계집西溪集』이 있다. 석호는 서계에게 조부 학서 류이좌의 문집의 교감校勘을 부탁하였다.

치옹癡翁 이휘부李彙溥는 퇴계의 10대손으로, 사마시에 합격한 뒤 출사하여 단성현감丹城縣監, 삼척부사三陟府使 등의 직을 역임하였는데, 고을을 다스리며 선정을 많이 베풀었다. 경암敬庵 이한응李漢膺과 족형 운산雲山 이휘재李彙載의 문하에서 학문을 익혔고, 1869년에 고을의 선비를 도산서원에 모아『퇴계집退溪集』에 빠진 시문과 산삭刪削된 시문을 초고에 의하여 복원하여『도산전서陶山全書』를 편찬하는 일을 주도하였다. 석호는 서원 철폐문제를 탄식하는 서신을 치옹에게 올린 바 있다.

---

15 『石湖集』 권2, 「上外舅」.

16 『石湖集』 권2, 「答龍溪刊所」.

낙애洛厓 김두흠金斗欽은 석호의 장인이면서 스승 같은 어른이었다. 본관은 풍산으로 안동 풍산에 살았다. 문과에 급제하였고, 중시重試에도 급제하여 벼슬이 부사직副司直, 동부승지同副承旨에 이르렀다. 문집『낙애집洛厓集』이 있다. 최익현崔益鉉, 김평묵金平默이 주도한 갈암葛庵 이현일李玄逸의 추탈追奪의 일에 대해서 걱정하고, 대원군의 실각에 침묵해서 안 된다는 뜻의 서신을 낙애에게 올렸다[17].

희재希齋 김휘준金輝濬은 본관이 예안인데, 영주榮州에 살았다. 경학에 뛰어나 관찰사의 추천으로 선공감繕工監 가감역假監役에 천거되었으나, 출사하지는 않았다. 문집『희재집希齋集』이 있다. 학서의 문집의 교감에 참여하였다. 석호는 유림들의 강회講會의 중요성을 인식하고, 병산서원에서의 강회 준비를 하였으나, 전염병으로 무산되었는데, 김희준이 영주에서 강회활동을 하고 있는 것을 부러워하였다[18].

한주寒洲 이진상李震相은 본관이 성산星山으로 성주 한계寒溪에서 살았다. 정재定齋 유치명柳致明의 제자인데, 심즉리설心卽理說을 주장하여 퇴계학파의 많은 학자들로부터 비판을 받았고, 그의 문집『한주집寒洲集』이 경북 상주에서 불태워지기까지 했다. 다방면에 걸친 폭 넓은 학문을 하였고 독창적인 학설을 내세웠다.

한주는 석호의 독특한 인물을 그리워하여 이런 시를 지었다.

> 화경당 깊숙하여 서재의 장막이 쳐져 있는데,
> 명예의 관문 일찍 초탈해서 하늘이 부여한 마음 깨끗하네.

---

[17]『石湖集』권2,「上外舅」.

[18]『石湖集』권2,「答金文叔」.

풍모는 침착하고 말의 기운은 온당하니,
숨김없는 내 생각 늘 그대 곁에 있도다.[19]
和敬堂深墨帳懸. 名關早透淨心天.
風範凝然辭氣穩, 有懷無隱每君邊.

명리名利를 초탈한 석호가 화경당 서재 속에서 차분하게 공부하고 있는 모습을 한주는 멀리서 상상하고 이 시를 지었다. 침착한 풍모에 안온한 말씨가 자신의 머리에서 떠나지 않았다. 그만큼 석호가 한주의 마음에 많은 감동을 주었음을 알 수 있다.

척암拓菴 김도화金道和는 본관이 의성義城으로 안동 구미에 살았다. 정재 유치명의 제자이다. 1893년 유일遺逸로 천거되어 의금부義禁府 도사都事에 제수되었다. 문집『척암집拓菴集』이 있다.

1895년 12월 을미사변과 단발령에 항거하여 안동 유림대표로 의거통문擧義通文을 발송하였고, 의병장에 추대되었다. 그 해 12월 3일에 안동의 의병 수백 명이 모여 안동관찰부安東觀察府를 점령하고 무기를 빼앗자 관찰사 김석중金奭中은 도망하였다. 이로 인하여 안동 의병의 기세를 크게 떨쳤다. 1896년 태봉전투에 참전하였으며, 그뒤 노환으로 은거하였는데, 을사조약과 경술국치를 맞아 항의문과 규탄문을 통하여 일제에 항거하였다.

척암은 석호에게 의병에 같이 동참할 것을 권유하였지만, 석호는 시종 신중론을 펼쳤다[20].

---

19 李震相,『寒洲集』권1,「山齋感懷十九絶懷柳善汝道性」.

20『石湖集』권2,「答金達民」.

서산西山 김흥락金興洛은 학봉의 종손宗孫으로서, 정재 유치명의 문하에서 공부하여 학봉을 통해서 전해 내려온 퇴계의 학통을 이었다. 문집『서산집西山集』이 있다. 서산은 호론虎論 계열의 영수였는데, 석호는 서산과 협의하여 병호시비屛虎是非를 융합시켰다.

석호는 용산龍山 이만인李晩寅과 동서간이다. 석호의 초취부인 풍산 김씨는 승지 김두흠金斗欽의 따님인데, 용산도 그 사위이다.

지와支窩 권도權鍍는 병곡屛谷 권구權榘의 6대손으로 안동 가일에 살았다. 석호와 자주 시를 주고받는 지기였다. 지와의 형은 근와根窩 권일權鎰, 아우는 정와正窩 권찬權鑽으로 삼와三窩로 유명하다.

운포雲浦 이중린李中麟은 퇴계의 12대손으로 운산 이휘재의 손자다. 계당溪堂 유주목柳疇睦의 문하에서 배웠고, 석호에게도 배웠다. 1896년 예안 의병장으로 유명하다. 문집『운포일고雲浦逸稿』가 남아 있다. 그의 맏사위가 곧 석호의 맏아들 류덕영柳德榮이다.

Ⅲ. 석호 류도성의 학문과 사상

1. 치학방법治學方法

석호는, 부모를 받드는 사이에 조금이라도 틈이 나면 물러나 책상을 마주하고 성현들이 남긴 뜻을 궁구하였다. 성현의 사적을 논할 때는 반드시 그 요령을 구하였고, 붓이나 말을 놀려서 공허하거나 절묘한 것을 이야기하는 것을 옳게 여기지 않았다. 오직 앞 시대의 말들을 독실하게 믿어 자신에게 돌이켜서 실천하는 것을 일로 삼았다.

그는 그 자신의 학문관을 이렇게 이야기했다.

> 사람이 학문을 하는 것은 단지 일상생활 속에서 힘을 얻는 데 있다. 만약 이런 것은 다스리지 않으면서 실속 없는 고원高遠한 데로 치닫는다면, 비록 다섯 수레의 책을 읽었다 한들 자신의 일에 무슨 도움이 되겠는가?[21]

석호는, "우리 유학을 공부함에 있어 정주程朱의 지경공부持敬工夫를 표준으로 삼아야 한다. 이는 바로 도산陶山의 가르침이고, 우리 선조가 가슴에 새긴 바였다. 그러나 지금 사람들은 '경敬'을 이야기하기만 하고 실천을 하지 않으니, 학문함에 있어서 정착하는 곳이 없다. 이런 점에 마음을 두고서 이해해야 한다."라고 했다. 유학의 핵심은 지경공부인데, 이는 정자 주자 학문의 주지主旨이다. 퇴계를 거쳐 석호의 선조인 서애 류성룡에게까지 이어졌다. 그러나 후대의 학자들은 말로만 할뿐, 실천을 하지 않아 최종적으로 이루는 것이 없다는 것을 석호는 걱정했다.

석호도 젊을 때 과거를 위한 준비를 하였으나, 내외경중의 구분이 있어 경쟁을 하는 월과月課 등에 급급하지 않았다. 여러 친구를 따라 과거에 응시하여, 향시鄕試에는 합격했지만, 회시會試에 급제하지는

---

[21] 『石湖集』 권7, 「家狀」.

못했다.

시문詩文이 섬부贍富하고 전아典雅하여 문단에 성망聲望이 있었다.

필력은 주경遒勁하였는데, 일상의 서간 등도 멋대로 어지럽게 쓰지는 않았다.

상수학象數學에도 유의하였다. 정헌定軒 이종상李鍾祥을 만나자 정헌은, "그대의 행동을 보니 학문하는 사람임을 알 수 있다. 이름이 헛되이 전한 것이 아님을 알겠구나. 상수학도 군자가 마땅히 알아야 할 바이다. 그러나 공부를 하는 데 있어 모름지기 기본을 먼저 세운 그런 뒤에 점차적으로 이해해야 한다. 함양공부涵養工夫와 격치공부格致工夫 양쪽을 함께 해 나가야 한다. 그렇게 하는 데는 그대 집안의 학문에 뜻을 오로지하는 것 만한 것이 없네."라고 말했다. 석호는 마음으로 그 말의 뜻을 분명히 깨닫고는, 효제충신孝悌忠信 등 일상생활에서 절실한 곳에 힘써 공부를 하였다.

과거 시험에서 문예를 겨루고 기교를 부려 거짓으로 꾸미고 어지러이 경쟁하는 모습을 보고는 과거를 포기하고 위기지학爲己之學에 전심하였다.

운산 이휘재가 별세한 뒤로 원근에서 배우는 사람들이 석호에게 귀의했으므로 고을의 원로들이 석호에게 원대한 기대를 걸고 교석敎席을 설치하라고 권유했으나, 석호는 감히 스승으로 자처할 수 없다 하며 굳이 사양했다.

글을 지을 때는 화려한 수식을 일삼아 다른 사람의 이목을 즐겁게 하려고 하지 않고, 사실에 근거해서 간명하고 정확하게 지어 독창적인 체재가 있었다. 저술로 자처하지 않았다. 원근에서 비문이나 행장

등 응수문자를 지어달라는 요청이 많았으나, 능하지 못 하다고 대부분 사양하였다. 혹 세의世誼가 깊은 경우에는 사실에 근거해서 화려하지 않고 간명하게 지어 후세에 전하는 데 부끄러움이 없도록 했다.

한만閒漫한 창수唱酬의 시는 짓지 않았는데, 간혹 번민을 떨쳐 버릴 작품이 있지만, 자신의 성령性靈을 도야할 수 있는 것만 지을 따름이었다.

2. 사상

과거에 합격한 아우 교리공校理公에게 경계하기를, "선조께서 남긴 교훈이 있는데, '사람의 신하로서 임금에게 은혜를 받는 것은 어렵지 않지만, 은혜를 갚는 것은 더 어렵다'라고 하셨다. 모름지기 은혜를 받은 것으로써 기쁨을 삼지 말고, 은혜를 갚는 것이 어렵다는 마음을 마음으로 삼는다면, 대대로 받은 은혜를 만에 하나라도 갚을 수 있을 것이다. 그러고는 '조급하게 나아가는 것을 경계하였다.

매양 "뭇 사람과 어울려 종일토록 말하는 것이 의리에 미치지는 않고 조그만 지혜로운 일을 행하기 좋아한다면 곤란하다."라는 말을 써서 후진들을 경계했다.

석호는, "이름을 구해서는 안 되지만, 의도적으로 이름을 피하는 것도 사사로운 뜻에 저해를 받는 것이 된다."라고 말하면서, 이름 낸다는 말을 너무 피하다 보면, 자기가 의도한 좋은 일도 못 하게 될 수 있다는 교훈을 남겼다.

3. 우국연민

석호는 나라를 걱정하는 일념은 단사丹砂처럼 빛났다. 그러나 화제가 시사時事에 미치면, 눈물을 흘려 옷깃을 적셨다.

자신에게 쓰는 것은 검약하게 하면서, 곤궁한 사람 구제하는 데는 후하게 했다[22]. 흉년을 만나면 반드시 먼저 집의 창고를 기울이고 집에 있는 물자를 가난한 사람들에게 보내 힘을 다해 구제하였다. 여러 번 큰 흉년을 만났지만 주변에 흩어져 떠나가는 사람이 없었다.

1875년 낙동강 홍수에 하회마을 북쪽 나루에서 배가 침몰하여 울부짖는 소리가 땅을 진동하였다. 사람들은 허둥지둥 어찌할 바를 몰랐다. 석호는 집을 짓기 위해서 준비해 쌓아두었던 목재를 지고 나가서 불을 질러 사방을 밝히게 했다. 불빛이 수면을 환하게 비추자 구조작업을 할 수 있었다. 석호의 결단 그 덕분에 살아난 사람이 많았다.

조선 말기 외국의 배가 우리나라 바닷가에 출몰하는 것에 대해서도 늘 걱정을 하였다. 대원군에 의해서 서원을 철폐한 일도 선비들의 기상을 죽이는 일이라고 반대의견을 가졌고, 영남선비들이 복원復院을 요청하는 상소를 할 때 석호도 참석했다.

4. 『석호집石湖集』 내용

『석호집』은 모두 7권으로 되어 있다. 1권에서 6권까지에 실린 것

22 鄭昌默, 「石湖墓碣銘」.

은, 모두 석호 본인의 글이다.

1권에는 시 52제題 77수가 실려 있다. 2권에는 서신 67통이 실려 있는데, 유림의 선배나 친구들과 주고받은 서신이다. 3권에는 서신 59통이 실려 있는데, 후배들과 주고받은 것이 많다. 4권 43편이 실려 있는데, 대부분 가족 인척들과 주고받은 서신이다.

5권에는 제문祭文 22편이 실려 있는데, 대부분이 집안사람들을 위해서 지은 것이다. 고유문告由文 3편이 있다.

6권에는 행장行狀 1편과 묘지명墓誌銘 6편이 있다. 소疏 1편은 「청주오적소請誅五賊疏」인데, 논리 정연한 석호의 소는 을사오적의 죄상과 심리상태를 정확하게 밝혀 성토하였다. 서序 1편과 상량문 2편이 있다.

80세 이상의 장수를 누린 학자의 문집으로는 양이 비교적 적은 편이다. 평소에 병필가秉筆家로 자처하지 않았고 대부분의 수응문자應酬文字는 다 사양했기 때문이다. 대부분의 글은 서신인데, 서신 속에서 사우士友들과 학문을 토론하고 교훈을 제시하고 시사에 대한 자신의 의견을 개진하는 등 석호의 학문과 사상을 알 수 있는 내용이 많이 들어 있다.

그러나 석호의 문장은, 담박淡泊하면서도 그 속에 강기剛氣가 있어 전형적인 선비의 문장이라 할 수 있다.

7권은 부록으로 만사挽詞 58편과 제문 50편이 들어 있는데, 많은 사람들의 석호의 별세의 아쉬워하고 후배 유림들이 의지할 데 없게 된 것을 하고 있다. 석호의 존재가치와 역할을 알 수 있는 자료들이 많다.

문집의 마지막에는 아들 유덕영이 지은 「석호가장石湖家狀」, 이중린李中麟이 지은 「석호행장石湖行狀」, 정창묵鄭昌默이 지은 「석호묘갈명石湖墓碣銘」이 실려 있다.

5. 석호시의 내면

『석호집』에 실린 시는 모두 52제題 77수에 불과하다. 84세의 생애에 비추어 볼 때 아주 적은 수이다. 아마 본인이 시 짓기를 즐겨하지 않았거나, 축고蓄稿를 하지 않았을 것이다. 아니면 시고詩稿의 대부분을 잃어 버렸을 수도 있다. 왜냐하면 남아 있는 시의 대부분은 다른 사람의 작고를 애도한 만시挽詩이거나 남의 시 운자를 따라 지은 차운시次韻詩가 대부분이기 때문이다. 더구나 각 시의 창작연대가 밝혀져 있지 않고, 또 시의 편집이 연대순도 아니고, 시체별詩體別도 아니게 되어 있어, 시 작품 상호간의 관계나, 생애와 연관 짓기가 어렵다. 생애의 변화에 따른 시의 변화를 근본적으로 살필 수가 없다.

석호의 가장 큰 관심은 가학의 계승인데, 그런 정신이 그의 시 속에서도 그대로 나타난다.

> 오래 전해온 가업家業은 시서詩書에 남아 있으니,
> 어두운 거리에 밝은 촛불 켜야겠도다.[23]
> 靑氈舊業詩書在, 好向昏衢炳燭張.

[23] 『石湖集』 권1, 「次人排悶」.

가업인 시서詩書를 열심히 공부해서 경륜을 쌓아 어두운 세상을 밝히는 데 기여해야 하겠다는 것이 석호의 기본생각이었다.

가학을 이어 학문을 이루어 가문의 명성을 떨어뜨리지 않게 하기 위해서는 고생을 겪고 번거로움을 참으면서 끝까지 노력해야 한다는 것을 석호는 알았다.

> 서당에서 공부하던 소리 남아 있기에,
> 덕을 심은 우리 집안 오늘날까지 전해왔네.
> 모든 시내는 다 바다를 배우는 것을 보았지만,
> 한 그루 나무가 숲 이룬다는 것 듣지 못 했네.
> 세월은 흐르는 물 같으니 정말 아깝고,
> 돼지가 되느냐 용이 되느냐 하는 훈계 또한 깊도다.
> 고생을 겪고 귀찮은 것 참아야 무엇을 이루어 내나니,
> 다른 사람 기대기 어렵고 내 마음에 달렸다네[24].
> 黌堂絃誦有遺音. 種德吾家傳到今.
> 曾見百川皆學海, 未聞獨樹自成林.
> 日月如流眞可惜, 猪龍之戒亦云深.
> 喫苦耐煩方做得, 他人難藉在吾心.

석호의 집안에는 글공부하는 서당이 곳곳에 있어 글 읽는 소리가 들리고, 또 착한 일을 해서 그 당시까지 흥륭한 가운家運이 이어져 왔다. 집안사람들이 겸손하게 화목하게 잘 지내면, 큰 학문을 이어 갈 수 있지만, 홀로 선 나무가 수풀을 이루지 못 하듯 혼자 잘난 체해서

[24] 『石湖集』 권1, 「聞族弟文用道僖日試壇韻吟病和呈」.

는 집안도 안 되지만 자신도 안 된다는 교훈을 이 시 속에 담았다. 흘러가는 세월은 아까운 것인데, 자신이 돼지처럼 되느냐 용처럼 되느냐 하는 것은 스스로 깊이 경계해야 될 일이다. 어려움을 겪고 귀찮은 일을 극복해야 일을 이룰 수 있는 법이니, 다른 사람을 믿어서는 안 되고, 자기 자신이 마음먹기에 달려 있다는 것을 석호는 알았다.

석호의 인생철학, 가학 계승에 대한 정신자세 등이 이 한 편의 시 속에 다 나타나 있다.

그러나 공부를 이룬다는 것은 쉬운 일이 아니다. 본인의 결심만으로 되는 것이 아니고, 부조父祖의 독려가 있다고 되는 것도 아니고, 좋은 여건이 갖추어졌다고 해서 되는 것도 아니다. 이런 바탕 위에서 본인의 꾸준한 노력이 필요하다. 석호가 스스로 성학成學의 어려움을 토로한 시가 있다.

> 나는 극도로 어리석어,
> 평생 되는대로 살아 왔네.
> 늦게 배우느라 했다 말았다 하니,
> 모래 볶는 듯 익지 않아 괴롭구나.[25]
> 而我極愚騃, 平生任粥粥.
> 晩學多作掇, 炒沙苦不熟.

석호의 시 속에서는 선비로서 국가민족을 생각하는 우환의식憂患意識을 알 수 있는 것이 몇 수 있다.

[25] 『石湖集』 권1, 「謝支窩戱簡巖」.

재야에서 지내는 그의 일상을 상상할 수 있는 시가 있으니, 바로 「한거閒居」라는 시다.

> 밝은 창 고요한 책상에 하늘거리는 연기 비꼈는데,
> 제일 가는 강산 아름다운 곳에 집이 있도다.
> 서가에는 이전 임금님께서 은혜롭게 내리신 서간 꽂혀 있고,
> 정원에는 할아버님께서 손수 심으신 꽃이 많다네.
> 달 밝은 집에서 손님 맞이하여 경서를 이야기하고,
> 흰 구름 낀 물가에서 스님 불러 약을 캔다네.
> 불평스러운 사물에는 간섭하는 일 없는데,
> 무엇 때문에 때때로 육우陸羽의 차를 기울이는지?[26]
> 明窓靜几篆烟斜. 第一江山佳處家.
> 架揷先朝恩賜簡, 園多王考手栽花.
> 迓客譚經明月閣, 招僧採藥白雲涯.
> 不平事物無干涉, 何用時傾陸羽茶.

강산 경치가 제일 좋은 곳에 있는 집은 바로 화경당和敬堂이다. 그 속에 밝은 창 아래 조용히 책상을 마련하고 향을 피우고 앉았으니, 독서하기에 제일 좋은 여건이다. 집안에는 선왕 정조正祖로부터 내려받은 서간이 있고, 뜰에는 할아버지 학서가 직접 가꾼 화초가 있다. 정조로부터 인정받은 역사가 있고, 조부 학서가 경영한 정원이 있다. 이런 분위기 속에서 마음에 맞는 손님과 경서를 담론하고, 공부하다가 때때로 스님과 함께 물가로 약을 캐러 간다. 당시 시대적으로 세

---

[26] 『石湖集』 권1.

상의 불평스러운 일이 많았지만 간섭하지 않고 때때로 육우가 발명한 차를 마시며 지낸다.

선비로서의 최상의 생활이다. 그러나 조선이 쇠퇴해가던 그 시절 세상에 대한 불평이 없을 수 없었지만, 차를 마시며 시름을 잊고자 한 것이다. 선비가 근심이 없을 수 없는데, 석호는 간섭 안 한다 했지만, 의도적으로 걱정을 잊고자 하여 차를 마시려고 한 것이다.

석호의 일상을 한 눈에 볼 수 있는 가장 자화상自畵像 같은 시이다.

석호의 「차권지와도운증족숙노소진원次權支窩鍍韻贈族叔魯巢進遠」이란 시는 자신의 마음수양 과정을 가장 잘 나타내었다.

대지에서 내가 태어난 것은 보잘것없는 일,
학가산鶴駕山 남쪽에서 거주한다네.
천성과 기질은 어리석으면서 게으르고,
평생 장점이나 단점이 될 만한 것도 없다네.
나 마음의 성벽을 엿보는 도적이 있나니,
정말 백만 명도 더 되는 듯하네.
아주 긴 세월 서로 싸우다가,
이제 허겁지겁 달아나는 것 보겠네.
풀뿌리 씹는다면 무슨 일이든 할 수 있나니,
어찌 꼭 고기와 기장밥이랴?
어그러지고 괴이한 자취 따르지 않나니,
재주를 감추고 세속과 어울린다네.
강호江湖에 한 해가 저물어 가는데,
국화를 따서 내 치마에 가득 채웠네.

다행히 마음을 같이 하는 그대 있어,
몸가짐을 경건하고 장중하게 하네.
약이나 침 같은 말이 많나니,
짧은 편지 먼지 낀 상자에 가득하네.
동지날 밤 자시 중간에 미미한 양기 생겨나는데,
뭇 음기가 어찌 당해내겠는가?
어떻게 하면 나라를 고칠 솜씨를 얻어서,
밝은 왕의 법도를 널리 베풀 수 있을까?
어지러운 산 밖의 일은,
들을 수 있지만 상세히 알 수는 없네.
나라 걱정에 내 마음이 어지러워져,
문을 닫고서 시체처럼 누워 있다네.
아이를 불러 술잔에 술을 따라,
근심을 잊고자 하여 맛 본다네[27].
大地吾生妙, 寄在鶴山陽.
性氣痴且懶, 生平無短長.
有寇窺心郭, 正似百萬强.
交戰許多年, 乃見走劻勷.
咬根事可做, 何必肉與粱?
不踐乖異跡, 同塵而和光.
江湖歲云暮, 采菊盈我裳.
行有同心子, 操躬以敬莊.
其言多藥石, 短牘滿塵箱.
微陽生子半, 群陰何能當?

---

27 『石湖集』 권1.

安得醫國手, 博施明王章.
紛紛山外事, 可聞不可詳.
邦憂亂心曲, 掩戶臥似僵.
呼兒斟大白, 此爲忘憂嘗.

석호는, 여러 가지 마음을 유혹하는 요소를 다 물리치고 마침내 수양된 경지로 나아가는 학문을 이루는 과정의 고민을 토로해 놓았다. 긴 마음의 갈등을 극복하고 명리名利나 물욕을 초탈하는 경지에 나간 석호의 마음상태를 밝혔다.

시의 후반부에서 석호는 자기를 드러내지 않고 스승으로 자처하지도 않고 평범하게 초야에 묻혀 살면서도 나라의 문제점을 바로잡아 바른 길로 이끌겠다는 포부를 항상 갖고 있었다. 자기 수양이 되었으면서 국가민족을 늘 책임지는 올바른 선비의 마음가짐을 알 수 있는 시이다.

석호는 수신과 치학治學에 정신을 집중하는 선비이면서도, 서정적인 시상도 풍부하였다. 그러나 단순한 음풍농월吟風弄月적인 시가 아니고, 그 속에는 유교의 철리哲理가 깃들어 있었다. 퇴계의 매화시梅花詩 15수에 차운한 「화족제기지도휴차도산매화시운和族弟器之道休次陶山梅花詩韻」 15수가 바로 그런 시이다.

정밀하게 생각하여 매화 향기 사랑하는 시 읊으려고 하니,
눈으로 볼 때는 알기 어렵더니 향기 맡으니 알겠도다.
어렴풋한 한 가닥 향기 책상 위에 어렸으니,

오직 그대만이 추위 속의 절개를 저버리지 않구려[28].

精思欲賦愛香詞. 囑目難知觸臭知.

一氣微微浮几案, 惟君不負歲寒期.

매화 향기를 눈으로 보고 알 수 없다. 매화 가까이 가서 맡아봐야 알 수 있다. 매화의 향기는 그렇게 진하지 않아, 멀리서 대충 알 수는 없다. 사람을 알아보는 것도 그렇다. 사람을 바르게 알아보기는 정말 어렵다. 그 사람을 가까이서 겪어봐야 진면목을 알 수 있다. 더구나 지조 있는 사람은 요란스럽게 자신이 지조가 있다는 것을 드러내지 않기 때문에 더욱더 알기가 어렵다. 화려한 도리桃李가 우선 보기는 좋아도 지조가 없듯이, 요란하게 자기 자랑하는 사람치고 지조 있는 사람이 드물다. 매화와 참되 군자의 사람됨이 같고, 다른 사람들이 알아보기 어려운 것도 같다.

석호의 시에는 나라를 걱정하는 내용이 여러 군데 있다. 그 가운데 「배민排悶」이라는 시는 이렇다.

외국 상인 있다 해도 내 어리석음은 팔지 못해,

괴로운 이 마음 오직 옛 사람만이 알겠지.

지나간 흥망의 자취를 역사 책에서 보고서,

나라 걱정 많아 허연 머리칼만 늘어나네[29].

縱有胡商不賣痴. 苦心惟是古人知.

興旺往蹟看靑史, 多少邦憂上皓眉.

---

28 『石湖集』 권1.

29 『石湖集』 권1.

석호는 자신한테 도저히 없앨 수 없는 타고난 어리석음이 있는데, 그래도 나라 걱정하는 고민이 컸다. 지금 사람들은 알기 어렵고 옛날 나라를 걱정하던 사람들은 알리라. 옛날 역사책을 읽다보니, 지금의 조선의 상황과 같은 일을 보고 지금의 나라 운명을 걱정하다 보니, 말은 안 해도 그런 기분이 눈썹 위로 올라온다고 했다.

노년에까지 나라 걱정에서 잠시도 떠나지 못 하는 석호의 우국충정憂國衷情을 알 수 있는 시이다.

석호의 시는 온유돈후溫柔敦厚한 표현 속에 자신의 수양하는 과정과 사물을 보는 안목이 나타난 것이 많다.

IV. 맺음말

석호 류도성은 조선 후기를 살다간 영남의 대표적 선비이다. 그는 서애 류성룡, 학서 류이좌를 통해 전해 내려온 가학을 철저히 계승하여 지켜나갔다.

그의 학문은 실천을 위주로 한 현실적인 학문이었다. 그의 문집에는 이기설理氣說에 관한 언급은 전혀 없다. 그렇다고 실학實學이라고 표방한 것은 아니지만, 실천을 바탕에 둔 현실적 유학을 공부하였다.

그래서 석호를 두고 운포雲浦 이중린李中麟은, "실심실학實心實學과

정기결행正氣潔行은 세상에 드문데 석호 한 분 뿐이다.[30]"라고 높이 평가하였다.

충성忠誠과 효우孝友가 지극하였으므로, 운포는 "증자曾子나 민자건閔子騫 같은 효성을 다시 볼 수가 없고, 군진君陳 같은 정사를 다시 볼 수 없고, 정기正氣 실학實學을 다시 볼 수 없고, 충언당론忠言讜論을 다시 볼 수가 없다.[31]"라고 평가하였다.

석호는 충신忠信이 속에 쌓여서 덕휘德輝가 밖으로 나타나고, 효제孝悌가 집안에서 행해져서 인애仁愛가 사물에 미치는 인물이었다. 종족宗族들이 의지하여 진정되고 편안해지고, 고을의 논의가 의지하여 귀순하니, 원근에서 긍식矜式으로 여겼다.

당로자가 석호를 대각臺閣에 추천하여 임금의 계획을 협찬할 수 있었다면, 그 정직한 기운과 함양한 함으로 조처를 하여 펴져나가는 번다한 일들을 결단할 수 있었을 것이다.

석호는 평생 응수문자應酬文字를 짓지 않아 문집 양이 많지 않았다. 그의 산문은 주로 서신인데, 그 속에서 학문을 토론하고 사물에 관한 자신의 견해를 밝혔다.

시는 평이平易하면서도 청고淸高한 기상이 느껴지는데, 석호의 인품과 닮은 점이 많아 유학자 시의 전형典刑이라 할 수 있다.

석호 류도성은, 실천을 갖춘 지절志節을 지켜나간 그의 생애와 그 바탕 위에 이루어진 학문은 조선 말기를 대표할 영남의 큰 선비였다.

---

30 李中麟, 「石湖行狀」.

31 李中麟, 「石湖行狀」.

조선말 영남 유림 사회와 석호 류도성의 활동

이 영 춘(한중역사문화연구소 소장)

Ⅰ. 머리말

석호石湖 류도성柳道性, 1823~1906은 조선말기 안동의 하회河回에 살았던 유학자였다. 그가 살았던 시대는 조선왕조가 쇠락하면서 전통사회가 붕괴되고 개화改化가 진행되면서 일제의 침탈이 본격화하던 어려운 시기였다. 이는 우리 역사에서 일찍이 없었던 대 변혁의 시기였고, 시련의 시기였다. 이러한 시대적 변혁은 당시의 양반 지배계층이나 상민常民들에게 모두 커다란 충격을 주었지만, 특히 전통적 유교질서와 가치관에 젖어 있었던 양반 관료나 유학자들에게 정신적 공황을 초래하였다. 특히 경상도 안동과 같은 폐쇄적이고 보수적인 지역에서는 1876년의 개항 이후 급변하는 정세에 크나큰 문화적 충격과 정신적 상처를 입었다.

19세기 중반 이후의 크고 작은 사건들이 모두 충격적인 것이었지만, 영남 유림들에게 가해진 최초의 큰 타격은 1868~1871년에 시행되었던 홍선대원군의 서원철폐령이었다. 최종적으로 도산서원陶山書院과 병산서원屛山書院만 남기고, 호계서원虎溪書院 등 안동 지역의 모든 서원이 훼철되는 상황은 유학자들에게 큰 상처가 되었다. 다음으로 유림사회에 충격을 준 것은 1895년의 명성왕후시해사건明成王后弑害事件, 乙未事變과 단발령斷髮令이었다. 시해사건도 유학자들에게 용납할 수 없는 일이었지만, 더욱 그들을 자극한 것은 단발령이었다. 그들이 "두가단이발불가단頭可斷而髮不可斷"을 외치며 저항한 것은 필연적이었고, 전국적 규모의 의병 운동이 일어나게 되었다. 그 중에서도 안동 의병은 규모면에서 가장 큰 것이었다. 이 의병 운동은 곧 실패로 돌아갔지만, 이러한 대규모 운동은 당시의 안동 유림과 일반 백성들의 의식을 잘 보여주는 것이다.

외부에서 가해진 이러한 충격보다 안동 유림 사회를 더욱 병들게 한 것은 100여년 이상 지속되었던 병호시비屛虎是非의 문제였다. 여강서원廬江書院, 虎溪書院의 서애西厓 학봉鶴峰의 좌차座次라는 비교적 단순한 문제에서 시작된 시비와 논란은 19세기 100여 년 동안 내내 안동 유림 사회를 분열시키고 반목과 분쟁을 야기하였다. 여기에는 안동을 비롯한 경상도 대부분 지역의 유학자들이 가담하였으므로, 그만큼 폐해도 컸다. 이 병호시비를 보합시키고자 진력했던 인물이 바로 석호 류도성이었다.[1]

이렇게 어려운 시대를 살았던 석호는 당시 이 지역 유림들의 의식과 행동을 대표하는 인물이라고 할 수 있다. 우리는 그를 통해 당시 유학자들의 인식과 생활을 엿볼 수 있다. 이 연구에서는 석호의 생애와 학문적 성격을 간략하게 정리해 보고, 대 변혁기에 마주치게 된 여러 사건들에 대하여 그가 어떻게 반응하고 노력했는지, 또 그것이 어떠한 역사적 의미를 가지는지 살펴보고자 한다.

---

1 屛虎是非에 대하여는 아래와 같은 연구가 있다.
권오영, 『조선후기 유림의 사상과 활동』, 돌베개, 2003.
신석호, 「屛虎是非에 대하여(상 · 하)」, 『청구학총』1 · 3, 1930 · 1931.
정진영, 「19세기 후반 영남유림의 정치적 동향: 만인소를 중심으로」, 『한말 영남 유학계의 동향』, 영남대학교 출판부, 1998.
김학수, 「영남지역 서원의 정치사회적 성격」, 『국학연구』 11, 2007.
설석규, 「퇴계학파의 분화와 병호시비(II)」, 『퇴계학과 한국문화』 45, 2009.
이상호, 「정재학파 성리학의 지역적 전개양상과 사상적 특성」, 『국학연구』 15, 2009.

II. 석호의 생애와 사회관계망

1. 생애와 학문

석호石湖 류도성柳道性은 1823년순조 23에 태어나고 1906년광무 10에 작고하였다. 그는 예안현감禮安縣監을 지낸 류기목柳祈睦, 1802~1867과 진양정씨晉陽鄭氏 사이에서 났으나, 어려서 조부 학서鶴棲 류이좌柳台佐, 1763~1837의 명으로 요절한 백부 류희목柳希睦, 1786~1804에게 계후繼後하였다. 유년기의 학습은 조부와 생부로부터 수학한 것으로 생각된다.

그는 어려서부터 품성이 준수하고 총명하며 기질이 탁월하였다고 한다. 15세에 학서의 상喪을 당하자 승중복承重服을 입고 집상執喪하였는데, 상례의 절차에 익숙하여 노성한 사람과 같았다고 한다. 그는 가학의 전통에 따라 사서오경四書五經을 중심으로 공부하였지만, 특별히 상수학象數學에도 관심을 두었다. 그는 젊은 시절에 부친의 뜻을 따라 과거 공부를 하기도 하였으나, 벼슬에는 큰 뜻을 두지 않았다. 그러다 30세 이후에는 과거와 벼슬을 단념하고 명리名利를 떠나 오로지 위기지학爲己之學의 학문과 도덕적 수양에 매진하였다.

석호는 40대 나이인 1860년 전후부터 하회 본가의 증축增築에 주력하였던 것으로 보인다. 이 집은 1797년정조 21에 그의 증조부인 첨지중추부사僉知中樞府事 류사춘柳師春이 작은 규모로 지었던 것인데, 1860년 전후에 그가 현재의 화경당和敬堂과 수신와須愼窩, 사당祠堂 등을 큰 규모로 증축하여 1862년철종 13에 완공하였다. 이 집이 오늘날 북촌댁北村宅 혹은 도사댁都事宅으로 부르는 저택이다. 규모 면에서 보면 하회에서도 갑제甲第라고 할 수 있는데, 이는 석호 당시의 집안 경제 규모 때문에 가능했던 것으로 생각된다. 그의 집에는 이 저택을 완공한 후에도 상당량의 목재가 남아 있었던 것으로 보이는데, 이는 1875년乙亥의 선박 침몰 사건 때 인명 구조용으로 사용되었다.

석호는 조부 학서의 문집 『학서집鶴棲集』을 정리하여 간행하는 데도 필생의 노력을 기울였다. 이 문집은 그의 생부 류기목柳祈睦과 숙부 류교목柳敎睦 때부터 시작되어 편집과 교정에 수십 년이 소요된 것이었다. 『학서집』은 전체 분량이 20권 10책에 이르는 거질이었으므로 많은 시간과 노력이 소요되었다. 문집의 교정과 교감은 안동 지역의 여러 학자들에게 부탁하였고, 최종적으로 서계西溪 김재찬金在燦, 1811~1888의 교감을 받았다. 『학서집』은 석호가 80세 되던 1902년경에 완성하여 출판하였다.

그는 60세가 되던 1882년고종 19 가을에 추천을 받아 선공감繕工監 감역監役에 임명되었고, 얼마 후에는 관찰사 조강하趙康夏가 장계를 올리고 영의정 홍순목洪淳穆이 아뢰어 전설사典設司 별제別提와 경상도 도사都事에 임명되었다. 그러나 그가 실제로 관직에 종사하지는 않았던 것으로 보인다. 그는 언제나 시골의 학자로 자처하였고 관인官人으로 행세하지 않았다. 조선왕조의 운명이 기울어지기 시작한 1902년광무 6에 조정에서는 특별히 그를 우대하여 비서원승秘書院丞, 奏任官에 임명하였다. 이때 그의 나이는 80세가 되어 출사할 수 없었지만, 이는 그에게 대단한 영예가 되었다.

석호의 생애에서 가장 큰 업적은 안동 지역 유림 사회에서 오랜 고질이 되었던 병호시비屛虎是非를 완화시키고 보합保合한 일이라고 할 수 있다. 1870년고종 7에 대원군의 지시로 안동부사 박제관朴濟寬이 양측의 보합 조정을 시도하였으나 결국 이루어지지 못했다. 이에 석호는 호론虎論의 중심인물이었던 김상흠金尙欽 김흥락金興洛 등과 연계하여 보합을 모색하였다. 그해 12월에 대원군의 지시로 분쟁의 주요 근거였던 『여강지廬江志』와 『대산실기大山實記』의 목판과 인본印本이 소각되었으나, 진정한 보합은 이루어지지 않았다. 이에 석호는 1888년부터 다시 서산西山 김흥락金興洛과 함께 유림을 설득하여 1890년에 좌차座次 문제 등 세 가지 안건을 강정講定하여 문서화하였다. 그러나 일부 강경파의 반대로 유종의 미를 거두지 못하였다. 이 때문에 석호도 젊은 층으로부터 많은 비판을 받았으나 그는 조금도 동요하지 않았다.

1895년에 명성왕후明成王后 시해 사건이 일어나고 단발령이 공포되자, 전국 각처에서 전직 관료와 유학자들을 중심으로 의병 운동이 일어나게 되었다. 안동지역에서는 12월 6일까지 유생과 상민常民 1,200명이 안동향교에 집결하였다. 이날 의병들의 회의에서는 석호의 간곡한 사양에도 불구하고 그와 서산 김흥락을 지휘장指揮將으로 추대하였고, 권세연權世淵, 1836~1899을 안동의 의병장으로 지명하였다. 이후 10여일이 지나면서 안동 의병은 거의 4만 명으로 불어났다. 안동관찰사 김석중金奭中은 위세에 놀라 도망갔다가 1월 28일 많은 관군을 끌고 와 의병들을 진압하였다. 군사와 전투에 경험이 없었던 의병장들과 훈련이 되지 않은 의병들은 곧 패전하여 각지로 흩어지고 말았다.

석호는 1895년의 을미의병에서 명분상 참가하지 않을 수 없었지만, 매우 신중한 태도를 견지하고 있었다. 그는 준비 없이 경거망동하다가 유명무실하게 되면 국가의 장래와 민생에 큰 근심을 끼치게 될 것이라고 우려하였다.[2] 그러나 대중은 석호의 말을 듣지 않고 그를 지휘장으로 추대하였다. 그러나 그는 80 고령인 자신의 나이와 100세에 가까운 노모老母 때문에 이를 완강히 사양하고 실전에 나가지 않았다. 1905년에 을사조약이 체결되자, 석호는 조정에 〈토오적소討五賊疏〉를 올렸으나 비서원에서 퇴각당하였다. 이후 그는 1년간 병석에 누웠다가 1906년병오 7월 17일에 84세의 나이로 작고하였다.

석호는 당시로서는 상당했던 재력 때문에 많은 친척과 친지들을 도와줄 수 있었고, 영남만인소嶺南萬人疏나 의병 등의 사회 운동에도 재정적 지원을 할 수 있었다. 그는 집에 찾아오는 많은 손님들을 잘 대접하였고, 흉년에는 창고를 열어 친족이나 이웃 사람들을 구제하는 일에 앞장섰다. 1875년乙亥 어느날 초저녁에 하회를 지나가던 배가 강에 침몰하여 아우성이 벌어지게 되었다. 석호는 집에 비축해 두었던 재목에 불을 질러 그 화광火光으로 사람들의 생명을 건지게 하였다. 이러한 관후장자寬厚長者다운 사회적 공헌은 그의 학문적 명성과 함께 안동 지역의 원로로서 널리 존경 받은 요인이 되었다.

석호는 집안에서 가학家學을 익힌 외에 따로 스승을 정하여 배우지는 않았던 것으로 보인다. 다만 『대학』과 『중용』에 조예가 깊었던 조부 학서鶴棲에게서 많은 영향을 받은 것으로 생각된다. 그는 학서의

---

[2] 『石湖先生文集』(1997) 卷頭 수록 「墓碣銘」(鄭昌默撰) 23쪽.

『백세운결록百世隕結錄』에 수록된 〈용학조대庸學條對〉를 깊이 연구하고 족형族兄인 민산閩山 류도수柳道洙와 편지를 주고받으며 토론하기도 하였다. 이 편지에서 그는 '광명처光明處' '순일부잡純一不雜' 등 9개 항목에 대해 자신의 설명과 의견을 피력하였다.[3] 이를 보면 그도『대학』과『중용』을 깊이 연구한 것으로 생각된다. 이 밖에 그의 문집에는 경학과 성리학에 대한 저술이나 토론 자료가 수록되어 있지 않다.

석호는 퇴계학파의 전통에 따라 사서오경四書五經을 중심으로 공부하였고, 퇴계가 편집한『주자서절요朱子書節要』와『퇴계집退溪集』을 깊이 연구하였다. 선조인 서애와 학서의 문집과『징비록懲毖錄』도 탐독하였다. 요컨대 그는 정주학程朱學을 바탕으로 한 퇴계의 학문을 계승하고, 임진왜란의 국난을 극복한 서애의 정신을 잇고자 하였으며, 조부 학서의 가학을 전수 받아 천명하고자 하였다. 이를 통해 석호는 천인성명天人性命의 원리에 정통하고 안심입명安心立命의 경지에 이르렀던 것으로 보인다.

이밖에도 석호의 집에는 많은 전적典籍이 있었으므로 그는 광범한 독서를 통해 식견을 넓히고 편향되지 않은 시각을 갖출 수 있었다. 그가 젊은 시절에 상수학에 심취했던 것도 박학博學의 풍모를 보여주는 것이다. 이 때문에 그는 세상과 사물을 보는 안목이 넓었으며, 시세를 정확하게 판단하고 예측할 수 있는 예지를 갖추게 되었다.

그러나 그의 학문은 지식의 축적이나 저술을 위한 저술에 중점을 두지 않았고, 오직 자신의 도덕적 수양을 중시하는 위기지학爲己之

[3]『石湖先生文集』권4, 書, "答閩山族兄(戊子年)".

學에 중점을 두었다. 이 때문에 그는 존양성찰存養省察을 통한 원만한 인격을 완성하면서도 주관主觀을 확고히 수립하여 불요불굴不撓不屈의 내공을 쌓을 수 있었다. 그는 평생 자신의 학문을 깊이 감추고 드러내지 않았다. 이 때문에 그는 문호를 열어 학생들을 받지 않았고 여러 서원의 강석講席에 초빙 받는 것도 극구 사양하여 스승으로 자처하지 않았고, 그렇게 대접받는 것도 원치 않았다. 그는 모든 지식과 이론은 이미 선현들의 저술에 다 발현되어 있다고 믿었기 때문에 스스로 현학적인 저술을 일삼지 않았고, 다른 사람들의 묘문墓文이나 행장行狀 서문序文 등의 청탁에도 잘 응하지 않았다. 이 때문에 그의 문집에는 친지나 붕우들과 왕래한 시詩와 서신書信 제문祭文 그리고 친족의 묘문墓文 외에는 이렇다 할 글들이 많지 않다.[4]

정창묵鄭昌默은 묘갈명墓碣銘에서 석호의 평생에 걸친 학문 수련과 도덕 실천의 경지를 아래와 같이 묘사하였다.

> 공은 거동과 의모가 풍후하고 장중하며 기국이 넓고 굳세었으며, 정대하고 강직한 기풍은 밝고 깊었다. 삼가고 치밀한 규모는 중후해서 평상 때에도 신중簡重하고 과묵해서 바라보기만 해도 엄숙해 보이며, 사람을 대해서는 온화하고 따뜻한 봄기운이 만물을 쪼이는 것과 같았다. 이른 새벽에 사당에 참배하고 모친을 문안한 후에 서안을 정돈하고 조용히 정좌하여 서적을 익히고 탐구하였다. 헛된 이론이나 진기해 보이는 학설을 필설로 희롱하지 않았으며, 오직 옛 성현의 말씀과 글을 독신하여 돌이켜 살피고 실천하는데 힘썼다. 빈객을 상대할 때는 그 사람의 현우賢愚를

---

[4] 이 밖에 『石湖集』에 수록한 글은 墓道立石告由文 2편, 남을 위해 써준 行狀 1편, 墓誌銘 3편, 上疏(請誅五賊疏) 1편, 序 1편, 上樑文 2편이 있을 뿐이다.

가리지 않고 모두 성의와 신의로 대하여 주변 사람들의 환심을 얻었다. 일을 조처하는데도 쉽고 어려움을 가리지 않고 공정하게 하여 실효를 거두었고, 임기응변에 밝아 창졸간에도 여유롭고 명확하게 처리하였다. 의리에 과감하여 눈앞의 이해에 현혹되지 않고 용맹하게 물리쳤다.[5]

2. 석호 가문의 사회관계망

하회의 풍산류씨豊山柳氏 일가가 지역 유림사회에서 수백 년간 명망名望과 성세聲勢를 유지해 온 것은 물론 서애의 후광이 주된 요인이었지만, 대를 이어온 가학의 전통과 끊이지 않은 사환仕宦 때문이었다고 할 수 있다. 여기에 더하여 안동 지역의 유력 양반 가문들과 여러 세대에 걸친 혼맥婚脈과 학맥學脈을 통해 형성된 사회적 결속도 큰 몫을 차지해 왔다고 할 수 있다. 문중의 형성과 그를 통한 사회관계망의 연결은 조선시대 지배계층의 세습적 지위를 유지하는 중요한 수단이 되었다. 특히 관직을 통한 권력의 유지와 사회 경제적 성취 기회가 많지 않았던 영남 지역에서는 문중의 결속을 통한 기득권 유지와 주도권 행사가 필수적인 요인이 되었다. 이러한 의미에서 풍산유씨 일가의 혼맥 관계와 교유 관계를 살펴보는 것은 상당한 의미가 있을 것이다. 특히 벼슬에 나가지 않고도 안동 사회에서 지도적 위치에 있었던 석호 일가의 사회적 관계는 흥미 있는 사례를 보여줄 것이다.

---

5 『石湖先生文集』卷頭 墓碣銘(鄭昌黙 撰).

가. 혼인 관계

여기서는 풍산유씨 친족들 중에서 석호가 속해 있었던 서애의 직계 종손 계열인 찰방공파察訪公派의 계보에서 나타나는 혼맥 관계를 통계로 정리하여 분석해 보았다. 다만 자료 구득의 어려움 때문에 전체 구성원들을 모두 포괄하지 못하고 종가를 중심으로 일정한 표본에 의지하였으므로, 이 통계는 잠정적이고 불완전한 것임을 밝힌다.

서애 이하 찰방공파의 남자 혼맥을 정리한 것이 후미에 붙인 부록의 〈표 1〉이다.(재취再娶 삼취三娶의 경우도 포함) 여기서 배우자들의 성관별姓貫別 빈도수를 정리하면 아래 〈표 1〉과 같다.

〈표 1〉 풍산류씨 찰방공파 남자 혼가 성관별 통계

姓貫	眞城李	安東權	西原鄭	驪江李	延安李	聞韶金	豊山金	玉山張	務安朴	順天金	晋陽鄭	全州李	全義李	載寧李	完山崔	南陽洪	禮安李	光州金	鵞州申	기타	합계
頻度	14	7	5	5	4	3	3	3	3	3	2	2	2	2	2	2	2	2	2	19	87
%	16	8	6	6	5	3	3	3	3	3	2	2	2	2	2	2	2	2	2	22	

* 기타: 晉州姜, 瑞興金, 豊山金, 竺山金, 英陽南, 密陽朴, 杞溪兪, 平山尹 固城李, 廣州李, 月城李, 載寧李, 東萊鄭, 羅州鄭, 豊陽趙, 慶州崔, 唐城洪, 缶林洪, 昌原黃(19성관)

이 표를 보면 찰방공파의 남자들이 혼인을 한 배우자들의 성관은 모두 38개 가문에 이른다. 이들은 모두 경상도 지역의 이름 있는 양반 가문들로서, 특히 2회 이상의 혼인 관계를 가진 성관은 18개이며, 3회 이상의 혼인 관계를 가진 성관은 10개 가문이다. 그것은 진성이씨眞城李氏 14회, 안동권씨安東權氏 7회, 서원정씨西原 清州鄭氏와 여강이씨驪江 驪州李氏 각 5회, 연안이씨延安李氏 4회, 문소김씨聞韶 義城金氏, 풍산김씨豊山金氏, 옥산장씨玉山仁洞張氏, 무안박씨務安朴氏 각 3회이다. 이들 혼인 관계의 빈도수를 보면 풍산류씨 찰방공파의 혼맥은 주로 진성이씨, 안동권씨, 서원정씨, 여강이씨, 연안이씨 5개 성씨에 집중되어 있으며 이들이 전체의 40%를 차지하고 있다. 2회의 혼인은 맺은 가문은 진양정씨晋陽鄭氏, 愚伏 鄭經世家, 전주이씨全州李氏, 廣平大君家, 전의이씨全義李氏, 參議 李之華家, 재령이씨載寧李氏, 葛庵 李玄逸家, 완산최씨完山崔氏, 認齋 崔晛家, 남양홍씨南陽洪氏, 南陽君 南吉旼家, 예안이씨禮安李氏, 進士 李在喆家, 광산김씨光州金氏, 近始齋 金垓家, 아주신씨鵞州申氏, 修撰 申達道家 등이며, 1회의 경우는 진주강씨晉州姜氏, 서흥김씨瑞興金氏, 풍산김씨豊山金氏, 축산김씨竺山金氏, 영양남씨英陽南氏, 밀양박씨密陽朴氏, 기계유씨杞溪兪氏, 평산윤씨平山尹氏, 고성이씨固城李氏, 광주이씨廣州李氏, 월성이씨月城李氏, 재령이씨載寧李氏, 동래정씨東萊鄭氏, 나주정씨羅州鄭氏, 풍산조씨豊陽趙氏, 경주최씨慶州崔氏, 당성홍씨唐城洪氏, 부림홍씨缶林洪氏, 창원황씨昌原黃氏 19성관이다.

찰방공파의 혼맥에서 퇴계 가문인 진성이씨 일가와의 혼인은 전체의 16%인 14회로서 압도적인 다수를 차지하고 있는데, 이들 배우자 중에서 13명은 바로 퇴계의 후손들이며, 1명은 퇴계의 형인 온계溫溪 이해李瀣의 후손이다. 이 두 집안의 혼인은 조선중기까지는 그다지 빈번하지 않았지만 19세기 이후에 집중적으로 이루어지고 있다. 특히 석호의 가족들을 살펴보면, 조부 류이좌, 양부 류희목, 숙부 류교목, 아우 유도창柳道昌, 아들 류덕영柳德榮, 조카 동기東夔, 손자 기우箕佑 등이 5대에 걸쳐 모두 퇴계의 후손 여성들과 결혼하였고, 사위 이중렬李中烈, 손서 이시호李蓍鎬도 퇴계의 후손들이었다. 이렇게 학서 이후 석호 대에 이르기까지 두 가문은 아홉 번이나 혼인을 거듭하며 겹사돈을 맺고 있었던 것이다. 이는 풍산유씨 찰방공파의 혼맥에서 가장 큰 특징을 이루는 것이라 하겠다.

퇴계 일가와 서애 일가는 안동 지역 최고의 명문가였던 만큼 두 가문의 빈번한 혼인은 자연스러운 것이었고, 그만큼 양가의 관계가 밀접했던 것을 보여주는 것이다. 또한 퇴계학파의 정통성에 대한 주도권을 의식하고 있었던 서애의 후손들이 퇴계 후손들과의 유대를 매우 중시했음을 볼 수 있다.

안동권씨는 지역의 토착 양반으로서 찰방공파의 남자들이 진성이씨 다음으로 혼인을 많이 한 성씨이다. 이들의 배우자는 단종 때 종부시첨정宗簿寺僉正을 지내고 자결한 충신 죽림竹林 권산해權山海, 중종 때 우찬성을 지내고 을사명현乙巳名賢으로 칭송되었던 충재沖齋 권벌權橃, 경종 때 홍문관 수찬을 지낸 권두경權斗經의 후손들이다. 또 충청도 회덕의 명유名儒였던 탄옹炭翁 권시權諰의 후손도 포함되어 있다.

서원淸州정씨는 태종 때 우의정을 지내고 청성부원군淸城府院君에 올랐던 약포藥圃 정탁鄭琢의 후손들이었는데, 그 중에서도 특히 인조 때 대사헌을 지낸 한강寒岡 정구鄭逑의 후손들이 많았다. 여강驪州이씨 가문에서 시집온 부인 5명은 모두 회재晦齋 이언적李彦迪의 후손들이다. 회재는 경상도에서 퇴계와 함께 양현兩賢으로 불릴 만큼 대학자였으므로 서애의 후손들과 혼인이 많았던 것으로 보인다. 연안이씨들 중에는 숙종 때 이조판서를 지낸 근곡芹谷 이관징李觀徵의 후손이 2명이며, 연안부원군延恩府院君 이광정李光庭과 이판吏判을 지낸 연봉蓮峰

이기와李基卨의 후손들이 각기 1명이다. 이들 연안이씨는 주로 경기도에 기반을 두고 있었음에도 안동의 풍산류씨와 혼인이 잦았던 것은 특이한 사례이다.

그 밖에 1-2회의 혼인 관계에 있었던 가문들도 모두 영남지방의 명문가들이었음은 말할 것이 없다. 이상과 같이 찰방공파의 혼맥을 보면, 철저히 명문가 위주로 혼인이 이루어졌음을 알 수 있다.

찰방공파 여성들의 혼인도 남성들과 유사한 형태를 보이고 있다. 〈부록 표 2〉는 여성들의 배우자들을 정리한 것이다. 이들의 성관별 빈도를 통계화한 것이 아래 〈표 2〉이다.

〈표 2〉 풍산류씨 찰방공파 여자 혼가 성관별 통계

姓貫	眞城李	西原鄭	驪江李	晉鄭	廣州李	一善金	기타*	합계
頻度	6	6	5	3	2	2	18	43
%	14	14	12	7	5	5	42	

* 기타: 聞韶金, 順天金, 豊山金, 宜寧南, 密陽朴, 冶城宋, 鵝州申, 碧珍李, 延安李, 永川李, 禮安李, 全州李, 韓山李, 淳昌趙, 漢陽趙, 咸安趙, 完山崔, 長水黃(18개 姓貫),

이 표를 보면 모두 43개 사례 중에서 진성이씨 및 서원정씨와 혼인한 경우는 각기 6회이고, 여강이씨 3회, 진양정씨, 광주이씨, 일선김씨一善金氏가 각기 2회이며, 기타 문소김씨, 순천김씨, 풍산김씨, 의령남씨, 밀양박씨, 야성송씨冶城宋氏, 아주신씨, 벽진이씨, 연안이씨, 영천이씨, 예안이씨, 전주이씨, 한산이씨韓山李氏, 순창조씨淳昌趙氏, 한양조씨漢陽趙氏, 함안조씨咸安趙氏, 완산최씨完山崔氏, 장수황씨長水黃氏 등 18개 성관이 각 1회를 차지하고 있다, 남자들의 경우와 유사하게 이들 중에서 진성이씨, 서원정씨, 여강이씨, 진양정씨, 광주이씨, 일선김씨 6개 성관이 전체의 절반이 넘는 56%를 차지하고 있다.

이들 여성들의 혼처婚處를 보면 그들의 통혼권이 남자들에 비해 더욱 폭이 좁고 폐쇄적인 경향을 보이고 있다. 찰방공파와 진성이씨, 서원정씨, 여강이씨, 진양정씨와의 잦은 혼인은 남자들의 경우를 보아 충분히 예상되는 것이다. 그러나 남자들의 경우 두 번째로 많은 혼처였던 안동권씨 가문이 여성들의 경우에는 단 한 것도 보이지 않는 것은 매우 의례적이다. 남자들은 이 가문에 장가를 많이 갔지만, 여자들은 거의 시집을 보내지 않았던 것을 알 수 있다.

찰방공파의 남자들과 여자들의 혼인 빈도를 합쳐서 통계화한 것이 아래 〈표 3〉이다. 전체적으로 남자들의 통계와 유사한 경향을 보인다고 하겠다.

〈표 3〉 풍산류씨 찰방공파 혼취 婚娶 통계 남녀 통합2

姓貫	眞城李	安東權	西原鄭	驪江李	延安李	聞韶金	豊山金	玉山張	務安朴	順天金	晋陽鄭	全州李	全義李	載寧李	完山崔	南陽洪	禮安李	光州金	鵞州申	廣州李	一善金	기타*	합계
婦	14	7	5	5	4	3	3	3	3	3	2	2	2	2	2	2	2	2	2			19	87
壻	6		6	5							3									2	2	18	43
合	20	7	11	10	4	3	3	3	3	3	5	2	2	2	2	2	2	2	2	2	2	37	130
%	15	5	8	8	3	2	2	2	2	2	4	2	2	2	2	2	2	2	2	2	2	28	

* 기타 1회의 혼인 姓貫은 〈표 1〉 및 〈표 2〉 참조.

나. 석호의 교유 관계

1997년에 영인 간행된 『석호선생문집石湖先生文集』 제 2-4권에는 편지 163편이 수록되어 있다. 이들 중에서 제4권에 수록된 39편은 모두 풍산류씨 친족 및 사위와 생질甥姪을 포함한 가족 23명에게 보낸 것이다. 따라서 석호의 사회적 교유交遊 관계를 보여주는 것은 제2-3권에 수록한 붕우朋友와 지인知人 76명에게 보낸 편지 124편이라고 할 수 있다. 이들 중에는 물론 교유관계라고 볼 수 없는 안동부사나 암행어사 등의 관원에게 보낸 것도 몇 편 포함되어 있다.

석호가 편지를 보낸 인물들 중에는 잘 모르는 사람들도 있었겠지만, 대부분은 그와 가까운 인척이거나 막역한 붕우 혹은 선후배 학자 친지들이었다. 편지의 내용은 대부분 안부를 묻고 소식을 주고받거나 문상問喪 혹은 선물에 대한 사례 등이 많지만, 붕우간의 책선責善이나 선후배 간의 규계規戒, 경전經典 문답, 가벼운 학문 토론과 같은 것도 있다. 그러나 이들 중에는 퇴계와 고봉高峰 간의 사칠논변四七論辨과 같은 심오한 학술 토론은 포함되어 있지 않다. 이렇게 편지를 주고받은 인물들을 검토해보면 그의 사회적 교유 관계와 그 성격을 대략 파악할 수 있을 것이다.

석호가 편지를 보낸 76명의 명단 편지 회수 및 내용을 표로 정리하면 부록의 〈표 3〉과 같다. 그 중에서 성관을 알 수 있는 55명의 문중별 빈도수를 통계화 하면 아래 〈표 4〉와 같다.

〈표 4〉 석호의 편지 수신자들의 성관별 통계 2회 이상의 서신 교류 자

姓貫	眞城李	晉州鄭	淸州鄭	驪江李	安東權	義城金	延安李	禮安金	載寧李	豊山金	咸陽朴	기타	합계
頻度	14	6	5	3	3	3	2	2	2	2	2	12	55
%	25	11	9	5	5	5	4	4	4	4	4	22	

* 기타(1회의 교류): 高靈朴, 光山金, 廣州李, 達城徐, 順興安, 永川李, 仁洞張, 全州李, 晉州姜, 平海黃, 豊壤趙, 漢陽趙

이 표에서 보는 바와 같이 석호의 편지 수신자들의 성관별 통계도 찰방공파의 혼인 성관별 통계와 대략 비슷한 양상을 보이고 있다. 역시 진성이씨가 14명으로 전체의 25%에 해당할 만큼 교유가 많았던 것을 볼 수 있다. 이는 두 가문 사이에 인척 관계도 많았지만 학문적 교류도 많았기 때문이다. 다음으로는 진주정씨 6명, 청주정씨 5명, 여강이씨, 안동권씨, 의성김씨가 각 3명이며, 연안이씨, 예안김씨, 재령이씨, 풍산김씨, 함양박씨가 각각 2명씩이다. 일반적으로 2회 이상 서신을 교류할 정도의 인사라면 상당한 친분을 가진 것으로 볼 수 있을 것이다. 석호의 서신 교류 범위도 역시 그 가문의 혼맥 범위와 대략 일치하는 것을 볼 수 있다. 결국 석호 일가의 사회관계망은 이상에서 보이는 영남의 대표적인 명문가 위주로 구성된 것이었다.

석호가 가장 많이 편지7통를 보낸 인물은 지와支窩 권도權鍍, 1823~1895, 字士則인데, 그는 석호와 동갑 친구로서 평생 명리名利를 돌보지 않고 학문에만 종사했던 유학자였다. 편지의 내용은 문상問喪에 대한 답례, 유소儒疏의 소두疏頭 선정과 서원 복원復院에 대한 문제, 질병을 다스리고 예방하는 문제 등을 논의하고 시를 주고받는 내용으로 되어 있다. 유소儒疏의 소두 선정과 서원 복원에 대한 문제는 당시의 중요한 현안이었던 것으로 보이지만, 편지에는 자세한 내용이 담겨 있지 않다.

다음으로 5통의 편지를 보낸 인물은 운포雲圃 이중린李中麟, 1838~1917, 字振伯과 우헌于軒 이수악李壽岳, 1845~1927, 字穉崇으로 석호의 사돈들이다. 운포는 석호의 장자인 덕영德榮의 장인으로 퇴계의 후손이다. 그는 1895년의 을미의병 때 향산香山 이만도李晩燾의 뒤를 이어 예안의진禮

安義陣의 의병대장에 추대되었다. 그는 다음해 3월에 경상도 연합 의병과 함께 상주尙州 태봉의 일본군 병참부대를 공격하였다가 실패하고 후에 채포되어 함경도 명천明川으로 유배되었다. 석호의 편지 내용 역시 유배 생활을 위로하고, 회갑을 축하하며, 유배 중의 심신 수양과 기생妓生에 대한 경계를 당부하는 내용으로 되어 있다. 우헌 이수악은 석호의 차자次子인 동태東泰의 장인으로서, 존재存齋 이휘일李徽逸, 葛庵 李玄逸의 兄의 후손이다. 이중린이 명천에 유배되었을 때 함께 따라갔다. 5통의 편지 내용은 대체로 학문을 권면하고, 유배지에서의 소식과 시세時勢에 대한 탄식, 좌해左海 이수영李秀榮의 행장行狀 초고草稿 의논, 을미사변 이후의 세태와 서양문물의 유입에 대한 우려 등이 담겨 있다.

다음 4통의 편지를 보낸 인물은 이만윤李晩胤, 1834~1906, 繼祚과 정주남鄭柱南, 1828~1876, 注書으로 석호와 인척 관계에 있었던 것으로 생각된다. 이만윤 역시 퇴계의 후손으로 상주목사尙州牧使를 지냈고, 1895년의 을미의병 때 이만응李晩鷹과 함께 예안통문禮安通文을 주도하였다. 편지의 내용은 험난한 시세를 한탄하면서 부회府會와 향회鄕會에 불참하는 사정과 도산서원의 중임重任과 사석師席을 사양한 내용 등으로 되어 있다. 정주남은 본관이 청주淸州로 석호의 외가 쪽 인척이며, 1867년 문과에 급제하여 승정원 주서注書와 사헌부 감찰監察 등을 지냈다. 편지의 내용은 대부분 안부를 묻는 것이며, 1통은 1874년에 올린 영남 유소儒疏에 관한 소식을 알린 것이다.

Ⅲ. 조선말 영남 유림의 동향과 석호의 병호시비屛虎是非 보합保合

19세기 중엽부터 국권을 상실한 1910년까지는 우리 민족이 일찍이 겪어보지 못한 대 변혁의 시기로서, 전통적인 성리학의 세계에 침잠해 있었던 당시의 유학자들에게 큰 정신적 혼돈과 시련을 가져다 준 시기였다. 연행사절燕行使節을 통한 전문傳聞이나 그들을 통해 입수된 서학서西學書들을 통해 청淸과 서양의 정세를 조금이나마 접할 수 있었던 서울 경기 지역의 학자들과 달리, 외부와 격리되어 유교 경전과 성리학에만 몰두해 있었던 영남의 유학자들에게는 개항 이후의 격변은 그 충격이 더욱 심하였고, 거기에 대한 반발 의식도 가장 컸다. 이 때문에 그들은 천주교와 외세에 대해 본능적인 거부감을 가지게 되었고, 그것이 '숭정학崇正學 벽이단闢異端'의 '벽사론辟邪論'이나 '위정척사衛正斥邪' 운동으로 나타나게 되었다. 그리고 마침내는 의병운동으로 발전하게 되었던 것이다. 여기서는 이 시대에 영남의 유학자들이 어떻게 당시의 사정을 인식하고 반응하게 되었는지 살펴보기로 한다.

19세기 중반 이후 격변의 역사가 석호와 영남 유림들이 살았던 시대적 배경이 되었다. 시대의 변동은 갑자기 닥쳐왔지만 그들의 의식은 쉽게 변할 수 없었다. 여기에는 수백년 이어온 정신적 뿌리가 자리 잡고 있었는데, 그것은 바로 중세적 학문체계였던 성리학과 그것을 충실히 계승한 퇴계학의 전통이었다. 영남 유림들에게 퇴계학은 세계와 진리의 전부였다고도 할 수 있었다. 이 때문에 영남 특히 안동 지역에서는 퇴계학의 정통 계승 의식이 강하였고, 그로 인해 서애 류성룡과 학봉 김성일을 적전嫡傳으로 보는 병호屛虎의 대립이 생기게 되었다. 100여년이나 지속되었던 병호시비屛虎是非의 문제는 영남 유림 사회에서 뿌리 깊게 자리 잡고 있었기 때문에 보합하는 일도 쉽지 않았다. 석호도 이 문제의 해결을 위해 노력하였으나 결국 매듭을 짓지 못하였다.

1. 조선후기 영남 유림의 동향

퇴계에게는 많은 훌륭한 제자들이 있었고, 그들은 각기 자신들의 제자를 양성하였으므로 퇴계학은 짧은 기간에 영남 전역으로 전파되었다. 경상우도 지역에서는 한 때 남명학이 성행하였지만, 인조반정 이후 정인홍鄭仁弘 중심의 대북大北 일파가 몰락하면서 남명학도 위축되었다. 이 때문에 퇴계학은 영남의 주류로 자리잡게 되었다. 퇴계의 많은 제자들 중에서 서애와 학봉의 추종자들이 많았으므로, 결국 이들을 중심으로 영남의 유림이 분화하는 양상을 띠게 되었다.

서애 학맥에는 우복 정경세와 같은 대가들이 나오기도 하였지만 주로는 류원지柳元之 – 류세명柳世鳴 – 류후장柳後章-류이좌柳台佐-류광목柳光穆 등으로 이어지는 가학이 주축이 되었고, 학봉 학맥은 대체로 장흥효張興孝 – 이현일李玄逸 – 이상정李象靖 – 남한조南漢朝-유치명柳致明 등으로 계승되었다,[6] 서애 학맥의 추종자들은 병산서원을 주요 무

[6] 설석규, 「퇴계학파의 분화와 병호시비」, 『퇴계학과 유교문화』 45, 2009, 353쪽. 西厓와

대로 결속하였고, 학봉 학맥의 추종자들은 호계서원虎溪書院을 주요 무대로 결속하였다. 그래서 병론屛論, 屛派 호론虎論, 虎派의 이름이 생기게 되었다.

호계서원은 당초 서애와 학봉이 함께 배향되었고 더구나 서애의 좌차가 앞섰지만, 세월이 지나면서 점차 학봉 계열이 운영을 주도하는 형국이 되었다. 그러나 19세기 이전까지는 병파에서도 서원 일에 많이 참여하였으므로 유림의 분화나 대립도 그다지 심하지 않았다. 그러나 1796년정조 20부터 4현서애 학봉 여헌旅軒 한강寒岡의 문묘종사文廟從祀 운동이 일어나면서 다시 서차序次 문제가 제기되고, 결국 100여 년에 걸친 병호시비로 이어지게 되었다. 여기에는 안동을 비롯한 경상도 대부분 지역의 유학자들이 가담하였으므로, 그만큼 폐해도 컸다.

병호시비는 안동 임하면에 있었던 여강서원驪江書院, 후에 虎溪書院으로 賜額의 주도권을 둘러싼 유림의 분쟁이었다고 할 수 있다. 이 서원은 1576년에 퇴계를 향사享祀하기 위해 세웠던 것이었는데, 1620년광해군 11에 원장 김봉조金鳳祖의 주도로 서애와 학봉을 배향하게 되었다. 여기에는 약간의 반대론도 있었지만, 우복 정경세의 지원으로 쉽게 합향合享이 이루어질 수 있었다. 합향 당시에도 이미 서애와 학봉의 좌차 문제가 제기되어 분쟁의 소지를 안게 되었다. 좌차는 동벽과 서벽으로 순서를 정하는데, 여기에는 학덕學德이 기준이 되겠지만, 양인兩

鶴峰의 학맥에 대하여는 號論의 학맥(304). 屛論과 虎論의 학맥을 柳成龍-鄭經世-柳袗 - [柳元之-柳世鳴 - 柳後章][柳聖和-柳澐-[柳宗春 柳尋春] - [柳相祚 柳治佐 柳喆祚 柳疇睦]-[柳道洙 柳道獻 柳道龜] 및 金誠一-張興孝-李徽一-李玄逸-李縡-李象靖-[李宗洙 柳長源 金宗德 金宏 南漢朝]-柳致明-[金遇洙 李邁秀 金道和 金興洛 柳必永 등]으로 정리한 연구도 있다.(권오영,『조선후기 유림의 사상과 활동』(돌베개, 2003) 304-313쪽.

人에게 그것을 평가하거나 적용할 수는 없는 것이었다. 그래서 서애와 학봉의 제자들에 의해 연령年齡이나 관작官爵을 기준으로 하려는 의견이 대립하게 되었다. 결국 우복의 "연령의 차이는 서로 허교許交할 수 있는 5년 미만이고, 작위가 현격한 것은 서로 동석同席하지 않을 지위에 있다年齒相距 不及肩隨, 而爵位之相懸 又在絶席"[7]는 조언에 따라 서애의 위판位版을 동벽에 모시게 되었다. 이후에도 약간의 이의가 있기는 하였지만, 대체로 큰 문제없이 200여년을 보내게 되었다.

2. 석호의 병호시비 보합

1796년정조 20에 성주星州와 선산善山의 유림이 주도하여 영남의 사현四賢 문묘종사文廟從祀 운동이 일어났는데, 문건에 여헌과 한강을 서애와 학봉의 앞에 썼으므로 병파와 호파는 모두 항의하였고, 또 호파의 문건에는 학봉-서애의 순으로 썼으므로 병파에서 다시 항의하는 일이 일어났다. 1805년순조 4에 사현종사론四賢從祀論이 다시 추진되면서 또 서차시비론序次是非論이 일어나 병호시비는 격화되었다. 이를 학봉계鶴峰系와 서애계西厓系의 향전鄕戰으로 인식하는 연구도 있다.[8]

1812년순조 12에 호파의 주동으로 대산大山 이상정李象靖을 호계서원에 추향追享하려고 시도하면서 『대산실기大山實記』를 발간하였다. 이 책은 이상정의 행적을 찬양하면서 호계서원의 정통으로 묘사하였으므로 병파는 강력히 항의하고 그의 추향을 저지하였다. 그리고 이 무

---

7 『愚伏集』권 13, 答問目.

8 설석규,「퇴계학파의 분화와 병호시비」,『퇴계학과 유교문화』45, 2009, 357쪽.

렵에 호계서원의 위판천동位版遷動 의혹이 제기되었으므로 병파는 이후 10여 년간 호계서원에 출입하지 않았다. 이렇게 하여 병호시비는 수습하기 어렵게 격화되었고, 영남 유림사회의 고질이 되었다.

고종의 즉위와 함께 정권을 잡은 대원군大院君은 1866년 서애의 후손이었던 류후조柳厚祚를 우의정으로 발탁하면서 병호시비의 보합에 관심을 가지게 되었던 것으로 보인다, 류후조는 몇 차례 대원군에게 서찰을 보내 정부에서 이 문제를 해결해 주기를 요청하였다. 이에 대원군은 안동부사에게 지시하여 위판천동의 진상을 파악하고 보합을 시행할 것을 지시하였다. 그러나 이러한 조치는 그해에 병인양요가 일어나면서 시행되지 못하였다. 대원군은 1868년에 서원철폐령을 내리면서 다시 병호시비를 조정하기 위해 1870년고종 7 8월에 안동부사 박제관朴濟寬에게 보합을 이행하도록 지시하였다. 이에 안동부에서는 8월 27일 호계서원에서 양파의 유림들을 모아 회의를 열었으나, 논의는 파탄에 이르고 말았다. 이러한 사실이 보고되자 대원군은 격노하여 충역론忠逆論을 거론하며 그들을 압박하였다.

이 때문에 삼계서원三溪書院에서 병산서원에 통문을 보내게 되었고, 석호가 김상흠金尙欽에게 편지를 보내 보합을 모색하게 되었다. 12월 14일 대구감영에서는 대원군의 지시에 따라 병파의 『여강지廬江志』와 호파의 『대산실기』 목판과 인본을 모두 소각하고 양파의 보합을 유도하였다. 이로써 병호시비는 소강상태에 들어갔으나, 진정한 보합은 이루어지지 않았다.

1871년고종 8 3월에 대원군은 다시 서원 추가 철폐령을 내려 사액서원賜額書院 중에서도 첩설疊設된 것은 모두 훼철하도록 하였다. 6월 15

일에 영남 유림은 서원 훼철을 반대하는 만인소萬人疏를 올렸지만 즉시 각하되었다. 이로써 호계서원과 임천서원臨川書院을 비롯한 안동 지역의 모든 서원이 훼철되고 도산서원과 병산서원만 남았고, 이후 전국에는 47개의 서원 사우祠宇만 남게 되었고, 영남에서는 14개소만 남게 되었다. 호계서원의 철폐는 대원군이 이를 병호시비의 거점으로 인식하였기 때문으로 보인다. 1871년의 서원 철폐는 호계서원을 주요 근거지로 하였던 호파에게는 크나큰 타격이 되었고 깊은 상처와 앙금을 남기게 되었다. 그들은 병산서원이 존치된데 대하여 의심을 가지게 되었는데, 이는 병파의 좌의정 류후조柳厚祚가 대원군의 측근이었기 때문에 더욱 그러하였다.

석호는 1888년부터 다시 서산西山 김흥락金興洛과 함께 유림을 설득하여 1890년에 좌차 문제 등 세 가지 안건을 강정講定하여 문서화하였다. 그러나 일부 강경파의 이의 제기로 결말에 이르지 못하였고, 이 때문에 석호도 젊은 유생들로부터 비판을 받았다.

Ⅳ. 을미의병 운동과 석호의 신중론

1. 을미의병 운동

1895년에 명성왕후 시해 사건이 일어나고 단발령이 공포되자, 전국이 진동하였고, 각처에서 전직 관료와 유학자들을 중심으로 한 의병 운동이 일어나게 되었다. 안동지역에서는 그해 11월 27일 단발을 시행하라는 공문이 안동부에 내려오자, 11월 1일에 유지호柳止鎬, 김도화金道和, 김흥락金興洛 등 호계서원 유림들이 여론을 촉발하는 통문을 돌렸다. 다음날부터 12월 6일까지 안동향교에 유생과 상민 1,200명이 모여들었다. 이날 전체 회의가 열렸는데, 그 중심에는 석호 류도성, 서산 김흥락과 류지호 김도화 류지영柳止榮 등이 자리하였다. 여기서 권세연權世淵, 1836~1899을 안동 의병장으로, 석호와 서산을 지휘장指揮將으로 추대하였다. 이후 10여일이 지나면서 안동 의병은 거의 4만 명으로 불어났다.

인근 예안禮安에서는 퇴계의 후손인 향산響山 이만도李晩燾가 의병장에 추대되었다가 후에 일족인 이중린李中麟, 1838~1917이 이어받았는데, 그는 석호의 아들 덕영德永의 장인丈人이었다. 그 외에도 영양의 조승기趙承基, 문경의 이강년李康季, 류시연柳時淵, 김도화金道和, 김도현金道鉉 등이 각지에서 일어나 의병의 성세聲勢를 돋우었다. 이에 안동 관찰사 김석중金奭中은 위세에 놀라 도망갔다가 1월 28일 많은 관군을 끌고 와 의병들을 진압하기 시작하였다. 군무軍務에 지식이나 경험이 없었던 유림 출신의 의병장들과 조직과 훈련이 되지 않은 오합지졸烏合之卒의 의병들은 곧 패전하여 각지로 흩어지고 말았다.

이중린이 지휘하였던 예안 의병의 본진 300여명은 3월 26일 예안을 출발하여 28일 상주에 도착하였고, 29일 아침 일찍부터 이 지역의 연합의진聯合義陣과 함께 태봉 공격에 나섰다. 그러나 이틀 간의 전투에서 신무기로 무장한 일본군 100여명을 당하지 못하고 물러나 해산하였다. 의병장 이중린은 후에 채포되어 심문을 받고 함경도 明川에 유배되었다.

그 동안 서울에서는 갑오개혁의 중심세력이었던 친일파 김홍집金弘集 내각이 전국의 의병을 진압하기 위해 친위대親衛隊를 지방에 파견하였으므로 서울의 군사력이 허약하게 되었다. 이 틈을 타고 이범진李範晋, 이완용李完用, 이윤용李允用 등 친러파 인사들은 러시아 공사관과 연계하여 1896년 2월 12일 아관파천俄館播遷을 단행하고 친러파가 정권을 장악하였다. 그들은 혼란한 시국을 수습하기 위해 친일내각 요인들을 '역당逆黨' 또는 '국적國賊'으로 처단하고, 단발령의 철폐와 함께 의병해산을 권고하였다. 그리고 경제파탄과 극심한 민생고를 해결하기 위해 미납된 각종 조세를 탕감하였다. 이러한 정부의 조치 때문에 의병은 대의명분을 잃고 점차 해산하기에 이르렀다. 그 결과 1896년 3월 이후에는 전국적으로 의병활동이 쇠퇴하게 되었다.

2. 의병 운동에 대한 석호의 신중론

석호는 1895년부터 1896년에 걸쳐 일어난 의병 운동에 대하여 유교적 대의명분상 참가하지 않을 수는 없었지만, 매우 신중한 태도를 견지하고 있었다. 그는 12월 6일 안동 향교에서 열린 의병 회의에서 자신의 견해를 아래와 같이 표명하였다.

> (왕후 시해의) 나라 원수를 갚지 못하고 유해遺骸도 아직 찾지 못하였으니, 이는 신하된 자들로서 울분으로 인해 몸 돌볼 때가 아니지만, 다만 위에서 해산하라는 엄명嚴命이 내려왔고, 아래로는 응변應變의 계책이 없으니 부득이한 거조를 하려고 하나, 내 생각으로는 집강소執綱所를 설치하여 안으로 약조를 엄히 하여 굳게 뭉치고 밖으로는 적심赤心으로 보국報國하는 정성을 다하는 것이 좋겠다. 경거망동하다가 유명무실하게 되면 일신의 환해患害는 족히 말할 것이 없으나 국가의 장래와 민생에 말못할 근심이 있게 되면 어찌 감당하겠는가.[9]

하고 해산을 주장하였으나, 여론은 그의 말을 듣지 않고 석호를 지휘장으로 추대하였다. 그는 이를 완강히 사양하였다. "80의 노인이 장수의 책임을 맡는다는 것은 마치 썩은 나무로 기둥과 대들보를 만드는 것과 같고, 더욱이 백세 노모가 계시므로 어찌 그 중임을 수행하겠는가?" 하는 것이 그 이유였다.

그 후 호기 있게 출정하였던 안동 의병은 관찰사 김석중金奭中이 진압하자 하루아침에 무너져 해산하고 말았다. 이러한 결과는 석호가 일찍이 예측한 것이기도 하였다. 의병장들은 군사와 전투에 지식과 경험이 없었고, 양반과 평민이 뒤섞여 있었던 군사는 잘 조직되지도

---

[9] 『石湖先生文集』, 「墓碣銘」, 鄭昌默撰.

않았고 훈련도 제대로 되지 않았기 때문이다. 의병의 결과가 석호의 예측과 같이 무실無實하게 끝나게 되자, 그를 아는 사람들은 그 선견지명에 저으기 탄복하였다고 한다.[10]

V. 맺음말

석호는 조선말 격변기의 혼란 속에서 살았던 인물이었다. 이러한 시대적 변동은 전통적 유교질서에 젖어 있었던 유학자들에게 정신적 공황을 겪게 할 만큼 고통스러운 것이었다. 특히 경상도 안동과 같은 보수적인 지역의 지식인들에게는 크나큰 문화적 충격과 정신적 상처를 주었다. 이 시대를 살았던 석호는 전통적 유림의 의식과 행동을 대표하는 인물이라고 할 수 있다. 우리는 그를 통해 당시 유학자들의 인식과 행동을 엿볼 수 있다. 이 연구에서는 석호의 생애와 학문적 성격을 간략하게 정리하고, 그가 마주친 여러 사건들에 대하여 어떻게 반응하고 노력했는지, 또 그것이 가진 역사적 의미를 살펴보고자 하였다.

석호는 일찍부터 벼슬에 뜻을 두지 않고 위기지학爲己之學과 도덕적 수양에 전심하며 평생을 살았다. 그는 중년까지 가사家事에 전념하여 하회 본가의 화경당和敬堂과 수신와須愼窩, 사당祠堂 등을 크게 증축하

10 위와 같음.

였고, 조부 학서의 문집『학서집』을 정리하여 간행하는데도 필생의 노력을 기울였다. 그 결과『학서집』은 그가 80세 되던 1902년경에 완성하여 간행되었다. 그는 노년에 학덕學德으로 추천되어 선공감 감역과 경상도 도사都事에 임명되었으나 실제로 관직에 종사하지는 않았고, 관인官人으로 자처하지도 않았다.

석호는 퇴계학파 가학의 전통에 따라 사서오경을 중심으로 공부하였고,『주자서절요』와『퇴계집』을 깊이 연구하였으며, 서애와 학서의 문집과『징비록』등을 탐독하였다. 그는 정주학을 바탕으로 한 퇴계의 학문을 계승하고, 국난을 극복한 서애의 정신을 잇고자 하였으며, 학서의 가학을 전수하여 천명하고자 하였다. 이를 통해 석호는 천인성명天人性命의 원리에 정통하였고 안심입명安心立命의 경지에 이르렀다. 그의 학문은 지식의 축적이나 저술을 위한 저술에 중점을 두지 않았고, 오직 자신의 도덕적 수양을 중시하는 위기지학에 충실하였다. 이 때문에 그는 문호를 열어 학생들을 받지 않았고, 여러 서원의 강석講席에 초빙되었지만 극구 사양하여 스승으로 자처하지 않았다.

여기서는 석호 일가의 사회 관계망을 이해하기 위하여 그가 속한 풍산류씨 찰방공파의 혼맥과 그 자신의 교유관계를 검토해 보았다. 그의 가문이 수백 년간 명망과 성세聲勢를 유지해 온 것은 물론 서애의 후광이 주된 요인이었지만, 안동 지역의 유력 양반 가문들과 여러 세대에 걸친 혼맥과 학맥을 통해 형성된 사회적 결속이 큰 몫을 차지했기 때문이다.『풍산류씨세보豊山柳氏世譜』의 혼인 관계 사례들을 정리해본 결과 이 가문의 혼맥은 주로 진성이씨, 안동권씨, 서원淸酒정씨, 여강이씨, 진주정씨, 연안이씨 등 소수의 성관姓貫에 집중되어 있음을 알 수 있다. 특히 진성이씨 퇴계 가문과는 20여 회의 혼인 사례가 있었고, 석호의 조부, 생부, 숙부, 동생, 아들, 손자 등이 5대에 걸쳐 중첩된 혼인 관계를 유지하고 있어 사회적 유대가 각별했음을 알 수 있다. 석호의 편지를 통한 교유 관계도 혼인 관계와 유사한 경향이 나타나고 있다.

석호는 19세기 이래 안동 지역에서 큰 고질이 되고 있었던 병호시비를 보합하는데 많은 노력을 기울였다. 이는 정부의 강압적인 조치와 조정에도 해결되지 않았던 것이었는데, 그는 1888년부터 서산 김흥락과 함께 유림을 설득하여 1890년에 좌차座次 문제 등 세 가지 안건을 강정講定하여 문서화하였다. 이는 끝내 유종의 미를 거두지 못하였지만, 이 과정에서 보여준 그의 포용정신과 여론에 흔들리지 않는 강인한 정신을 엿볼 수 있다.

1895년에 명성왕후 시해 사건과 단발령으로 인해 일어났던 의병운동에 석호는 소극적으로 참가하였다. 그는 유교적 대의명분에 따라 참가하기는 하였지만, 준비되지 않은 의병에 대해 신중론을 피력하였다. 그는 공론公論에 의해 지휘장에 추대되었지만, 73세에 이른 그의 나이와 100세에 가까운 노모로 인해 사양하고 나가지 않았다.

이상과 같은 석호의 생애와 의식은 그의 확고한 내면세계를 보여주는 것으로, 당시의 보수적 유학자 집단의 그것을 대표하는 것이기도 하였다. 이러한 정신은 시련 속에서 발휘된 민족적인 의기義氣를 보여주는 것이지만, 현실세계에 과감히 뛰어들 수 없었던 대다수 지식인들의 한계를 보여주는 것이기도 하다.

참고문헌

『承政院日記』

『高宗實錄』

『豊山柳氏世譜』

『愚伏集』

『石湖文集』(大譜社, 1997)

『석호선생문집』(한국국학진흥원, 영남선현문집국역총서 42, 2018)

『國譯鶴棲先生文集』(大譜社, 2000)

권오영,『조선후기 유림의 사상과 활동』, 돌베개, 2003.

신석호,「屛虎是非에 대하여(상 · 하)」,『청구학총』1 · 3, 1930 · 1931.

정진영,「19세기 후반 영남유림의 정치적 동향: 만인소를 중심으로」,『한말 영남 유학계의 동향』, 영남대학교 출판부, 1998.

김학수,「영남지역 서원의 정치사회적 성격」,『국학연구』11, 2007.

설석규,「퇴계학파의 분화와 병호시비(II)」,『퇴계학과 한국문화』45, 2009.

이상호,「정재학파 성리학의 지역적 전개양상과 사상적 특성」,『국학연구』15, 2009.

허권수,「石湖 柳道性의 생애와 학문」, 學術會議 발표문『鶴棲 柳台佐와 石湖 柳道性의 生涯와 學問』, 단국대학교 동양학연구원, 2019.

〈부록〉

〈표 1〉 풍산류씨 찰방공파 혼인 관계표(남자)

세대	이름	科擧/官職	妻父	夫人顯祖
13	柳成龍	領議政	全州 李坰	廣平大君
14	示如	察訪	南陽 洪世贊	南陽君 吉旼
15	元之	縣監	聞韶 金是樞	鶴峰
16-1	宜河	翊贊	杞溪 兪榠, 別提	
16-2	重河	通德郞	鵝州 申議和, 持平	
16-3	萬河	副護軍	密陽 朴縎	松堂 朴英
17-1	後常	童蒙教官	豊陽 趙秇, 通仕郞	
17-2	後康		宣城 李惟祿, 生員	
17-3	後章	侍講院咨諠	安東 權銑, 贈承旨	
17-4	後暹		眞城 李在運, 通德郞	溫溪 李瀣
17-5	後沆		全義 李時杜	參議 李之華
17-5	後沆2		安東 權秀	
18-1	聖和	縣監, 豊陽君	玉山 張瑱, 正言	安陽公 張末孫
18-2	聖興	將仕郞	西原 鄭泰吉	
18-3	聖泰	通德郞	玉山 張應一, 副提學	
18-4	聖觀		務安 朴夏相	
18-4	聖觀2		順天 金禧全	
18-5	聖師		安東 權斗經, 修撰	
18-5	聖師2		完山 崔斗元, 生員	
18-6	聖疇		西原 鄭昌載	寒岡
18-7	聖裕		載寧 李國煥	葛庵
18-7	聖裕2		安東 權德亨	
18-8	聖履		務安 朴枹相	兵使 朴毅長
18-9	聖來	通德郞	豊山 金侃, 判決事	竹峰
18-9	聖來2		昌原 黃命○	
18-10	聖會		眞城 李萬和	

18-11	聖民	通德郎	驪江 李德祥	晦齋
18-12	聖久		宣城 金斐然	拓巖 金玏
19-1	(系)澐	縣監, 豊昌君	缶林 洪瑞龜, 生員	
19-1	(系)澐2		英陽 南以迪	
19-2	聖觀		務安 朴夏相	
19-2	聖觀2		順天 金禧全	
20-1	宗春	禁府都事, 豊恩君	眞城 李世震, 司書	退溪
20-2	寬春	通德郎, 默軒	東萊 鄭益瑞	吏參 鄭之虎
20-2	寬春2		南陽 洪聖壽	
20-3	海春	通德郎	安東 權瀞澂	炭翁 權諰
20-3	海春2		延安 李希燮	吏判 蓮峰 基卨
20-4	師春	贈吏曹參判	延安 李之億, 禮判	延恩府院君 李光庭
21-1	(系)相祖	文科, 兵判, 豊安君	西原 鄭光翊	藥圃 鄭琢
21-2	邦祚		聞韶 金精燦	鶴峯
21-3	徽祚	生員, 參奉	豊山 金鐸源	
21-4	台佐	文. 禮曹參判	眞城 李龜祿, 通德郎	大司憲 李世澤
21-4	台佐2		平山 尹相麟, 通德郎	
21-5	奭佐	生員, 號月潭	鵝洲 申昌敎	修撰 申達道
21-6	喆祚	生員, 郡守	晉州 姜文	
21-6	喆祚2		玉山 張成漢, 府使	兵參 成漢
21-6	喆祚3		順天 金氏	
22-1	進翼	咸平縣監	聞韶 金宗壽, 縣監	鶴峰
22-1	進翼2		眞城 李彙升	退溪
22-2	進亨	初諱俊睦	光州 金進儒	近始齋 金垓
22-2	進亨2		光州 金道亨	潭庵 金用石
22-3	進羽	通德郎	眞城 李謙淳	溫溪 李瀣
22-4	希睦	通德郎	眞城 李泰淳, 兵參	退溪
22-5	祈睦	都事, 縣監	晋陽 鄭象晋, 參奉	愚伏
22-6	敎睦	生員, 縣監	眞城 李老淳, 進士	退溪
22-7	進明	生員	驪江 李鼎會	晦齋
22-7	進明		安東 權國經	竹林 權山海
22-8	養睦	通德郎	完山 崔成羽	認齋 崔晛
23-1	道載	通德郎	延安 李建基, 府使	芹谷 李觀徵

23-2	道任	生父永睦,	全義 李奎文	
23-3	道凝	號桂岩	全州 李錫圭, 進士	溫寧君
23-4	道性	慶尙都事, 秘書院丞	豊山金斗欽, 承旨	鶴湖 金鳳祖
23-4	道性2		西原鄭昌龍	淸風子 鄭允穆
23-5	道昌	文科, 校理	眞城 李彙溥, 郡守	參判 李同淳
23-6	道弼	生員	驪江 李能燮, 吏參	晦齋
23-7	道烈	通德郞	禮安 李在喆, 進士	
23-8	道熙	通德郞	眞城 李彙圭, 承旨	退溪
24-1	喬榮	公州郡守	西原 鄭昊錫	寒岡
24-2	東信		禮安 李在元	
24-3	敎植		羅州 鄭大雄, 縣監	
24-4	德榮	通德郞	眞城 李中麟	退溪
24-5	東泰	通德郞	載寧 李壽岳	存齋李徽逸(葛菴兄)
24-6	東燮		驪江 李能亨	晦齋
24-7	東蘷		晋陽 姜震馨	
24-7	東蘷2		眞城 李中奭	退溪
24-8	東植		瑞興 金啓東	寒暄堂
24-8	東植2		竺山 金錫永	
24-9	栢榮		安東 權昌夏	沖齋 權橃
24-10	寅榮		延安 李龍九, 進士	芹谷
24-10	寅榮2		眞城 李蒙淳	退溪
25-1	箕佑		眞城 李中華	退溪
25-1	箕佑2		唐城 洪義燮	西潭 洪瑋
26-1	時慶		驪江 錫轍	晦齋
26-2	時衍		廣州 李冕洙	
26-2	時衍2		載寧李河九	雲岳 李涵
27-1	永夏	盈德郡守	晋陽 鄭氏	愚伏
27-2	承夏		安東 金昌漢	寶白堂 權係行
27-3	澤夏		固城 李贊衡	
27-4	江夏		慶州 崔昌順	
27-5	中夏		月城 李琓	

〈표 2〉 풍산류씨 찰방공파 혼인 관계표(여자)

세대	親父	남편	본관	과거, 관직	시아버지, 관직	시가 顯祖
13	成龍	李文英	韓山李	進士, 別提	李大馨	牧隱
13	成龍	趙稷	淳昌趙	正郎		
16	萬河	宋焞	冶城宋		宋世彬, 郡守	
17-1	後常	鄭昌輿	西原鄭		鄭基祚, 贈吏參	梅窓 鄭士信
17-2	後康	李德祿	驪江李	生員	李垢	晦齋
17-2	後康	李敏成	眞城李		李再呂	溫溪 李瀣
17-3	後章	鄭啓欽	西原鄭		呂祉, 察訪	寒岡
17-4	後暹	黃迅	長水黃		鍾學	厖村 黃喜
17-4	後暹	姜一觀	晉州姜			判決事 姜汝㦿
17-4	後暹	南必復	宜寧南		南鼎夏	承旨 南垕
17-4	後暹	李東耆	廣州李		李和中	吏判 李元禎
17-5	後沆	鄭樸	西原鄭		鄭周命	藥圃 鄭琢
18	聖和	金瑞節				
18	聖和	李之彬				
18	聖和	權煜				
19	澐	李世學	眞城李	贈承旨	寺正 李守曾	溫溪 李瀣
19	澐	李重祿	碧珍李		生員 李熙一	浣石亭 李彦英
18	澐	申弘敎	鵝州申		申熿	修撰 達道
20-1	宗春	李彙陽	眞城李	參奉	僉知 李有淳	退溪
21-1	相祖	李在政	驪江李	郡守		晦齋
21-2	邦祚	趙秉德	漢陽趙		趙彦邦	
21-4	台佐	崔雲裕	完山崔		進士 崔鳳羽	觀察使 認齋崔晛
21-4	台佐	金龍鎭	聞韶金		進士 金祖壽	牧使 雲川 金涌
21-6	喆祚	李彙在	眞城李		進士 李老淳	退溪
22-1	進翼	李裕秀	廣州李		李以燮	대사헌 李元祿
22-1	進翼	金守欽	豊山金		金重林, 進士	判決事 竹峯 金侃
22-1	進翼	鄭宜黙	晉州鄭	承旨, 召募使	鄭東奎, 參奉	愚伏 鄭經世
22-2	進羽	李能享	驪江李	參奉	校理 李在直	晦齋
22-2	進羽	鄭顯愚	晉州鄭		鄭民采	愚伏
22-3	希睦	李文九	延安李		李選基,	芹谷 觀徵
22-4	祈睦	鄭柱紀	西原鄭			藥圃 鄭琢

22-4	祈睦	鄭某	西原鄭	進士		
22-5	進明	李宅尙	禮安李		李秉時	教官 李禎國
23-1	道任	鄭東弼	晉州鄭		判事 鄭尹愚	愚伏
23-1	道任	趙性謙	咸安趙		趙仁佑	
23-1	道任	朴箕鎭	密陽朴	進士		
23-2	道凝	李善浩	眞城李			溫溪
23-2	道凝	金泳善	順天金			月潭 金承霔
23-3	道性	李英久	驪江李		李奭龍	晦齋
23-3	道性	鄭斗燮	西原鄭			淸風子 鄭允穆
23-3	道性	金漢鳳	一善金			
23-3	道性	李中烈	眞城李			退溪
23-4	道昌	李某	永川李			
23-5	道弼	金헌	善山金		縣監 金思默	
23-5	道弼	李熙久	驪江李	參奉	李能瑛	晦齋
23-5	道弼	李義鎔	全州李		參奉 東弼	

〈표 3〉 석호선생 서한목록(친족 제외)

순서	受信者(官職, 字號)	本貫	관계	편수	주요 내용
1	李彙載(1796-1875, 雲山)	眞城李	姻戚	3	아들 훈육, 질병, 獄事,
2	金在燦(1811-1888, 西溪)	光山金	朋友	1	鶴棲集 교정 부탁
3	趙康夏(1841-1892, 慶尙監司)	豊壤趙	官員	1	樂育齋 儒選 사양
4	李彙溥(1809-1869, 郡守)	眞城李	姻戚	1	壽宴, 科擧, 書院撤廢
5	金斗欽(1804-1877, 承旨)	豊山金	妻族	3	嶺南儒疏, 豊水圖讖說
6	姜來永(晉州, 儒生)	晉州姜	朋友	2	儒學講論, 科擧
7	李在永(1804-1892, 都正)	驪江李	朋友	1	疾病, 訓育
8	金輝濬(1820-1898, 文叔)	禮安金	朋友	2	文集編輯, 講會 사양
9	黃範鱗(護軍)	平海黃	朋友	1	屛山書院 院長 위촉
10	朴周鍾(1813-1881, 山泉)	咸陽朴	親知	1	文集 교정
11	鄭思容(1824-1883, 進士)	淸州鄭	姻戚	1	訓育
12	朴遇賢(1829-1907, 正言)	高靈朴	官員	1	獄囚 親族 염려
13	金道和(1825-1912, 拓菴)	義城金	朋友	1	義兵 사양, 愼重 당부
14	金興洛(1827-1899, 承旨)	義城金	朋友	2	安否, 虎溪書院 座次
15	李晩寅(1834-1897, 龍山)	眞城李	朋友	1	學問勉勵
16	權鍍(1823-1895, 支窩)	安東權	朋友	7	慰問, 儒疏. 虎溪書院 복원 건
17	李秉欽(字明叟)		朋友	1	書院復院 懸案
18	李秉華(字載文)		朋友	1	校定, 訓長 사양
19	李晩鷹(1829-1905, 繼祥)	眞城李	朋友	1	災殃 위문
20	李晩胤(尙州牧使, 繼祚)	眞城李	朋友	4	時勢 한탄. 府會 鄕會 불참 陶山書院重任, 師席 사양
21	金常壽(1819-1906, 芝蘆)	義城金	朋友	1	墓碣銘 사양
22	鄭顯愚(貢文)		朋友	1	族譜序文 사양
23	李中麟(1838-1917, 振伯, 雲圃)	眞城李	査頓	5	流配 위문, 妓生 경계, 回甲祝賀, 講長 수락, 붕당 경계
24	鄭柱紀	淸州鄭	妹夫	1	관청 출입과 생질 상경 경계
25	龍溪刊行所	眞城李	他門中	1	雲山集(李彙載) 校勘 사양
26	鄭東箕(府使, 蒼七, 藍野)	晉州鄭	朋友	3	仕宦 險難, 屛虎是非
27	李晩埈(1825-1892, 可泉)	眞城李	朋友	1	講會 사양
28	李澈在(監役)		朋友	1	喪禮 위문
29	李深在(1831-? 季涵)	永川李	姻戚	2	문안, 碑文 사양

30	李喜元(1843-? 안동부사)	全州李	官員	1	贍物 사례
31	金澈銖(進士) 兄弟		知人	1	文集配布 사례
32	朴周鍾(1813-1887, 聞遠)	咸陽朴	朋友	1	屛虎是非 보합
33	李宅鎬(季鍊)		知人	1	안부
34	金輝濬(1820-1898, 假監役)	禮安金	朋友	1	修養, 除官, 上疏, 綠林黨
35	鄭東奎(1824-1854, 校理)	晉州鄭	朋友	1	학문과 과거
36	鄭宜默(字孟濟)	晉州鄭	朋友	1	上樑文 사양
37	鄭民采		外叔	1	"의리 개혁" 상소 건
38	鄭桂南(1828-1876, 注書)	淸州鄭	査頓	4	영남만인소(1874)
39	鄭斗燮(字元七)	淸州鄭	女壻	1	학문 면려
40	李道宰(1848-1909, 內部大臣)	延安李	官員	1	선물(酒脯) 사례
41	金奎衡(봉화군수)		官員	3	墓碣文 사양
42	李宅鎬(字季鍊)		朋友	2	상소 건, 선물, 雲溪書院 所任
44	鄭淵愚(字克省)	晉州鄭	內兄	1	外家 獄事(鄭海靑 건)
45	李晩璞(1831-1905, 字琢汝)	眞城李	朋友	1	門中 간의 문제
46	金秉璜(1845-1914)	豊山金	妻姪	2	회갑연, 충청 유림 통문
47	李壽岳(1845-1927, 字穉崇)	載寧李	査頓	5	학문, 行狀, 女色. 을미사변
48	趙承基(1835-1913, 號南洲	漢陽趙	姻戚	1	학문 면려
49	默溪門中	眞城李	他門中	1	寶白堂(金係行) 墓碣草本 송부
50	南嶽亭會中		他門中	1	葛菴 復官 문제
51	李能濬(1828-1905)	驪江李	査頓	1	東學, 甲午更張 등 한탄
52	鄭宜默(1847-1906, 안동부사)	晉州鄭	官員	1	愚伏 年譜 改版 건
53	愚山門中	晉州鄭	단체	1	愚伏 年譜 改版 중지 요청
54	金大容(字聖能)		知人	2	문집 교정, 선물 사양
54	安昌烈(군수, 字順可, 東旅	順興安	官員	2	임관 축하, 行狀 찬술 사양
55	李中運(字應休)	眞城李	姻戚	3	主席 사양, 出處, 時勢 한탄
55	南溪士林		他鄕中	1	훼철 서원 단소 제사 건
56	許禧		知人	1	자제 소과 입격 축하
56	李基一(進士)		朋友	1	향음주례 주석 사양
57	李喆淵(1871-? 參奉, 學三)	廣州李	知人	1	問喪 위문
57	李壽瀅(字士澄)		知人	1	선대 문집 발문 사양
58	金道鎭(字敬學)		知人	1	조카 상 위문

58	裵近模(字元則)		知人	1	경전 구절 토론
59	李中鳳(字儀仲)		知人	2	과찬 사양, 학문, 問喪
60	李㝡久(1848-1909, 字景善)	驪江李	姻戚	1	묘갈명 지체 사과
61	洪洛鍾(字時應)		知人	1	鳳溪遺稿 발문 사양
62	鄭在璿(進士)	淸州鄭	姻戚	2	서원철폐, 寒岡 陞廡 상소 건
63	金近洙		知人	1	時勢(東學) 한탄, 問喪
64	權準羲(1849-1936, 號友巖)	安東權	知人	1	墓文 사양
65	李敎弼(지평, 군수, 號庇菴)	眞城李	姻戚	1	問喪
66	金祖洙(字而述)		知人	1	음주 경계
67	李鉉埰(舜益)		知人	1	행장 사양
68	某人		知人	1	玉山書院 尋院
69	甲峴權氏門中		他門中	1	문자 논란
70	李塤發(字篪伯, 壽岳 아들)	載寧李	知人	1	儀仲 사면, 南嶽書堂長
71	徐相烈(1854-1896, 號敬菴	達城徐	知人	2	의병 격려, 동참 사양
72	張龍煥(郡守, 號雲岡)	仁洞張	知人	1	榮職 제수 송구
73	某人		知人	1	교육 초빙 사양
74	李尙元	眞城李	姻戚	2	도산서원 화재, 병산서원 道會
75	李明浩(1835-, 진사, 號石南)	眞城李	姻戚	1	鳳笙亭 隱居 계획
76	權述鳳(字聖瑞)	安東權	朋友	1	국상시 喪禮 문답
77	李鉉懋(진사, 字聖章 號儉谷)	延安李	知人	2	글귀 문답, 과거 축하